规制要约收购

美国模式及其原理

肖崇俊　著

法律出版社 | LAW PRESS
北京

图书在版编目(CIP)数据

规制要约收购:美国模式及其原理 / 肖崇俊著. --
北京:法律出版社,2024
ISBN 978 - 7 - 5197 - 8836 - 0

Ⅰ. ①规… Ⅱ. ①肖… Ⅲ. ①企业兼并 - 企业法 - 美国 Ⅳ. ①D971.222.9

中国国家版本馆 CIP 数据核字(2024)第 036822 号

规制要约收购:美国模式及其原理
GUIZHI YAOYUE SHOUGOU: MEIGUO MOSHI JIQI YUANLI

肖崇俊 著

策划编辑 解 锟
责任编辑 张 岩
装帧设计 贾丹丹

出版发行 法律出版社
编辑统筹 重大项目办公室
责任校对 王 丰 郭艳萍
责任印制 吕亚莉
经　　销 新华书店

开本 710 毫米 × 1000 毫米 1/16
印张 15.25 **字数** 273 千
版本 2024 年 4 月第 1 版
印次 2024 年 4 月第 1 次印刷
印刷 北京建宏印刷有限公司

地址:北京市丰台区莲花池西里 7 号(100073)
网址:www.lawpress.com.cn
投稿邮箱:info@lawpress.com.cn
举报盗版邮箱:jbwq@lawpress.com.cn

销售电话:010 - 83938349
客服电话:010 - 83938350
咨询电话:010 - 63939796

书号:ISBN 978 - 7 - 5197 - 8836 - 0
定价:78.00 元

凡购买本社图书,如有印装错误,我社负责退换。电话:010 - 83938349

商法研究的历史之维

（代序）

西方商事制度引入中国始于清末修律。清王朝在光绪二十九年十二月初五日（1904 年 1 月 21 日）颁行《钦定大清商律》，这是我国仿制西法制定的第一部法律。该法由“商人通例”（9 条）和“公司律”（131 条）两部分组成，学习借鉴了德国、法国（通过日本）和英国的商法。[1]一百余年来，这一移植进程虽时有中断但仍在继续且更为深入。以我国《公司法》为例，2023 年 12 月 29 日全国人大常委会通过的最新修订就引入了股份有限公司授权资本制、无面额股和类别股等制度。

这些制度的形成是漫长的历史积淀的结果。梳理和探求西方商事制度的发展历史是成功继受外国法不可或缺的部分。为此，我们一直在努力。自 1998 年开始，由我编著的英、美、法、德、日法律发达史系列成果从国别法的角度分别论及各国商事制度及其历史。[2]2000 年，由我和李秀

---

〔1〕 参见邱澎生：《禁止把持与保护专利：试析清末商事立法中的苏州金箔业讼案》，载《中外法学》2000 年第 3 期，第 315 页；李秀清：《中国近代民商法的嚆矢——清末移植外国民商法述评》，载《法商研究》2001 年第 5 期，第 131 页；徐立志：《略论〈钦定大清商律〉对外国法的移植》，载《郑州大学学报（哲学社会科学版）》2005 年第 5 期。

〔2〕 参见何勤华主编：《美国法律发达史》，上海人民出版社 1998 年版；何勤华等：《日本法律发达史》，上海人民出版社 1999 年版；何勤华主编：《英国法律发达史》，法律出版社 1999 年版；何勤华主编：《德国法律发达史》，法律出版社 2000 年版；何勤华主编：《法国法律发达史》，法律出版社 2001 年版。

清主编的《外国民商法导论》[1]出版。该书分“英美法系民商法”与“大陆法系民商法”两篇,较为全面地介绍了西方民商事制度的历史状况。该书于2004年再版。2007年,我和魏琼主编的《西方商法史》[2]出版。该书以时间为主线,自古希腊、古罗马述至中世纪欧洲商法,而后分别探讨英美法系和大陆法系商法,最后论及20世纪商法的变革。我主编的“法律文明史”丛书[3]自2014年陆续出版,其中也包含大量商法史的内容。[4]

与移植继受相伴随的是法的本土化与适应性问题。以公司制度为例,《钦定大清商律》的颁行为公司注册设立提供了法律依据,大量近代公司得以依法设立,公司法律观念也得以推广。[5]然而,当时的公司实践历史并不长,公司自治与私权保护意识不足,且洋务运动中特许设立的“官督商办”公司早已存在,“官商不分”是大多数公司的真实状况,因此,行政干预公司治理在所难免。[6]及至当下,国有企业与民营企业的地位问题仍然是公司法需要认真处理的问题。最新修订的《公司法》在第七章就专门做了“国家出资公司组织机构的特别规定”。

本土化与适应性问题的解决可能会导出两个不同的研究取向。

其一是向外指向西方商事制度形成与发展的社会、经济、文化背景,希求通过更为深层的剖析揭示制度必不可少的环境要素。本书的研究在

---

〔1〕 参见何勤华、李秀清主编:《外国民商法导论》,复旦大学出版社2000年版。

〔2〕 参见何勤华、魏琼主编:《西方商法史》,北京大学出版社2007年版。

〔3〕 目前已由商务印书馆出版的涉及西方商法史的有第1卷《法律文明的起源》(2019年)、第6卷《中世纪欧洲世俗法》(2014年)、第8卷《英美法系(上下卷)》(2021年)和第9卷《大陆法系(上下卷)》(2015年)。

〔4〕 与卡尔卡诺的《商法史》相比,这些努力虽然不能精炼地概括西方商法各个发展阶段的核心特征,但更符合我国了解具体制度变迁的需求。参见[意]F. 卡尔卡诺:《商法史》,贾婉婷译,商务印书馆2017年版。

〔5〕 参见徐立志:《略论〈钦定大清商律〉对外国法的移植》,载《郑州大学学报(哲学社会科学版)》2005年第5期。

〔6〕 在此,笔者与方流芳教授的观点略有不同,对这一历史状况采更为中立的态度。不过,诚如方教授所言,根深蒂固的行政性垄断传统确实需要警惕。参见方流芳:《中西公司法律地位历史考察》,载《中国社会科学》1992年第4期,第169-170页;方流芳:《公司词义考:解读语词的制度信息——“公司”一词在中英早期交往中的用法和所指》,载《中外法学》2000年第3期,第296-297页。

一定意义上是这一方向上的尝试。我国《证券法》第四章“上市公司的收购”部分移植借鉴了美国和英国的相关制度。具体而言,其中关于信息披露的部分多为美国制度,而关于强制要约收购的部分则取自英国(通过香港特区)。本书的研究详细地展示了美国相关制度的生成过程,并且就美国联邦与州的不同立法取向及其背后的法理逻辑作出了分析。若与我国现行制度相对照,则能够解释“宝万之争”[1]为何不能实现公司控制权的转移。

其二是向内指向中国传统的商业习惯与制度文化。这一类型的研究如邱澎生的《当法律遇上经济:明清中国的商业法律》。该书通过对明清商业实践及讼案的分析认为,明清中国虽然没有出现如公司、破产、保险、海商等西方商法,但是在市场经济的实际运行中,法律已经发生了相应的变化。例如,《户律》编《市廛》章的调整为民间商人团体提供了更大的发展空间,同时减少了政府对市场的行政干预;考虑商业习惯的裁判形成的各省“成案”以及参考其作出的全国性法律修订,即通过幕友、讼师的幕后协助与共同作用让商业讼案所援用的法律推理隐身于特定的法律修辞之下,潜入《大清律例》、各省“省例”或地方“成案”之中。[2]又如,赖骏楠所揭示的晚清四川各地台垫现象所反映的基层金融网络的发展及其对私法近代化的需求。[3]

综上所述,历史维度的商法研究可能在三个层面是有价值的:第一,梳理制度发展的历史脉络;第二,剖析制度生成的环境要素;第三,揭示继受“土壤”的特异属性。与教义学和比较法研究进路相比,商法研究的历史进路可能没有那么直接的制度构建与法律适用效果,但是正因为它摆脱了移植而来的具体条文,反倒具有了独特的比对视角。

---

〔1〕 2015 年至 2017 年姚振华代表的宝能系资金对万科企业股份有限公司展开的敌意收购是我国资本市场近年来最引人注目的事件,也是测试我国上市公司收购制度的试金石。

〔2〕 参见邱澎生:《当法律遇上经济:明清中国的商业法律》,浙江大学出版社 2017 年版,第 370、371、377 页。

〔3〕 参见赖骏楠:《晚清的田赋包揽及其诉讼:以巴县为中心》,载《华东政法大学学报》2023 年第 4 期。

随着国际交往的深入，特别是世界银行营商环境评估、国际标准化组织《社会责任指南》（ISO26000）及 ESG 投资理念等的冲击，我国商事制度在可预见的未来还将作出调整与适应。移植或许仍然是商法发展的主要方式。历史地研究商法更重要的意义在于汲取制度设计的智慧，将被动地吸收变为自主成长，最终掌握规则制定的话语权。

何勤华
华东政法大学
涉外法治研究院
法律文明史研究院
2024 年 1 月 24 日

目　　录

导　论

20世纪五六十年代，现金收购要约开始成为一种非常流行的公司收购方式。这种方式最大的特点是收购人绕过了董事会，与股东直接交易，从而实现公司控制权的变动。这一交易方式的出现引发了两个主要的法律问题：一是小股东利益保护问题；二是董事在利益冲突下如何履行信义义务的问题。

美国法律在这些问题上的控制表现在两个领域，一是美国联邦对证券法的修改，二是美国各州对其公司法的修订。但有意思的是，两个领域的法律变革朝向了不同的方向。

对经济现象的认知一定程度上决定着立法的倾向。美国立法机关针对现金收购要约的制度建构过程是一个法与经济的互动过程。法律要伸张的公平正义与法律需要保护的主体利益同经济的运行效率之间展开了博弈。以法经济学的代表性理论——公司控制权市场为线索，考察美国相关制度的建构史，一方面可以更深入地解析要约收购规制的美国模式，另一方面也能够更好地阐释法经济学理论的影响及其局限。

循着这一思路，笔者选定了研究对象、研究样本和研究论题。

1. 研究对象：公司控制权市场理论

自1932年《现代公司与私有财产》[1]一书提出“公司所有权与经营

---

〔1〕 参见［美］阿道夫·A. 伯利、［美］加德纳·C. 米恩斯：《现代公司与私有财产》，甘华鸣等译，商务印书馆2007年版，第130－131页。

权分离”命题以来,公司控制权问题就成为公司法研究的重要问题,甚至为核心问题。被誉为美国法经济学创始人之一的亨利·G. 曼尼(Henry G. Manne)在 1965 发表其影响深远的论文《并购和公司控制权市场》(*Mergers and the Market for Corporate Control*)。[1]之后,公司控制权市场能够激励管理层的理论就成为一个非常热门的理论。适逢现金要约收购流行,考察公司控制权市场理论在要约收购立法史中的作用,可以很好地呈现法经济学理论对立法的真实影响。

2. 研究样本:美国要约收购立法史

美国在 20 世纪 60 年代至 90 年代针对收购的问题出台了许多立法。联邦于 1968 年颁布了《威廉姆斯法案》,1970 年又对之进行修订。弗吉尼亚州于 1968 年早于《威廉姆斯法案》颁布了反收购立法。而后各州不断创新,修订了四代反收购立法。此外,美国联邦和各州的法院还发展出了重要的判例规则。在这段立法进程中,公司控制权市场理论一直在被讨论、被考虑。因此,以公司控制权市场理论为线索,也能够更好地阐释这段立法史。

3. 研究论题:公司控制权市场理论对美国要约收购立法的影响

公司控制权市场理论认为,存在一个公司控制权市场,要约收购浪潮是这个市场成功运作的结果。公司的控制权会从低效的管理者手中转移到高效的管理者手中,从而实现公司的最大利益。而被取代的威胁也会给现任管理层带来激励,让他们努力地工作,提高效率,从而保持公司股票价格处于高位,增进公司和股东的福利。因此,应当鼓励要约收购,立法与司法都应当为其放行。

但是汹涌的敌意收购(hostile takeover)浪潮导致很多公司被清算(liquidation),很多人失业,很多投资者被强迫出售自己的股票,很多州失去了重要的税收来源,这些问题如何解决,立法又该如何保护这部分人的

---

〔1〕 See Henry G. Manne, *Mergers and the Market for Corporate Control*, Journal of Political Economy, Vol. 73, No. 2, 1965, p. 110.

利益呢?

公司控制权市场理论是否能够指导法律的制定呢?立法者对公司控制权市场理论是接受还是否定呢?如果接受了,理由是什么?如果不接受,理由又是什么?法经济学追求的效率和法律追求的公平或者说利益保护之间到底是什么关系?这是笔者想要解答的问题。

第一章　公司并购浪潮与法律困局*

美国历史上发生了五次公司并购浪潮，其中有四次都发生在20世纪，分别是20世纪20年代、20世纪60年代、20世纪80年代和20世纪90年代。[1]

本章所要探讨的公司收购立法问题正是以20世纪60年代的并购浪潮为背景展开的。从经济学上分析，公司并购无论采用何种方式，其实质都是公司控制权的转移。为了获得公司的控制权，在法律上主要有三种方式：代理权征集、兼并（股权收购）和直接购买公司股票。三种方式各有优点，法律的规制也不尽相同。

第一节　股权分散的现代公司与代理权争夺

公司的历史源远流长，其在经济事务中始终扮演着重要的角色。进入现代社会，随着公司规模的扩大，股权分散成为其标志性的特征。在这一特征之下，代理权征集成为公司制度正常运行几乎不可或缺的内容，而代理权征集也一度成为公司控制权争夺的重要手段。

---

* 本章内容以《美国公司要约收购立法之缘起》为题发表于《私法研究》（第23卷）（麻昌华主编，法律出版社2018年版，第165－183页）。

〔1〕 参见邵万钦：《美国企业并购浪潮》，中国商务出版社2005年版。

一、股权分散的现代公司

20世纪以来，伴随公司规模的扩大，公司股权分散化的趋势越来越明显。这种趋势在美国20世纪二三十年代的巨型公司中表现得尤为突出。1929年，美国最大的铁路公司——宾夕法尼亚铁路公司、最大的公用事业公司——美国电话电报公司、最大的工业公司——美国钢铁公司股东所持股份仅占公司所有股份的0.34%、0.70%和0.90%。没有任何一名股东所持有的股票数量占到了全部股份的1%。这从1929年3家公司前20名大股东所持股份的比例也可以得到印证：宾夕法尼亚铁路公司是2.7%，美国电话电报公司是4.0%，美国钢铁公司是5.1%。宾夕法尼亚铁路公司排名第20位的股东所持股份比例为公司所有股份的0.07%，美国电话电报公司的这一比例是0.09%，美国钢铁公司也为0.09%。在宾夕法尼亚铁路公司的196,119名股东、美国电话电报公司50万名股东和美国钢铁公司182,585名股东中，除前20名大股东之外，其他股东所持股份比例简直微不足道。[1]

除这3家最大公司之外，其他许多大型公司股权结构也表现出了分散化的特征。1929年的一份统计资料显示，这些公司的最大股东所持股份也仅占公司全部股份的很小比例，且股东人数众多。（见表1-1）

表1-1 1929年美国大型公司最大股东持股比例及股东人数

公司名称	最大股东持股比例/%	股东人数/人
阿奇森，托皮卡-圣菲铁路公司	0.76	59,042
芝加哥，密尔沃基，圣保罗和太平洋铁路公司	1.36	12,045
通用电气公司	1.50	60,374
特拉华和哈德逊铁路公司	1.51	9003

〔1〕 参见［美］阿道夫·A. 伯利、［美］加纳德·C. 米恩斯：《现代公司与私有财产》，甘华鸣等译，商务印书馆2005年版，第56-57页。

续表

公司名称	最大股东持股比例/%	股东人数/人
南太平洋铁路公司	1.65	55,783
波士顿高立铁路公司	1.66	16,419
南部铁路公司	1.92	20,282
纽约联合天然气公司	2.11	93,515
北方铁路公司	2.12	42,085
北太平洋铁路公司	2.13	38,339
密苏里－堪萨斯－得克萨斯铁路公司	2.23	12,693
联合太平洋铁路公司	2.27	49,387
巴尔的摩和俄亥俄铁路公司	2.56	39,627
西部联合电报电话公司	2.74	23,738

注:参见[美]阿道夫·A. 伯利、[美]加纳德·C. 米恩斯:《现代公司与私有财产》,甘华鸣等译,商务印书馆2005年版,第57页。笔者使用时增加了表头,将公司名称译成中文,并更改了股东人数的表示方式。

对于无法获知最大股东持股比例的公司,其股东名册记载的股东人数也能够反映其股份被公众持有的程度。据统计,1929年美国最大的200家公司中有确切数据的144家公司的股东数量呈现出以下特征:

> 股东数量少于5000人的公司仅20家(它们代表着144家公司不到5%的资产),而股东超过2万人的公司则有71家。一半以上的资产属于那些拥有5万人或更多股东的公司。这144家公司全部在册股东的人数合计为5,839,116人。[1]

除此以外,规模较小的公司其股权分散的程度也已经达到了较为可

〔1〕[美]阿道夫·A. 伯利、[美]加纳德·C. 米恩斯:《现代公司与私有财产》,甘华鸣等译,商务印书馆2005年版,第59页。

观的水平。美国联邦贸易委员(The Federal Trade Commission)1925 年的一项针对 4367 家公司的调查显示,这些公司中董事和高级管理人员所持股份大约占公司全部股份的 12.5%。其中,董事和高级管理人员所持普通股的比例是公司全部普通股的 10.7%,所持优先股的比例为 5.8%。这些公司的平均股本不足 200 万美元,规模很小,它们股份的相当大一部分比例是由那些与公司经营管理无关的人持有的。[1]

阿道夫·A. 伯利(Adolf A. Berle)和加纳德·C. 米恩斯(Gardiner C. Means)在 1932 年所发表的这些统计数据表明,股权分散已经成为现代公司的一个突出特征。虽然机构投资者的兴起对这一结论提出了挑战,如哥伦比亚大学法学院 1989 年对机构投资者的一项研究指出,美国最大的 20 家养老基金拥有通用汽车公司 10.6% 和 IBM 公司 9.1% 的普通股;美国 50 家最大公司中有 27 家公司一半以上的股票由机构投资者持有,47 家公司 1/3 以上的股票由机构投资者持有,[2]但是现代公司股权分散的特征并没有因为机构投资者的出现而被否定。

二、代理权征集的规制

正是在现代公司股权分散的特征之下,代理权征集变得不可避免,对于大多数公众公司而言更是如此。因为美国各州的公司法往往都规定了召开股东年度会议的法定人数要求,而公众公司的大多数普通股东都处于"理性冷漠"的状态,要顺利召开股东年度大会,就必然需要征集股东的代理权。因此,管理层通常每年至少向公司股东征集一次代理权,在特别股东会议召开时代理权征集的频率就会更高。希望接替公司现任管理层的"起义者"也会向股东征集代理权,以争取到足够多的股东支持自己推荐的董事候选人。一旦如此,现任管理层也会加紧征集股东代理权,这样

---

〔1〕 参见[美]阿道夫·A. 伯利、[美]加纳德·C. 米恩斯:《现代公司与私有财产》,甘华鸣等译,商务印书馆 2005 年版,第 62 页。

〔2〕 参见[美]阿道夫·A. 伯利、[美]加纳德·C. 米恩斯:《现代公司与私有财产》,甘华鸣等译,商务印书馆 2005 年版,第 9 页。

代理权争夺就开始了。[1]

虽然代理权征集不可避免,但是这一过程中却存在一些对股东利益不利的做法,需要加以规范。因此,美国国会在 1964 年 8 月 20 日通过编号 P. L. 88 – 467 的法案,对《1934 年证券交易法》第 14 条进行修订,完善第 14 条 a 款和 b 款的规定,并新增第 14 条 c 款。

《1934 年证券交易法》第 14 条 a 款是关于代理权征集规制的核心规定,它授权证券交易委员会(U. S. Securities and Exchange Commission, SEC)制定相关规则的权力:

> (a)任何人利用邮递、州际商业手段、工具、全国性证券交易所任何设施或者以其他方式违反证券交易委员会为维护公共利益和保护投资者制定的必要或者适当规则和条例,征集或者允许以自己的名义征集与依据本法第 12 条注册的任何证券(豁免证券除外)有关的表决代理权、同意或者授权,均属违法。[2]

第 14 条 b 款要求代客户持有证券的证券公司、银行及其他机构在代理权征集过程中要遵守证券交易委员会制定的相关规则:

> 全国性证券交易所任何会员,本法项下注册的任何经纪商,或者交易商在提供或者拒绝提供与代客户持有的依据本法第 12 条注册的任何证券相关的表决代理书、同意书、授权书或者信息说明书时违反证券交易委员会为维护公共利益和保护投资者制定的必要或者适当规则和条例的,均属违法。[3]

---

[1] 参见[美]莱瑞 · D. 索德奎斯特:《美国证券法解读》,胡轩之、张云辉译,法律出版社 2004 年版,第 210 页。

[2] Sec. 5(a)of P. L. 88 – 467 – Aug. 20,1964,78 Stat. 569;中文译文参考了中国证券监督管理委员会的译本,参见中国证券监督管理委员会组织编译:《美国〈1934 年证券交易法〉及相关证券交易委员会规则与规章》(第 1 册),法律出版社 2015 年版,第 299 – 300 页。

[3] Sec. 5(b)of P. L. 88 – 467 – Aug. 20,1964,78 Stat. 569;中文译文参考了中国证券监督管理委员会的译本,参见中国证券监督管理委员会组织编译:《美国〈1934 年证券交易法〉及相关证券交易委员会规则与规章》(第 1 册),法律出版社 2015 年版,第 299 – 300 页。

第 14 条 c 款是委托代理权制度中一项填补空缺的规定。因为并非所有受证券交易委员会监督的公司都必然进行委托代理权征集。那些已经有一个或者多个内部人持有了足够达到法定数量证券的公司,可以避开第 14 条 a 款的规定,不进行委托代理权征集,因而也可以不提交证券交易委员会根据第 14 条 a 款授权所制定的委托声明书(proxy statement)。为了填补这一披露制度的空白,第 14 条 c 款做出规定,要求管理层即使在不征集与股东会议有关的代理权、同意或授权的情况下,也依然要向证券交易委员会和证券持有者提交实质上相同的信息。[1]该款规定如下:

> (c)除非表决代理权、同意或者授权是在股东年会或者其他股东会议召开之前,或者由代表根据本法第 12 条注册的证券发行人的管理层根据本条 a 款授权制定的规则和规章的要求向证券持有人征集的,否则发行人应当遵循委员会制定的规则的规章,向委员会申报并向所有该类证券持有人发送与征集情况下必须提交的信息实质相同的信息,但是 1964 年 7 月 1 日前不要求根据本款申报或者发送该信息。[2]

第 14 条 c 款的规定让披露的要求适用于代理权征集和未进行代理权征集的所有情况,这对于希望通过代理权征集来取代现任管理层的努力变得非常困难。

三、代理权争夺的衰落

代理权争夺的传统做法是由经纪中介代表受益股东来执行代理权的授予与投票事务。经纪人被委托的不仅是投票的事务性工作,更重要的

---

〔1〕 参见[美]莱瑞·D. 索德奎斯特:《美国证券法解读》,胡轩之、张云辉译,法律出版社 2004 年版,第 211－212 页。

〔2〕 Securities Exchange Act of 1934, Sec. 14(c);中文译文参考了中国证券监督管理委员会的译本,参见中国证券监督管理委员会组织编译:《美国〈1934 年证券交易法〉及相关证券交易委员会规则与规章》(第 1 册),法律出版社 2015 年版,第 299－300 页。

是他们可以决定被委托的股份如何投票以及投给谁。在这种代理体制(the proxy system)下，代理权争夺的成本通常包括邮件、广告、电话以及拜访大股东的费用。但是《1934年证券交易法》颁布之后，代理权争夺的费用大幅增加了。证券交易委员会的理念是：代理体制要尽可能地复制实际的股东会议。因此，授予代理权就是投票的真实对等物。既然股东自己在投票，那么他就应该被告知关于公司事务的全部真实信息。告知义务的增加让代理权征集成本上升，而现任管理层可以用公司的资金来负担代理权征集的大部分支出，外部人却不可以，除非他们取得最后的胜利。[1]因此，证券交易委员会颁布的关于代理权征集的规则以一种意想不到的、奇特的方式帮助了内部人。

证券交易委员会代理权规则不仅让代理权争夺的成本增加了，而且因为这些规则的存在，代理权争夺的结果也变得不确定了。例如在太平洋联合铁路公司诉芝加哥与西北铁路公司案中，芝加哥与西北铁路公司(the Chicago and North Western Railroad)对太平洋联合铁路公司(the Union Pacific Railroad Company)在争夺洛克群岛铁路公司(the Rock Island Railroad)控制权的第一次胜利被判定为无效，理由之一是经纪人自作主张地建议其客户接受芝加哥与西北铁路公司的要约构成代理权非法征集。[2]

希望推行更为高效的管理和经营策略从而获利的外部人会更愿意通过持有更多股份的方式来实现对公司的控制。但是，如果他不能募集到足够的资金以实现直接控制的话，那么他可能退而求其次，以与其他股东分享可能的资本收益的方式换取其他外部人的支持。代理权争夺一旦宣布，公司的股价就会上涨(公司股价下跌的情况可能会有，但非常罕见)，这反映了表决权市场价值的上升，同时也反映了该外部人获胜后母股(underlying shareinterest)的贴现价值(the discounted value)的上升。其他

---

[1] See Henry G. Manne, *Mergers and the Market for Corporate Control*, The Journal of Political Economy, Vol. 73, No. 2, 1965, p. 115.

[2] Henry G. Manne, *Mergers and the Market for Corporate Control*, The Journal of Political Economy, Vol. 73, No. 2, 1965, p. 115, note 18.

外部人会发现,持有或者购买该公司股份,表决支持该寻求控制权的外部人并分享资本的增值对自己是有利的。但是对于谋求控制地位的外部人而言,每一个支持他的人都是他要与之分享由其高效的管理带来的潜在收益的人。这些投票人就相当于该外部人用以直接购买控制权的资本或者贷款,或者它们的替代品。[1]

由此可见,代理权争夺更多地被用在内部人的薪酬分配而非公司管理策略的竞争问题上。作为解决内部权力斗争的一种方式,代理权争夺也仅仅构成有竞争力的威胁中的一小部分。因为公司内部各方通常会倾向于根据大家的相对实力寻求协商解决,而避免产生高昂的代理权征集费用。而且,可获得的相对实力信息越可靠,达成协议的可能性就越大。因此,相较于相对集中持股的公司,代理权争夺在公司股权分散的情况下更为常见。[2]

据统计,1996 年至 2002 年,美国仅发生了 215 起代理权争夺事例,其中为替代管理团队董事的争夺共 77 例,平均每年 7 例;为出售、并购或封闭式基金重组的董事竞争 85 例,平均每年约 12 例;其他非董事选举竞争 53 例,平均每年七八例。(见表 1 -2)

表 1 -2　1996 年至 2002 年美国委托代理权争夺数量

单位:例

年份	招揽竞争	非董事选举竞争	出售、并购或封闭式基金重组董事竞争	替代管理团队董事竞争
1996	28	11	8	9
1997	29	12	12	5
1998	20	1	6	13
1999	30	10	7	13
2000	30	6	17	7

〔1〕 See Henry G. Manne, *Mergers and the Market for Corporate Control*, The Journal of Political Economy, Vol. 73, No. 2, 1965, p. 114 - 115.

〔2〕 See Henry G. Manne, *Mergers and the Market for Corporate Control*, The Journal of Political Economy, Vol. 73, No. 2, 1965, p. 114.

续表

年份	招揽竞争	非董事选举竞争	出售、并购或封闭式基金重组董事竞争	替代管理团队董事竞争
2001	40	8	16	16
2002	38	5	19	14
合计	215	53	85	77

注:该表系巴布查(Bebchuk)教授在《股东有权投票》一文中总结的内容,刊载于《商法》第59卷第43、46页(2003年)。转引自[美]路易斯·罗思、[美]乔尔·塞力格曼:《美国证券监管法基础》,张路等译,法律出版社2008年版,第389页。这一数据并未披露来源和范围,因此仅可作为简单参考。

这一数据与同一时期美国的并购数据相比,已经有天壤之别了。可见,1964年修订证券交易法的法案出台之后,委托代理权争夺已经完全失去了作为公司控制权争夺手段的意义。

第二节　兼并与公司控制权市场

在曼尼看来,公司控制权争夺的三种主要的方式中,兼并是最为有效的方式。但是美国在20世纪80年代以前的垄断政策却严格限制公司之间的兼并,特别是横向兼并。

一、兼并的法律处境及其反思

20世纪60年代,很多兼并在美国是不合法的,这主要是反垄断目标决定的。

南北战争之后,美国加快了城市化和工业化进程,资本主义经济得以迅速发展,造成生产和资本的集中。美国出现了托拉斯(trust),即生产同类商品的企业或者产品有密切关系的企业的联合。托拉斯旨在垄断销售市场,争夺原料产地和投资范围,排挤竞争对手,从而获得高额垄断利润。19世纪七八十年代,托拉斯遍布石油、铁路、制糖、产棉、煤炭、威士忌酒及烟草等行业,破坏了公平的竞争秩序和合理的市场结构。

为了应对这一问题，1890 年美国颁布了世界上第一部反垄断法——《谢尔曼反托拉斯法》(Sherman Antitrust Act)。以此为开端，美国陆续颁布了一系列反托拉斯法规，形成了反托拉斯法律体系。这些法规包括：《克莱顿法》(1914 年)、《联邦贸易委员会法》(1914 年)、《罗宾逊—帕特曼法》(1936 年)、《惠勒·利法》(1938 年)、《奥马荷尼·克发佛·西勒法》(1950 年)等。[1]

但是，随着人们对经济活动认识的深入，支撑反垄断法的很多传统的经济理论都受到了严峻的挑战。禁止搭卖广告(tie-ins)、禁止纵向兼并(vertical mergers)、禁止掠夺性竞争(predatory competition)等规则背后的理论基础已经出现了不同程度的动摇。甚至，"美国反垄断法最大的受害者(the most venerable victim)卡特尔都已经几乎接近胜利了。"[2]但是竞争对手之间的横向兼并却仍然不为法律界与经济学术界所接受。

竞争对手之间的兼并在大家看来似乎毫无可取之处。任何竞争性对手之间的兼并行为都被认为是可疑的，或者被认为是本身违法的。关于兼并领域的讨论也似乎仅仅局限于配套产品(relevant product)、地理市场(geographic markets)和量化实体(quantitative substantiality)而已。在非法兼并的控诉中也存在"失败公司抗辩"(failing-company defense)，即认为当被兼并公司事实上经营很失败，那么它实际上就不是这一行业的竞争者了，对它的兼并则是合法的。但是，当收购行为是一家大公司发起的，或者存在吸收任何非竞争性公司的可能性，抑或被收购公司并没有那么"失败"的时候，这一抗辩就不能成立了。[3]

对此，唐纳德·杜威(Donald Dewey)教授提出了不同的看法。杜威教授认为，兼并所能达到的重要的经济体(important economies)都可以通

---

〔1〕 参见何勤华主编：《外国法制史》(第 5 版)，法律出版社 2011 年版，第 230－231 页。

〔2〕 Henry G. Manne, *Mergers and the Market for Corporate Control*, The Journal of Political Economy, Vol. 73, No. 2, 1965, p. 110.

〔3〕 Henry G. Manne, *Mergers and the Market for Corporate Control*, The Journal of Political Economy, Vol. 73, No. 2, 1965, p. 110.

过内部成长(internal growth)或者卡特尔的方式实现,如果后者被法律允许的话。但是,大部分的兼并"事实上都与获取市场支配力(market power)或者实现规模经济(economics of sale)无关。他们仅仅是对破产或者资源清算的一种更加文明的替代做法,即将资产从失败公司转移到上升公司(rising firms)","如果资本市场是完美的,而兼并也不会授予任何垄断的权力,这两种扩张方式对于上升公司而言就无关紧要了(indifferent between)",一个迅速扩张的行业中企业的寿命将相对短暂,其特征将是"成功企业大量的外部扩张"。[1]

杜威教授的观点在亨利·G. 曼尼那里得到了巨大的发展。曼尼认为,并非所有行业中企业的寿命都很短暂,如果兼并可以在那些濒临破产或者清算的企业中找到合法性的基础,那么在这些企业陷入破产或者清算危险之前就对其进行兼并不也应当是合理的吗?兼并作为一种"将资产从失败企业转移到上升企业的方式",实际上是较破产更为优越的方式,如果兼并是合法的,那么非收缩性行业就可以少很多实际的破产事例。耗费巨大的破产和清算所能够承担的功能完全可以由兼并在企业生命的较早期阶段以更为经济的方式得以实现。[2]

二、公司控制权市场

曼尼认为,"公司控制权(the control of corporations)可能构成一种有价值的资产;这种资产独立于任何规模经济或者垄断利益;存在着一个有效的控制权市场(an active market for corporate control);有很多兼并大概就是这一特殊的市场成功运作的结果。"[3]

公司控制权市场的前提是公司管理效率(corporate managerial

〔1〕 Henry G. Manne, *Mergers and the Market for Corporate Control*, The Journal of Political Economy, Vol. 73, No. 2, 1965, p. 111.

〔2〕 Henry G. Manne, *Mergers and the Market for Corporate Control*, The Journal of Political Economy, Vol. 73, No. 2, 1965, p. 111 - 112.

〔3〕 Henry G. Manne, *Mergers and the Market for Corporate Control*, The Journal of Political Economy, Vol. 73, No. 2, 1965, p. 112.

efficiency)同公司股票的价格之间存在一种强烈的正相关关系。股票市场的决定通常都是在二选一的模式下进行的,如买还是不买,持有还是卖出,看跌还是看涨(put or call)。这些问题都是股东或者潜在的股东在没有可靠信息的情况下作出的,一段时间之后,这些决定就会倾向于随机分布,而其结果将是中性的,但是,内部人(insiders)拥有公司事务的最为可靠的信息,他们具有利用公司的股票进行套利的强烈的金融动机。他们会根据自己对有效管理构成的感觉让股票价格上涨或者下跌。这些具有更高确定性的人所做出的决定不是随机的,因而也不会被抵销。久而久之,公司股份的平均市场价格将肯定是一个"正确的"结果。最终决定个股价格的是理智(intelligence)而非无知(ignorance)。而这个价格能够反映公司的管理效率。[1]

如果一家公司经营不善,其股票的价格相对于其他同行业公司的股票价格或者相对于整个市场而言就会降低。这一现象对于公司控制权市场而言具有两种意义。

第一,股价下跌会让外部人[2]更容易取代享受高薪的现任管理层。管理层通常能够获得薪酬、养老金、账单报销和股票期权等福利。除此之外,他们享受的更为重要的福利或许是获得关于公司股票交易的有利信息;如果这样做不合法的话,就进行信息交换,从而获得其他公司股票交易的内部信息。[3]在股价下跌的时候,那些为了高薪的管理职位而希望取代现任管理层的外部人就有了有利的机会。

第二,股价下跌让外部人能够从股价所蕴含的潜在的收益能力中获利。股票价格不仅是衡量经理人的薪酬能够达到怎样的水平的标尺,更

〔1〕 See Henry G. Manne, *Mergers and the Market for Corporate Control*, The Journal of Political Economy, Vol. 73, No. 2, 1965, p. 112, note 10.

〔2〕 在此,"外部人"是指任何现在对公司事务没有控制力的人,即使他在公司董事会中可能占有一个或多个席位。See Henry G. Manne, *Mergers and the Market for Corporate Control*, The Journal of Political Economy, Vol. 73, No. 2, 1965, p. 113, note 11.

〔3〕 See Henry G. Manne, *Mergers and the Market for Corporate Control*, The Journal of Political Economy, Vol. 73, No. 2, 1965, p. 113.

为重要的是它反映了管理的效率,同样也反映了公司股票中所蕴含的潜在的收益能力。股票的价格与公司在有效经营的情况下能够达到的状况相比越低,其对于那些有自信能够把公司经营得更好的人而言就越具有吸引力,成功地收购和振兴这些经营不善的公司可能得到的回报就越大。由于美国当时禁止商业银行为收购公司的目的放贷,因此用其他股份进行收购就比现金媒介具有更多的优势。很多公司通过收购经营不善的公司来规避其资本收益的税收义务,因此这一方法也被认为是当时最为重要的"快速致富"(get-rich-quick)机制。[1]

在这两种意义中,后者较前者重要得多。因为公司收购代价非常大,管理层的薪酬福利相对于收购的全部花费而言微乎其微。管理层的所有薪酬福利加在一起也无法合理地解释为什么一个外部人会不惜如此大的代价来获得公司的控制权。只有公司股票中所蕴含的潜在的收益能力才具有足够的吸引力。[2]

公司控制权市场最重要的价值还在于,它为公司众多的小股东和非控制股东提供了强有力的保护。在公司法领域,保护小股东和非控制股东的法律机制无非是董事的信义义务和股东派生诉讼。但是商业判断规则[3]表明,法院出于保持商业活力和董事创造性的考虑,并无意于做事后诸葛或者罢免董事。因此,证券交易委员会和法院在保护小股东和非控制股东方面能够起到的作用是很有限的。异议股东也可以通过出售自己的股份选择退出,但是这些股东可能会承受相当大的损失。公司控制权市场的存在让小股东和非控制股东与管理层之间存在更为有效的控制关系,因而能够避免资本的更大损失。[4]

---

〔1〕 See Henry G. Manne, *Mergers and the Market for Corporate Control*, The Journal of Political Economy, Vol. 73, No. 2, 1965, p. 113.

〔2〕 See Henry G. Manne, *Mergers and the Market for Corporate Control*, The Journal of Political Economy, Vol. 73, No. 2, 1965, p. 113.

〔3〕 关于美国对于"商业判断规则"的应用可参见王兆同:《论商业判断规则》,载苗壮:《美国公司法:制度与判例》,法律出版社2007年版,第249-265页。

〔4〕 See Henry G. Manne, *Mergers and the Market for Corporate Control*, The Journal of Political Economy, Vol. 73, No. 2, 1965, p. 113.

三、兼并的"合法化"诉求

获取公司控制权的最为基本的途径有三种：代理权争夺(proxy fight)、直接购买股份(direct purchase of shares)和兼并(merger)。三种方式所需的成本、实行的难度和法律后果都是截然不同的。曼尼认为，兼并是三种争夺方式中最为高效的。对于单个非控制股东而言它是相当重要的，从一般的公共福利角度看它也更令人满意，因为兼并毫无疑问可以减少破产的发生。曼尼得出这一结论是以经济学上的"效率"为指向的。

获得公司控制权的第三种主要的方式是兼并。兼并方是公司而非个人，并且用以购买控制权的媒介主要是公司的股份而非现金。与其他收购方式不同的是，兼并需要有被兼并公司管理层的明确同意。此外，美国大多数州公司法都要求股东简单多数表决通过方能进行兼并。[1]

兼并相较于代理权争夺和直接购买股份具有两大优势：一是成本更低；二是信息准确。

首先，兼并相对于代理权争夺和直接购买股份而言具有较大的成本优势。在直接购买股份的情况下，购买人需要为控制权支付溢价；在代理权争夺的情况下，购买人也需要为控制权支付溢价，只是这时的溢价是以说服股东以某种方式投票的必要开支的形式支付的。而兼并不需要支付现金，于是节省了控制权溢价这部分支出。不仅如此，兼并还能同时满足股东和管理层的不同利益。

由于兼并需要现任管理层的同意，而管理层往往不愿意舍弃他们待遇优厚的职位，在这种情况下管理层和股东之间存在明显的利益冲突。"经理人和股东的动机和利益通常是一致的，唯独一项除外：作为经理人，他们不会想着为公司购买尽可能低价的管理服务。即使控制权市场运行

---

〔1〕 See Henry G. Manne, *Mergers and the Market for Corporate Control*, The Journal of Political Economy, Vol. 73, No. 2, 1965, p. 117.

得非常好,只要公司因现任管理层的低效而造成的损失低于外部人获取公司控制权的成本,那么内部人将继续留在现有位置上并享受着高薪待遇。"[1]

股东通常乐意接受任何免税地换取更高价值的新流通股的机会。而经理人的立场却不同,他们要的是控制权的全部市场价值,如果他们得不到满足,那么他们就会通过投反对票来阻止兼并的发生。为此,兼并方可以承诺在新的管理组织中为被兼并公司管理层预留一个位置来满足他们的期望,这个位置或者享受高薪,或者能让他们成为有价值的市场信息的利害关系人。诸如此类的方式就被称为选票交易(side payment)。如果人们发现被兼并公司的管理层力主控制权的变动,那么通常可以断定他们正在进行某种选票交易。虽然法律对此有所限制,但是这种安排在兼并中却很容易确立,而且看上去很像正常的商业权益安排,理由也很充分:是原有管理的延续和公司管理经验的连接。[2]

其次,兼并相较于代理权征集和要约收购而言具有明显的信息优势。在公司控制权市场上,关于有价值商机的可靠信息是难以寻觅的。原因很简单,公司内部人通常不会大肆宣扬这些信息。最明显的例子就是,一家清算中的公司的资产总值会高于其股票的总市值。因为股东不相信自己的股票可以卖出更高的价钱,所以这种情况将一直存在;而管理层也不会对清算采取任何行动,因此没有迹象表明公司的状况不会继续坏下去。[3]

公司控制权市场上最难找到的是有关新机会的可靠信息。或许有一些个体经营者(individual operators)找到了较为明显的不良管理的实例,如公司掠夺者所进行的收购。但是,竞争公司的管理层才是最容易得到

〔1〕 Henry G. Manne, *Mergers and the Market for Corporate Control*, The Journal of Political Economy, Vol. 73, No. 2, 1965, p. 117.

〔2〕 See Henry G. Manne, *Mergers and the Market for Corporate Control*, The Journal of Political Economy, Vol. 73, No. 2, 1965, p. 117 – 118.

〔3〕 See Henry G. Manne, *Mergers and the Market for Corporate Control*, The Journal of Political Economy, Vol. 73, No. 2, 1965, p. 118, note 30.

可靠信息的人。他们只要仔细分析本公司的成本状况和同行业其他公司的股票价格就能够很容易地获知比较可靠的决策信息。在一个不确定的世界里,获利的交易更多的是由那些拥有可靠信息的人发起的,就此而言,同行业之间的兼并成为控制权变动的主要形式就不足为奇了。供应商和消费者通常也更容易获得相关公司的可靠信息。因此,许多纵向的收购应该也是控制权争夺的不同表现形式,而非规模经济促成的结果。公司的管理层有相当的激励去为公司争取这样的投资机会。[1]

由此可见,兼并是三种主要的公司控制权争夺方式中最为高效的一种。对于单个非控制股东而言它相当重要,从一般福利经济的角度看,它也更令人满意。如果这一控制权争夺的通道被完全关闭,那么公司破产的情况无疑会不断增加。总之,公司控制权市场的有效运作可以减少不经济的破产事件的发生,使公司的经营更有效率,为非控制股东提供保护,增加资本的流动性,实现资源的优化配置。横向兼并是公司控制权市场运作最为有效的方式,只要一个行业的进入是完全开放的,就没有理由反对兼并。法律应当为公司提供这样的发展机会而不应当对之设置障碍。[2]

四、迟到的反垄断宽松政策

1914 年《克莱顿法》是美国当时规制企业合并的重要法律。其第 7 条禁止影响、限制竞争的公司收购行为。该条规定:

> 任何商业公司都不得直接地或间接地收购另一商业公司的全部、部分股票或其他股份资本,如果这类收购可能实质性地削弱股份被收购公司和收购公司之间的竞争,或者在任何部门或商业行业起

〔1〕 See Henry G. Manne, *Mergers and the Market for Corporate Control*, The Journal of Political Economy, Vol. 73, No. 2, 1965, p. 118 – 119.

〔2〕 See Henry G. Manne, *Mergers and the Market for Corporate Control*, The Journal of Political Economy, Vol. 73, No. 2, 1965, p. 119.

限制作用,或者可能形成垄断。

任何公司不得直接或间接收购另外两家或者多家从事相同商业的公司的全部或部分股票,或其他股份资本,如果这类收购,或者通过行使股份表决权,或者授予代理权等方式的效果可能是实质性地削弱这些企业或者任何股票或者其他股份资本被收购者之间的竞争,或者限制任何部门或行业的商业活动,或者可能形成垄断。

该条还规定了两种例外的情况。第一,如果公司购买其他公司的股票仅仅是为了投资,其行使表决权的行为或者其他行为不会实质上造成消除竞争者的结果,或者不是为此目的的,则是合法的;商业公司组建子公司从事合法业务,或者组建自然的、合法的分支机构或者拓展其业务,只要不会严重削弱竞争都是允许的,其拥有、持有子公司全部或部分股票的行为也是合法的。第二,公共承运人协助建设附属于该公司主干线的分支线路,并购买或拥有分支线路的全部或部分股票不受该条限制;公共承运人购买或者拥有由独立公司建设的分支线路的全部或部分股票,只要两家公司实质上不存在竞争关系,也是合法的;公共承运人也可以通过收购股票或者其他方式来拓展业务,只要收购公司与被收购公司之间不存在实质上的竞争关系,这都是合法的。

由此可见,《克莱顿法》严格控制竞争公司之间的收购与兼并行为。这也是曼尼发表《兼并与公司控制权市场》一文时,美国反垄断的真实状况。

20 世纪六七十年代,美国的反垄断实践完全受结构学派的反托拉斯理论支配。这一理论是由哈佛大学的爱德华·S. 梅森(Edward S. Mason)教授提出并经其学生 J. S. 贝恩(J. S. Bain)发展而成的。这一学派重点关注市场势力和市场竞争之间的关系,特别是市场结构、市场行为和市场运行结果三个方面的关系,并提出了评价有效竞争的市场结构、市场行为和市场运行三个标准。[1]根据该学派的分析，较高的市场份额和进入的严重障碍是市场垄断这一绩效的原因，反托拉斯法应禁止造成集中水平提高和进入障碍增多的垄断性兼并。[2]因此，横向兼并首当其冲，成为反垄断法着重打击的对象。美国联邦最高法院在1962年“布朗制鞋公司诉合众国案”[3]中即运用了结构学派的反托拉斯理论。美国司法部1968年《兼并指南》也全盘接受了结构学派的理论，具体规定了垄断性兼并的市场份额标准。

美国司法部1968年《兼并指南》对于公司兼并的控制分为三种类型：横向兼并（horizontal mergers）、纵向兼并（vertical mergers）和混合兼并（conglomerate mergers）。在横向兼并的情况下，市场被以集中率为标准分为高度集中（market highly concentrated）、集中（market less highly concentrated）和有集中趋势（market with trend toward concentration）三种。所谓高度集中的市场，是指这一市场上最大的四家公司占据了整个市场份额的约75%或者更多；集中市场是指这一市场上最大的四家公司占据的市场份额不足75%；有集中趋势的市场是指在兼并发生之前的5至10年时间里，该市场上最大的2家到8家公司的市场份额增长了约7%或者更多。在一个高度集中的市场上，如果兼并公司和被兼并公司的市场份额分别达到4%和4%及以上、10%和2%及以上、15%及以上和1%及以上时，司法部就将干预这一兼并。[4]在一个集中的市场上，当收购公司和被收购公司的市场份额达到5%和5%及以上、10%和4%及以上、15%和3%及以上、20%和2%及以上、25%及以上和1%及以上时，司法部将干预该兼并行为。[5]在有集中趋势的市场中，司法部所适用的标准更为严

〔1〕 参见王春娣：《美国规制企业合并标准问题研究》，载《中国人民大学学报》1998年第2期。

〔2〕 参见王春娣：《美国规制企业合并标准问题研究》，载《中国人民大学学报》1998年第2期。

〔3〕 Brown Shoe Co. v. United States, 370 U. S. 325(1962).

〔4〕 1968 Merger Guidelines of the U. S. Department of Justice, Sec. 5.

〔5〕 1968 Merger Guidelines of the U. S. Department of Justice, Sec. 6.

格。如果收购是由满足上述市场份额增长情况的最大的公司之一对市场份额占 2% 及以上的公司发起的,那么司法部将对此进行干预。[1]

美国反垄断法异常严苛的执法实践直到 20 世纪 80 年代才有所改观。这主要是受到芝加哥学派的影响。20 世纪 70 年代,当结构学派的反托拉斯理论成为美国反托拉斯法和官方政策的依据之时,一批由享有盛名的经济学家、法学家为代表的芝加哥学派悄然崛起,并对结构学派提出了有力的挑战。这一学派的代表人物有博克(R. H. Bork)、德姆塞茨(H. Demsetz)、理查德 · A. 波斯纳(Richard. A. Posner)和斯蒂格勒(G. J. Stigler)等。这一学派不承认市场结构、市场行为和市场结果之间存在关系,他们认为市场结构是市场内部各个力量对比的反映,在没有国家干预的情况下,市场上最后生存下来的企业就是最健康和最好的企业。因此,这一学派主张国家应当努力减少对经济的干预,实施反垄断法的标准应当从市场份额转向经济效益。[2]

1982 年和 1984 年,美国司法部对 1968 年《兼并指南》进行了两次修订,反映了芝加哥学派理论对反垄断执法的影响。"在里根政府执政时期,联邦法院和各级反托拉斯法的实施机构的关注重点都从企业行为的市场结构效应转向经济效益和消费者利益的效应。只有当联邦反托拉斯实施机构发现足够的证据,证明某企业行为的反竞争效应大大超过了它的经济效益结构时才予以起诉。其结果只能是合并的浪潮风起云涌,事实上,正如曾在联邦贸易委员会工作过的两位经济学家 R. J. 拉纳和 J. V. 米汗指出的那样,已经'几乎没有什么横向合并被指控为违法'。"[3]

曼尼所期待的政府对企业横向兼并的宽松政策迟至 20 世纪 80 年代才最终到来,而当时曼尼所认定的美国企业扩张的最佳方式——兼并——仍然受到反垄断法的严格控制。

---

〔1〕 1968 Merger Guidelines of the U. S. Department of Justice, Sec. 7.

〔2〕 参见王春娣:《美国规制企业合并标准问题研究》,载《中国人民大学学报》1998 年第 2 期。

〔3〕 王春娣:《美国规制企业合并标准问题研究》,载《中国人民大学学报》1998 年第 2 期。

第三节　现金收购要约与立法空白

现金收购要约是在20世纪60年代迅速发展起来的获取公司控制权的方式。它的出现同这一段经济膨胀期中企业谋求规模扩张的动力有关,也同代理权征集和兼并受到法律的严格限制有关。

一、异军突起的现金收购要约

获得公司控制权的第三种方式是直接购买特定数量的股份。购买股份的比例根据目的的不同其需求也不尽相同。如果购买人只是要为代理权争夺确立基础的话,其欲购买的股份比例可以少于51%;当购买人只是想以简单多数进行控制的话可以是51%;如果要进行并购或者重组的话,需要符合州法要求的比例,如2/3或者75%;如果是要根据美国《国内税收法典》(the Internal Revenue Code)巩固资产损益表同时进行免税重组的话,则要达到80%;如果是要在特拉华州将子公司并入母公司则需要达到90%(纽约95%);如果不想有少数股权的存在则要达到100%。[1]

直接购买股票的方法主要有三种:直接在公开市场上购买要求数量的股份,与大股东私下协商购买股份和要约收购。要约收购最适合用在公司股权分散,并且有人要购买公司大量股份的消息一旦散布出去该公司股价就会急剧上涨的情况。根据相关规定,一个收购要约通常只有在预售的股份达到一个最低比例时才算有效。同时,该要约收购的目标通常应当少于100%,从而避免出现某些股东囤积居奇的问题。实践中,收购人通常会采取私下购买大宗股份与公开市场购买或者要约收购相结合的方式获取公司的控制权。[2]

---

〔1〕 See Henry G. Manne, *Mergers and the Market for Corporate Control*, The Journal of Political Economy, Vol. 73, No. 2, 1965, p. 116, note 10.

〔2〕 See Henry G. Manne, *Mergers and the Market for Corporate Control*, The Journal of Political Economy, Vol. 73, No. 2, 1965, p. 116.

收购要约根据对价的不同可以分为股权收购要约和现金收购要约。股权收购多用于兼并,上节已经进行了分析;这里主要讨论的是以现金为媒介的收购要约。特别是外部人以获取公司控制权为目的向公司股东发出的购买公司部分或者全部股份的要约。

据统计,1960 年至 1965 年的 5 年间,美国公司要约收购的数量呈大幅上升趋势,其中现金收购要约的增长最为迅猛。1965 年现金收购要约的数量是 1960 年的 3 倍,而现金收购要约对应的美元价值则从 1.86 亿美元上升到了 10 亿美元。[1] 同一时期,股权收购对应的美元价值约为每年 5 亿美元,大有被现金收购要约取代之势。[2]

现金收购要约成为获取公司控制权的越来越常使用的方法。这从现金收购要约发生的数量上也可以得到印证。1960 年涉及上市公司的现金收购要约仅有 8 起,而 1966 年有 107 起。根据当时的法律,个人或者集团可以通过在报纸上简单地打个广告表示有意购买一定数量的股票就可以获取公众公司的控制权。收购价格通常会设定在比现有市场价格高出 20% 的水平,而这对于希望快速获利的投资者是很有吸引力的。[3]

现金收购要约变得越来越流行,这是因为在当时的情况下,它相对于代理权征集和股权收购具有更多的优势。在通过代理权征集方式获取公司控制权时,征集人需要按照《1934 年证券交易法》的规定向股东提供收购参与人和他们的关联人的身份、他们持有的股权以及他们获得这些股权的时间等信息。当购买股票的资金是借贷而来又非通过银行贷款或融资账户(margin account)获得时,必须披露出借人的身份。在通过股

---

〔1〕 See Statement by Professor Samuel L. Hayes, "Full Disclosure of Corporate Equity Ownership and in Corporate Takeover Bids", Hearings before the Senate Banking and Currency Committee, 90th Congress, 1st Session on S. 510, March 21, 1967.

〔2〕 See Statement of Manuel F. Cohen, Chairman, Securities and Exchange Commission, "Full Disclosure of Corporate Equity Ownership and in Corporate Takeover Bids", Hearings before the Senate Banking and Currency Committee, 90th Congress, 1st Session on S. 510, March 21, 1967.

〔3〕 Introduction by Williams, "Full Disclosure of Corporate Equity Ownership and in Corporate Takeover Bids", Hearing before the Senate Banking and Currency Committee, 90th Congress, 1st Session on S. 510, March 21, 1967.

权收购方式获取另一家公司的控制权时，该收购要约必须按照《1933 年证券法》的规定进行登记。股东将收到一份招股说明书，告知他们关于该要约的所有重要信息。他们会知道收购人是谁，收购人对公司有什么打算。[1]而采取现金收购要约方式获取公司控制权则无须进行任何披露，可以在完全保密的情况下进行。这可以让收购者绕开持反对态度的被收购公司管理层，突然发起进攻而不被察觉，从而提高获胜的概率。

除此之外，现金收购要约对于收购者而言也具有诸多好处。以现金支付方式收购目标公司的股份，既不会稀释收购公司股份的收益，也不会对收购公司现任管理层的控制构成威胁，还可以将公司多余的现金储备用于有利可图的投资。相对于代理权征集而言，现金收购要约的成本也更低。[2]

二、公司控制权收益的归属问题

与直接购买股份相关的法律问题是出售公司控制权的收益应归谁所有的问题。这个问题起源于阿道夫·A. 伯利和加纳德·C. 米恩斯的一个主张，即控制权是公司的资产。[3]基于这一理念，有人提出，个人通过出售控制权所获得的收益根据衡平法应当归全体股东所有。还有人不断地要求立法建立外部人购买公司控制权时关于股票价格的衡平规则。曼尼指出，这些规则倘若建立，对经济将极为不利：

> 如果股票的价格不足以弥补控制股东因丧失现有的在公司中的控制地位而损失的价值，那么他们将拒绝出售其股份。如果所有的

---

〔1〕 See Senate Report No. 550 to accompany S. 510, August 29, 1967.

〔2〕 Statement by Professor Samuel L. Hayes, "Full Disclosure of Corporate Equity Ownership and in Corporate Takeover Bids", Hearings before the Senate Banking and Currency Committee, 90th Congress, 1st Session on S. 510, March 21, 1967.

〔3〕 See Adolf A. Berle & Gardiner C. Means, *The Modern Corporation and Private Property*, Yen York. Macmillan Co, 1933；中文版参见［美］阿道夫·A. 伯利、［美］加纳德·C. 米恩斯：《现代公司与私有财产》，甘华鸣等译，商务印书馆 2005 年版。

> 非控制股东必须因此被付给高于其股票市场价值的溢价,那么大多数情况下收购人不愿成交。这进一步说明,如果控制权被牢牢地作为一束股份持有时,那么交易股票的"市场价"则仅代表股份的潜在价值而不包含控制权价值的均摊份额。也就是说,如果一个股东拥有公司51%的股份,那么其他股份的表决权将分文不值,无论它们在市场上的交易如何激烈。控制权被持有的状况越不集中,非控制股东参与"溢价"分配的可能性就越大,而外部人向一名股东购买控制权的意愿就越小。在这种情况下,代理权征集和竞争性要约收购发生的可能性就更大,因为这两种方式赋予股东以溢价出售其股份的权利。[1]

阿道夫·A. 伯利和加纳德·C. 米恩斯的《现代公司与私有财产》一书提出了一个经典命题:在现代公司中所有权和控制权是分离的。自1933年之后,这一命题一直统摄着美国公司法的研究,直到曼尼提出公司控制权市场的概念才打破这一研究范式,将美国公司法的研究推向前进。

在司法实践中,伯利和米恩斯追随者的理念也没有得到法院的认可。很多的司法表述都认为,股东个人可以主张出售控制权的收益。这一立场在Perlman v. Feldmann(349 U. S. 952)这个极为复杂的案件中得到了很好的展现。在该案中,公司的一部分控制权股被出售,出售的价格反映了一项特殊的权益,即在准官方价格控制存在的情况下,买受人有权将公司生产的钢材配置给自己。法院判定控制权出售人有义务将高于正常市场价格的部分收益归还其他股东。因为控制权股通过对未来订单的承诺获得了额外的利益。这部分额外的利益是以一项权利作为对价的,而这项权利属于每一位股东而非控制权人。反推可知,控制股份所有人出售

---

〔1〕 Henry G. Manne, *Mergers and the Market for Corporate Control*, The Journal of Political Economy, Vol. 73, No. 2, 1965, p. 116 – 117.

控制权的收益可归其自己所有。[1]

三、投资者保护与代理问题

现金收购要约作为直接购买股票方式的一种，其带来的法律问题除了公司控制权收益的归谁所有之外，更重要的是在证券交易过程中如何保护投资者以及在公司决策过程中如何让管理层忠实地履行其受托义务的问题。

（一）投资者保护问题

从证券法的角度看，现金收购要约涉及的是公司证券从公司股东手中转移到收购者手中的交易过程。这个交易过程不同于股票在证券交易所的公开交易，也不同于股权收购和协议收购情况下交易双方对信息的相互了解。在这个过程中，掌握信息的是收购者和公司的管理层，且这两方都具有很多的资源，会为了自己的利益相互竞争，相对而言，作为他们都试图争取的对象，股东更需要充分的保护。

美国国会所面临的问题在于，在以现金收购要约和“爬行式收购”（creeping tender offer）等购买方式获取公司控制权的情况下，如何保护投资者的问题：

> 采用现金收购要约的控制权争夺者可以在几乎完全保密的条件下行动。目前，法律甚至不要求其披露身份、经费来源、有哪些关联人或者他在获得公司控制权之后打算做什么。这就会产生一个实际的问题，那就是直到现任管理层公开表明自己的立场，投资者能够获得的信息是非常有限的，但他们需要在这些信息的基础上决定接受还是拒绝该收购要约。因此，公众股东在非常有限的信息基础上，必须决定他所要采取的行动。公众股东有多重选择，他可以立刻预估

[1] See Henry G. Manne, *Mergers and the Market for Corporate Control*, The Journal of Political Economy, Vol. 73, No. 2, 1965, p. 116, note 21.

其所有的股票,并希望它们全部被收购。但是,如果该要约针对的并非所有发行在外的股份,那么他可能仅有一部分股票会被收购。在这种情况下,他将仍然是这家公司的股东,而管理层却是新的,这个新的管理层是在他的帮助下任命的,但是他却不知道新的管理层对于公司是好还是坏。该股东还有另一个替代方案,那就是看看有没有更好的要约出现,但是如果预售晚了,他就要冒股份不被收购的风险。他还可以在证券市场出售他的股份或者继续持有希望会有最好的结果出现。不知道出价人是谁,也不知道出价人的计划是什么,股东就无法做出明智的决策。他将被迫进行冒险。因为他无论做什么,在没有充分的信息的情况下他都无法理性地判断什么才是最好的行动……对于股东而言,公司管理层的能力和诚信,以及那些试图获取管理职位的人都是极为重要的。在这一领域的保密与那些在公众公司中进行投资的人的期望是不相一致的,这会损害公众对作为投资媒介的股票的信心。[1]

(二)代理问题

虽然现金收购要约表面上仅涉及证券交易的问题,但是公司控制权的转移对公司而言关系重大,它是否符合公司的最大利益,是否符合股东的最大利益,公司管理层在交易过程中应当扮演什么角色,这些则是公司法面临的新挑战。

在公司法上,现金收购要约及其他导致公司控制权转移的交易将引发代理问题。这一问题因公司是否存在控制股东而有所不同。

当公司不存在控制股东时,公司事实上的控制权可能掌握在目标公司的董事会手中,因而控制权的转移是从目标公司的董事会转移到收购人(的董事会)。这就带来了实际交易主体与控制权转移关系主体之间的脱节:控制权转移的交易主体是收购人和目标公司股东;而控制权转移本

---

〔1〕 Senate Report No. 550 to accompany S. 510, August 29, 1967.

身却是在收购人和目标公司董事会之间进行的。正是这一脱节产生了代理问题。如果控制权的转移对股东和公司有利，但是会对目标公司现任管理层的职位和福利构成威胁，那么现任管理层就可能会运用它的权力阻碍交易的进行。例如，现任管理层可以将目标公司的大量股份交给不会接受敌意要约的人；或者通过“毒丸”计划等安排构造股东和债权人的权利；抑或让哪怕是成功的收购人都无法控制公司的战略性资产。相反，如果一项交易对公司和股东并无价值，但现任管理层却可能从利己的动机出发努力促成收购的发生。他们可以通过自己对股东的影响力以及自己所掌握的公司信息，诱导股东将股票卖给他们指定的要约人，或者在多方竞标的情况下，给某一收购人以更多的优待。[1]

当目标公司存在一位或者少数股东持有控制性股份的情况下，收购人很可能与大股东事先达成协议，而后决定是否向非控制股东发出全面收购要约。这时就会出现控制股东与非控制股东之间的代理问题。控股股东可能会将公司的控制权出卖给一个可能会“掠夺性地”利用公司的人；或者控制股东出售控制权之后，收购人并不像前者那样尊重非控制股东，这种情况在目标公司被集团公司收购的情况下特别明显，此时，目标公司原来的商业机会可能被分配给集团公司的其他成员公司。[2]

除此之外，现金收购要约也让各州政府感到担忧。一旦本州公司被收购，接踵而来的就可能是企业的关停或迁出，税收的减少和居民的失业。不仅如此，不受披露规定约束的现金收购要约还给外国资本渗透美国公司创造了条件。1966 年法国某银行通过其在瑞士的分支机构公开收购加利福尼亚州哥伦比亚电影公司的事例就让该州不寒而栗。因为，这一收购一旦得逞，哥伦比亚就会面临外国资本的控制威胁。同年，一项针对米高梅公司（Metro-Goldwyn Mayer, Inc.）的现金收购要约中其要约人

---

〔1〕 参见[美]莱纳·克拉克曼、[美]亨利·汉斯曼等：《公司法剖析：比较与功能的视角》，罗培新译，法律出版社 2012 年版，第 236－237 页。

〔2〕 参见[美]莱纳·克拉克曼、[美]亨利·汉斯曼等：《公司法剖析：比较与功能的视角》，罗培新译，法律出版社 2012 年版，第 238 页。

身份也是完全保密的。[1]

小 结

20 世纪 60 年代，美国经济进入长时间的膨胀期，企业为了谋求规模的扩张掀起了新一轮的并购浪潮。代理权征集本是公司控制权争夺中最广为宣传的方式，但是自 1964 年美国国会修订证券交易法，对代理权征集实行强制披露政策以后，代理权征集的成本大大增加，采取代理权征集方式获取公司控制权的做法受到极大的抑制。曼尼认为，兼并是获取公司控制权最为有效的方式，特别是横向兼并能够让那些有破产风险的企业及时被收购，将这类公司的资产投入更为有效的管理层的控制之下，创造更大的价值。但是，美国政府在反垄断问题上对企业兼并行为实施严格的管控，直到 20 世纪 80 年代才有所放宽，而且直到那时横向兼并也仍然是受到严格审查的。因此，兼并在这次企业并购浪潮中并未发挥重大的作用。采用现金收购要约方式获取公司控制权，无须像代理权征集和股权收购那样进行披露，收购公司的管理层也无需担心股权被稀释或者威胁其控制地位的问题。正是在这一背景下，现金收购要约成为获取公司控制权越来越流行的手段。

但是，现金收购要约的流行却引发了新的法律问题。一方面，普通投资者在交易中因为无法获知足够的信息而很难做出明智的决策，从而有可能影响投资大众对证券市场的信心；另一方面，现金收购要约及其他收购方式所带来的公司控制权的转移又将引发公司股东和管理层及控制股东之间的代理问题。此外，公司并购浪潮影响下的经济利益变动又威胁到了以“逐底竞争”而闻名的各州利益。因此，美国国会和各州政府都投入了制定法律应对相关问题的立法活动中。

---

〔1〕 See Statement of Senator Thomas H. Kuchel, in S. 12556, Congressional Record-Senate, August 30, 1967.

第二章 《威廉姆斯法案》及其中立立场*

1968年美国国会对《1934年证券交易法》第13条和第14条进行了修订，目的是规范日益流行但却不受监管的现金收购要约。这一修订案因是由参议员威廉姆斯提出的，所以又被称为《威廉姆斯法案》。参议员威廉姆斯提出这份议案的目的是打击那些利用现金收购要约掠夺公司的“白领海盗”，但经过听证，立法者了解到现金收购要约的实际运作，了解到它是公司资源从低效的管理层手中流向更高效用途的一种工具，它对公司现任管理层具有激励作用的时候，便确立了在收购者和目标公司现任管理层之间保持中立的立法立场。

第一节 《威廉姆斯法案》的颁布

《威廉姆斯法案》因其议案提出者、来自新泽西州的美国参议院议员、参议院金融与货币委员会证券分委员会（Committee on Banking and Currency，Subcommittee on Securities）主席哈里森·A. 威廉姆斯（Harrison A. Williams，Jr.）而得名，它指的是1968年7月29日美国国会通过的对

---

* 本章以《〈威廉姆斯法案〉对公司收购中立立场的确立——基于美国国会档案的立法史考察》为题发表于《华东政法大学学报》2016年第3期，发表时内容有删节。

《1934 年证券交易法》的修正案,法案编号"Public Law 90 – 439"。[1]该法案以全面披露公司股权(corporate equity ownership of securities)为目标,在《1934 年证券交易法》中加入了第 13 条(d)款、第 13 条(e)款、第 14 条(d)款、第 14 条(e)款和第 14 条(f)款,[2]通过以下三种类型的规定对要约收购进行规制:(1)要求披露与要约收购相关的重要信息;(2)规定要约收购必须包含的内容;(3)禁止要约收购中的欺诈行为。[3]1970 年 12 月 22 日通过的编号"Public Law 91 – 567"的法案对其做了进一步的修订,将触发报告义务的持股比例从 10% 更改为 5%,降低了审查门槛,提高了监管标准;赋予美国证券交易委员会就相关概念进行定义、对相关义务进行豁免以及对相关报告进行简化的权力。[4]现在所称的《威廉姆斯法案》是 1970 年修订之后成形的版本。[5]

第 13 条规范的主要内容是定期报告和其他报告,第 14 条规范的主要内容是委托书征集。《威廉姆斯法案》在其后分别增加第 13 条(d)款和第 14 条(d)款对收购完成后将受益持有 5% 以上该类证券的人做出披露要求。这是美国《1933 年证券法》和《1934 年证券交易法》起草之初就确立的理念,那就是路易斯 · D. 布兰代斯(Louis D. Brandeis)所说的"阳光是最好的消毒剂,而灯光是最称职的警察"。[6]

---

〔1〕 Heinonline:Legislative History of the Securities Exchange Act Amendment of 1968, Full Disclosure of Corporate Equity Ownership, P. L. 90 – 439.

〔2〕 为了便于读者寻找法条原文,也为了避免中文转换所带来的表述繁复和不准确等问题,笔者在本论文中提到的法律文件均使用英文原名及编号,不做任何转换。部分英文人名亦如此。

〔3〕 参见[美]莱瑞 · D. 索德奎斯特:《美国证券法解读》,胡轩之、张云辉译,法律出版社 2004 年版,第 226 页。

〔4〕 Heinonline:Securities Act Amendments of 1970, P. L. 91 – 567.

〔5〕 美国《1977 年国内和国外投资披露法》对做了修订,形成了第 13 条第(g)款。美国证券交易委员会为执行这两个条款也制定了相应的规则,且这些规则在 20 世纪 90 年末又有全面修订。相关内容参见[美]路易斯 · 罗思、[美]乔尔 · 赛里格曼:《美国证券监管法基础》,张路等译,法律出版社 2008 年版,第 445 – 471 页;[美]莱瑞 · D. 索德奎斯特:《美国证券法解读》,胡轩之、张云辉译,法律出版社 2004 年版,第 41、229 页。

〔6〕 参见[美]莱瑞 · D. 索德奎斯特:《美国证券法解读》,胡轩之、张云辉译,法律出版社 2004 年版,第 2 页。

第 13 条(d)款是关于受益所有权报告的相关规则,旨在要求任何"爬行式收购要约"(creeping tender offers)一旦越过 5% 门槛时应及时地予以披露。[1]它要求任何受益性地持有某类证券 5% 以上的人,[2]在其触发报告要求的证券收购完成之后的 10 日内,向证券发行人、证券交易委员以及证券在其中进行交易的证券交易所报告以下信息:(1)收购人或受益持有人的身份;(2)用于购买证券的资金来源和数量;(3)若购买证券的目的是控制发行人,则报告人对发行人进行清算、出售其资产、使其与他人进行合并或对其业务或公司结构进行重大调整的计划;(4)报告人受益持有的股份数量、他和他的关联人(associate)直接或者间接有权获得的股份数量以及关联人的信息;(5)就发行人的证券与他人签订的证券转让、合资、贷款或期权安排、股票卖出选择权或买入选择权、贷款保证、损失担保或利润分配、委托书授予或拒绝等合同以及合同对方当事人的信息。[3]

第 14 条(d)款是关于"收购要约"的规定,它要求任何试图通过要约收购方式购买某类证券的人,[4]若该收购完成时其将直接或间接地获得该种证券 5% 以上受益所有权的,那么其应当在首次公布、寄送或发出要约或要约邀请时向证券交易委员会报告第 13 条(d)款规定的信息以及证券交易委员会规定的其他信息,[5]这就将要约收购方式下获得 5% 以上

---

〔1〕 参见[美]路易斯·罗思、[美]乔尔·赛里格曼:《美国证券监管法基础》,张路等译,法律出版社 2008 年版,第 448 页。

〔2〕 这里所指的证券有四类:(1)根据《1934 年证券交易法》第 12 条规定注册的证券;(2)应当进行登记的(根据《1934 年证券交易法》第 12 条(g)款规定豁免登记的除外)保险公司发行的证券;(3)根据《1940 年投资公司法》(the Investment Company Act of 1940)注册的闭锁型投资公司(a closed-end investment company)发行的证券;(4)根据《阿拉斯加原住民索赔解决法案》(*the Alaska Native Claims Settlement Act*)设立的本地公司发行的证券。See Securities Exchange Act of 1934, Sec. 13(d)(1).

〔3〕 See Securities Exchange Act of 1934, Sec. 13(d)(1).

〔4〕 这里所指的证券有三类:(1)根据《1934 年证券交易法》第 12 条规定注册的证券;(2)应当进行登记的(根据《1934 年证券交易法》第 12 条(g)款规定豁免登记的除外)保险公司发行的证券;(3)根据《1940 年投资公司法》(the Investment Company Act of 1940)注册的闭锁型投资公司(a closed-end investment company)发行的证券。See Securities Exchange Act of 1934, Sec. 14(d)(1).

〔5〕 See Securities Exchange Act of 1934, Sec. 14(d)(1).

受益所有权人的报告时间提前到要约或要约邀请发出之时。同时,第 14 条(d)款还规定,收购人向该种证券持有人寄送的收购要约或要约邀请、为该要约或要约邀请刊登的广告以及在最初征集或请求努力之后为进一步推进要约收购而追加的材料中都必须包含证券交易委员会认为为维护公共利益或保护投资者实属必要或适当的信息,且所有这些材料都应当在给予证券持有人的同时提交给证券交易委员会并寄送证券发行人。[1]这些信息的披露有助于投资者就是否出售其所持有的证券做出客观的判断,而不至于因为担心价格下降而被迫出售。信息向发行人的披露则有助于其及时了解潜在的收购人,以便做好应对。

此外,为了更好地保护投资者的利益,第 14 条(d)款第 5 - 7 项还分别规定了证券持有人撤回权、比例收购原则和提高收购价格后对此前出售证券的持有人的补偿。第 14 条(d)款第 5 项规定,除非证券交易委员会有其他规定,根据收购要约或要约邀请预售的证券“可以在该要约或要约邀请最终确定的副本首次公布、寄送或给予证券持有人后的 7 日内的任何时间,或者在最初的要约或者要约邀请发出 60 日后的任何时间”撤回。[2]第 14 条(d)款第 6 项规定,要约或者要约邀请发出后 10 日预售的证券数量大于收购人有责任或者愿意收购的数量的,收购人应当按照每个预售人预售证券的数量按比例进行购买。[3]第 14 条(d)款第 7 项规定,收购人在期限届满前提高收购价格的,他应当向提价之前出售证券的持有人支付加价的部分。[4]

第 13 条(e)款和第 14 条(e)款都涉及反欺诈的内容。第 13 条(e)款针对的是发行人回购自己股份的情形。其禁止按照《1934 年证券交易法》第 12 条注册的发行人或者根据《1940 年投资公司法》登记注册的闭锁型投资公司违反证券交易委员会关于(1)界定欺骗性的、欺诈的或者操

---

[1] See Securities Exchange Act of 1934, Sec. 14(d)(1).

[2] See Securities Exchange Act of 1934, Sec. 14(d)(5).

[3] See Securities Exchange Act of 1934, Sec. 14(d)(6).

[4] See Securities Exchange Act of 1934, Sec. 14(d)(7).

纵的行为和实践做法,以及(2)合理防范此种行为和实践做法而制定的规则或规章而进行的"自我收购"。"这些规则和规章要求该发行人向该种权益证券持有人提供关于购买的理由,资金来源,要购买的股数,为此种证券支付的价格,购买方法等信息,以及委员会认为为维护公共利益或保护投资者所必要的和适当的追加信息,或者委员会认为对于做出是否应该出售该种证券的决定而言重要的信息。"〔1〕

第14条(e)款是《威廉姆斯法案》的反欺诈条款,它规定"任何人对某一重大事实作出不真实陈述,或者遗漏陈述任何重大事实,而在作出该陈述所根据的情况看来,该被遗漏的重大事实系使作出的陈述不具误导性所必需的,或者从事与任何收购要约或要约邀请,或者任何征集证券持有人反对或者赞成该要约或者要约邀请的意见有关的欺骗、欺诈或者操纵行为的,均属违法。"〔2〕在实践中,竞争性收购要约的双方经常援引这一条款来威慑对方,这一条款也一度成为非常热门的诉讼主题。〔3〕

第14条(f)款是旨在应对在州法允许的程度内运用董事权力去填补空缺以致使整个董事会在控制权转移后逐一辞职的情况。其规定,如果由于同进行第14条(d)款和第13条(d)款规定的交易购买证券的人或者若干人达成任何安排或者谅解,从而使某些人在股东大会之外被选举为或者被指定为发行人的董事,且这些被选出或者指定的人将构成发行人董事会的多数,那么在他们中的任何人就任董事之前,发行人应向委员会和所有有权选举董事的、登记在案的、发行人的证券持有人提供委员会规定的相关信息。这些信息实际上也即第14条(a)款和第14条(c)款规定的在委托代理征集中新董事会就职前应当向委员会提交的相同的信息,〔4〕包括异议者的评估权、相关人员在将要采取行动的事项上的权益、董事和

---

〔1〕 See Securities Exchange Act of 1934, Sec. 13(e)(1).

〔2〕 See Securities Exchange Act of 1934, Sec. 14(e).

〔3〕 参见[美]路易斯·罗思、[美]乔尔·赛里格曼:《美国证券监管法基础》,张路等译,法律出版社2008年版,第468页。

〔4〕 See Securities Exchange Act of 1934, Sec. 14(f);[美]路易斯·罗思、[美]乔尔·赛里格曼:《美国证券监管法基础》,张路等译,法律出版社2008年版,第446页。

执行高管、董事和执行高管薪酬、独立公共会计师、薪酬计划、除换股以外的证券授权或者发行、证券修改或者交换、财务及其他信息等共23项内容。[1]

以中立立场著称的《威廉姆斯法案》,在最初的第510号议案中却包含着对现金要约收购深深的敌意,证券交易委员会和证券交易所等机构的建议以及佩因特教授等学者的评论让立法机构最终转变了态度,努力在要约人、现任管理层和股东之间保持平衡。

第二节 美国参议院1967年第510号议案

《威廉姆斯法案》诞生于参议员威廉姆斯的提案,其议案编号为第510号议案。1967年1月18日,最初提交到美国参议院的第510号议案与《威廉姆斯法案》的内容有较大的差异。参议员威廉姆斯在介绍法案内容与目的时,表现出的完全是对现金收购要约的敌意。

一、第510号议案的主要内容

第510号议案包含两个条款,分别对《1934年证券交易法》第13条和第14条进行修订,在其后增加新的内容。

议案第一款是对规定发行人定期和其他报告的第13条进行修订。当时的第13条仅有3个条款。(c)款规定,如果证券交易委员会认为(a)款规定的披露要求对于某些特别种类的发行人不合适的,则可以要求该类发行人提交其认为适当的报告予以代替。[2]第510号议案第一款规定在(c)款之后增加5项内容。

---

[1] See Schedule 14A, Proxy Statement Pursuant to Section 14(a) of the Securities Exchange Act of 1934;中文译本参见中国证券监督管理委员会组织编译:《美国〈1934年证券交易法〉及相关证券交易委员会规则与规章(中英文对照本)》(第2册),法律出版社2015年版,第576－673页。

[2] See Securities Exchange Act of 1934, Sec. 13(c).

(1)任何人,如果他通过任何州际的交通或者通讯工具,或者使用邮件,直接或者间接地购买或者得到购买股票的权利,或者增持抑或获得增持股票的权利,从而拥有任何种类的任何证券10%以上的受益所有权的——该类证券是根据本法第12条登记的证券,那么该人应当在该购买或者获得该购买权之后7日内,到其主要办事机构(principal executive office)向证券发行人,通过挂号信,向每个该证券进行交易的证券交易所和委员会提交一份包含下列信息的说明书:

(A)每一份说明书都应包含本款的(i)-(v)项规定的信息,以及委员会通过规则和规章规定的为公共利益和保护投资者所必要或适当的其他信息:

(i)进行收购或者代表其进行或者即将进行收购的所有人的背景和身份。

(ii)用于或者将被用于收购的资金的来源和数量,而且如果购买价格的任何部分或者提议的收购价格将以借来的资金或者其他对价表示的话,或者为了购买、持有或者对这些股票进行交易的目的而通过其他方式获得的话,还需包括对这些交易和当事人的描述,除非这些资金中有通过第3条(a)款第6项规定的通过正常的商业渠道从银行借贷的,那么如此说明一下就足够了。

(iii)如果收购或者预期的收购是为了获得对该证券发行人商业的控制权,那么该人可能清算该发行人,出售其资产,或者将其与其他人合并,或者对其商业或公司结构进行重大改变。

(iv)受益所有的该类证券的数量,以及由(a)该人,和(b)该人的关联人(按照委员会据本法制定的规则和规章的定义)直接或者间接有权购买的股份的数量,同时需提供该关联人的姓名和住址。

(v)关于与该人签订的和发行人的任何证券有关的合同、协议或者谅解的信息,包括但不限于转让证券(transfer)、联合经营(joint ventures)、贷款或者期权协议(loan or option arrangements)、卖出或买入选择权(puts or calls)、贷款担保、损失担保(guaranties against loss)

或者利润担保(guaranties of profits),损失分担或利润分配(division of losses or profits),代理权的授予或拒绝(the giving or withholding of proxies),提供与之签订该合同、安排或者谅解的人的姓名,并说明详情。

(B)如果说明书中向发行人和证券交易所,以及提交给委员会的陈述事实发生了重大变化,那么应当向发行人和交易所传递,并向委员会提交修订,依据委员会认为为保护公共利益或者保护投资者而必要或适当地制定的规则和规章。

(2)当两个或者两个以上的人为了购买、持有或者处置发行人的证券而组成合伙、有限合伙、辛迪加或者其他集团的,上述辛迪加或者集团应当被认定为本款目的下的一个“人”。

(3)出于本款和本法案第2条的目的,要判定该人是否直接或间接地拥有10%以上的某类证券,该类证券应被认为系由该类发行在外的证券减去由发行人或者代其持有的该类证券的数量。

(4)本款和本法案第2条的规定不适用于下列情况:

(A)通过《1933年证券法》规定的登记说明书的方式进行或者将要进行的收购或者收购要约。

(B)与同一人在过去12个月中所进行的其他所有购买一起,不会超过该发行在外证券2%的任何收购或者提议的收购行为。在这里使用的某类“发行在外的证券”(outstanding securities)这一术语将不包括发行人持有的,或者代发行人持有的该类证券。

(C)证券的发行人对该类证券进行的收购。

(D)委员会通过规则或规章或者以指令的形式规定应当排除本款适用的收购或者提议的收购,因为它们不是为了或者不会具有(having the effect of)、改变或者影响发行人的控制权,或者不属于本款目的范围之内。

(5)发行人违反委员会为公共利益或保护投资者而必要或适当地制定的规则和规章,或者违反委员会为了阻止欺骗的、欺诈的或者操纵的行为或做法而制定的规则和规章而购买自己发行的股票的,属于违法。这些规则和规章可以要求该发行人提供这类证券的持有人信息以及其他与该购买行为相关的信息，资金的来源，拟收购的股份的数量，打算支付的价格，购买的方式，以及其他委员会认为系为公共利益或者为保护投资者必要或适当的信息，或者其他委员会认为对于决定是否出售这些证券很重要的信息。[1]

议案第二款是对《1934年证券交易法》第14条的修订。第14条的规定是美国国会1964年针对代理权征集问题新修订的内容。当时包含三个条款，主要是规定了通过代理权征集方式来获取公司控制权时应当遵守的披露要求等事项。第510号议案第2款，在第14条第3款之后新增了7项内容：

(1)当两个或者两个以上的人为了购买、持有或者处置发行人的证券而组成合伙、有限合伙、辛迪加或者其他集团的，上述辛迪加或者集团应当被认定为本款目的下的“人”。

(2)任何人直接或者间接地通过邮件或者其他州际贸易的方法或措施，或者采用全国性的证券交易所或者其他设施向根据本法第12条进行登记的证券发出收购要约或者要约邀请，从而将让该人获得该类证券10%以上的受益所有权的，除非在发出该要约或者要约邀请前5日向委员提交一份说明书，否则该行为是违法的。该说明书应当包括本法案第1条第1款第A和B段规定的特定的信息，以及委员会认为为了公共利益和保护投资者而必要或适当地制定的规则和规章中规定的额外信息。为对该类证券进行要约收购或者要约邀请而发出的所有要约邀请或者广告都应当作为该说明书的附件提交，且都应当包含委员会规则和规章规定该说明书应当包含的信息。

[1] S. 510 of the United States 90th Congress, 1st Session, in the Senate of the United State, January 18 (legislative day, January 12), 1967.

在最初的征集或请求之后为征集或者请求该收购要约而准备的任何其他材料的最初副本应当包含委员会规则和规章规定的为公共利益或者保护投资者而言必要或适当的信息,同时应当在这些材料的附件送交或者交给证券持有人的至少2天以前提交给委员会。据此提交给委员会的所有初始说明书的副本应当明确地标注"Preliminary Copies"的字样,而且应当仅提交给委员会一个机构,但该说明书可以向适当的政府部门或者机构披露,而且委员会在它认为为进行充分的审查所必需的时候可以对该说明书进行询问或调查。所有说明书的最终副本,应以该材料被提供给证券持有人的形式,提交给或者邮寄给委员会,而且应当在不晚于这些材料首次公开或者传送或者交给任何证券持有人的时间送达发行人。本款规定的时间期限可以按照委员会的指令而缩短。

(3)向这类证券的所有人发出的接受或者拒绝该收购要约或者要约邀请的征集或者建议都应当符合委员会为公共利益或者为保护投资者而必要或适当地制定的规则和规章。

(4)根据收购要约或者要约邀请预售的股票可以由预售人或者为了预售人的利益,在该要约或者要约邀请的最终版本首次公布,或者发送、交给证券持有人后的7日内的任何时间,或者自最初的收购要约或者要约邀请发出后60日内的任何时间撤回,除非委员会为了公共利益或保护投资者而必要或适当地通过规则、规章或者命令做出了其他规定。

(5)当任何人作出的收购要约或者要约邀请不是针对某类发行在外证券的全部时,或者预售的证券的数量超过了该人有义务或者愿意接受或购买的数量时,那么这些证券应当尽可能地按照每个预售人预售的证券的数量按比例进行收购,约去分数。

(6)当有人改变收购要约或者要约邀请的条款,在到期之前提高向证券持有人提供的价格,那么该人应当向那些股票已经按照该收购要约或者要约邀请被接受或者购买的人支付增加的对价,无论该人的股票在该收购要约或者要约邀请变更之前是否已经被购买。

(7)作出或者征集收购要约的人,或者管理层,或者任何发布、征集证券持有人支持或者反对该要约的单个人或者多人进行任何错误的、欺诈的或者误导的陈述或者遗漏陈述任何重要事实的,而该事实在当时的环境看来,是该说明书不具有误导性,或者不涉及欺骗、欺诈或者操纵行为或者实践所必要的。[1]

与《威廉姆斯法案》对比可知,1967 年 1 月 18 日的第 510 号议案主体内容已经具备,但是其修订内容的结构层次与立法思路却有很大差异。

就新增内容的结构层次而言,《威廉姆斯法案》最终将新增加的内容作为(d)款和(e)款两款分别置于《1934 年证券交易法》第 13 条和第 14 条之后。这表明,新增内容与原有内容的地位都是平等的。而最初的议案却将新增的内容分别置于第 13 条和第 14 条第 3 款之后,作为第 3 款之下的项目,实际上是将这些内容置于证券交易委员会的权限之下。可见,法案最终提高了新增内容的地位。

就立法思路而言,最初的第 510 号议案对于同样获得 10% 以上股份的收购的两种方式——公开市场购买和现金收购要约——所应用的披露要求是不同的。通过公开市场购买方式获得 10% 以上股份的,应当在该交易完成之后 7 日内向证券交易委员会、发行人和证券交易所报告;但是如果是采用现金收购要约方式进行的,在要约发出前 5 日就要向证券交易委员报告并接受审查。而最终颁布的《威廉姆斯法案》却没有提前披露的要求。这种立法思路意味着什么,其又为何发生转变,这些问题反映的是立法者对现金收购要约认识的变化。

二、议案目的:通过披露保护投资者

1967 年 3 月 21 日,美国国会参议院银行与货币委员会证券分委员会

[1] S. 510 of the United States 90th Congress, 1st Session, in the Senate of the United State, January 18 (legislative day, January 12), 1967.

就第510号议案举行听证。证券分委员会主席威廉姆斯主持会议并介绍议案的内容和目的。

作为议案的提出者，威廉姆斯首先指出第510号议案是一项规定公司股权完全披露和公司收购要约的法案。他赞扬《1933年证券法》和《1934年证券交易法》通过完全披露的方式为美国的股东提供了有力的保护，增强了投资者对证券市场的信心，促进了证券市场的发展。但是，还存在一些需要进行完全披露的领域，而现有的法律还没有规定。第510号议案就是一份将要填补这一空白的法案。“它要求在有人试图通过以下两种方式获取公司控制权的时候向股东披露相关信息：(1)现金收购要约；(2)通过公开市场或者私下协商购买股票。当公司在公开市场上回购自己股票的时候也同样要进行披露。”[1]

虽然法案是针对两种情况下的购买股票行为的披露要求，但其核心还是规制现金收购要约问题。威廉姆斯讲话的主要内容仍然是在现金收购要约中要求完全披露的必要性：

> 现金收购要约(cash tender offer or takeover bids)已经成为越来越受欢迎的获取公司控制权的方法。它通常都比代理权征集要快且便宜。同时，证券法也不要求披露相关的事实，而在代理权争夺或公司采用股票交换的方式进行要约的情况下却要进行披露……
>
> 通过使用现金收购要约的方式，试图获取控制权的人可以在完全保密的情况下进行。他不用说明其资金来源；有哪些关联人；为什么要夺取公司控制权；以及如果他得到了打算做什么。直到现任管理层在报纸上刊登广告说明其立场，否则投资者无从知道任何事实，因而也无法得到判断他是否应当接受该要约的依据。

[1] Introduction by Williams, "Full Disclosure of Corporate Equity Ownership and in Corporate Takeover Bids", Hearing before the Senate Banking and Currency Committee, 90th Congress, 1st Session on S. 510, March 21, 1967.

我们今天面对的这份法案就是要修订证券交易法，在现金收购要约中提供完全的披露。[1]

威廉姆斯指出，对现金收购要约的披露项目同样适用于获得某类登记证券10%以上比例的人。因为这是公司、股东和潜在的投资者能够充分评估一项收购要约或者可能影响股票持有情况改变的唯一方式。公司回购自己的股票如果涉及的数量比较大的话，会对股票的市场价格产生很大的影响，因此也需要进行完全的披露。公司回购股票的方法曾被用于操纵市场或者巩固现有管理层的控制地位，即使不涉及控制权问题，为避免股票价格的波动，也有必要进行披露，从而更好地保护投资者。

在讲话的最后，威廉姆斯自信地宣称："我们国家的合法的商业以及超过2000万名美国股东将从这项立法中获益。这项法案将让与收购要约或公司股票收购计划有关的重要信息都能够在公平的基础上被获取。所有将在证券市场上进行交易的人都知道所有相关的信息都是可以得到的。正是在这一前提下，他们拥有多年的繁荣与昌盛。现在是让这个有必要进行完全披露但尚不可能的最后领域消失的时候了。"[2]

在上述发言中，威廉姆斯着重指出了现金收购领域缺乏立法规制导致股东无法获得决策的充分信息的问题。这一问题与通过其他购买方式获得超过10%的股份的问题以及公司回购自己股份的问题核心都是公司控制权的问题。第510号议案对这些问题提出了解决的对策。而威廉姆斯对该法案的逐条释义更能够体现其立法倾向。

---

[1] Introduction by Williams, "Full Disclosure of Corporate Equity Ownership and in Corporate Takeover Bids", Hearing before the Senate Banking and Currency Committee, 90th Congress, 1st Session on S. 510, March 21, 1967. 从 Williams 的用语可知，他知道公司控制权的概念，并且在应用它。

[2] See Introduction by Williams, "Full Disclosure of Corporate Equity Ownership and in Corporate Takeover Bids", Hearing before the Senate Banking and Currency Committee, 90th Congress, 1st Session on S. 510, March 21, 1967.

三、议案举措:打击“不道德的”现金收购要约

正如参议员威廉姆斯所指出的,在获得公司控制权的多种方式中,现金收购要约相较于股权收购和代理权征集具有完全的隐蔽性,很多人利用其来达到清算目标公司以谋取短期暴利的目的。因此,这一方式从一开就被贴上了“不道德”的标签。对此,第510号议案采取了三个方面的举措来严厉打击现金收购要约。

首先,要求以获取公司控制权为目的的现金收购要约或者其他购买行为进行完全的披露。

1967年1月18日的第510号议案第2款第2项规定,其完成将使要约人获得某类股票10%以上的受益所有权的,应当向证券交易委员会披露特定的信息,这些信息包括:(1)收购人的身份和背景;(2)用于收购的资金来源和数量;(3)获得控制权之后将出售发行人资产,将其与其他公司合并,对其业务或者公司结构进行重大调整的计划;(4)收购人及其关联人所持目标公司股份;(5)收购人签订的与发行人证券相关的证券转让,联合经营,贷款或者期权协议,卖出或买入选择权,贷款担保,损失担保或者利润担保,损失分担或利润分配,代理权的授予或拒绝等合同、安排或者谅解。如果收购要约披露的事实发生重大变化的,也要及时披露。[1]

该议案第2款的披露内容实际上是援引了第1款的规定。其第1款规定的是所有通过收购方式获得某类证券10%以上的人的披露要求。其披露内容的第3项规定,如果收购或者预期的收购是为了获得对该证券发行人业务的控制权,那么该人应当披露其可能清算该发行人,出售其资产,或者将其与其他人合并,或者对其商业或公司结构进行重大改变的

〔1〕 See S. 510 of 90th Congress, 1st Session, in the Senate of the United States, January 18 (legislative day, January 12), 1967, section 2(2).

计划。[1]而这些内容在现金要约收购的情况下是无条件披露的。反观这一披露内容本身,无论是清算发行人还是出售其资产,都是敌意收购者谋取短期暴利的手段。披露这些内容,无疑会让这些投机者无所遁形。

其次,授权证券交易委员会对现金收购要约进行事前审查。

1967 年 1 月 18 日第 510 号议案的两款规定,在披露时间的要求上有很大差异。其第 1 款规定获得某类股票 10% 以上受益所有权的人披露相关信息的时间是“该收购或者获得该收购权之后 7 日内”;[2]而第 2 款规定将使收购人获得 10% 以上股份的现金收购要约的披露时间是“发出该要约或者要约邀请前 5 日”,如果披露的事实发生重大变化,那么应当在更正后的材料送交证券持有人“之前至少 2 日提交委员会”,“而且委员会在它认为为进行充分的审查所必需的时候可以对该说明书进行询问或调查”。

同样是得到某类证券 10% 以上的受益所有权,但是现金收购要约需要提前披露,在行政审查措施中采用最为严格的事前审查的方式,反映的是立法者对现金收购要约的“不信任”。

最后,在交易过程中给予股东更多的保护。

第 510 号议案在其第 2 款规定了撤回权、比例收购原则和公平价格原则,为股东提供更多的保护。参议员威廉姆斯在对议案的逐条释义中说,第 2 款第 4、5、6 项“处理的是收购要约引发的一些实质性问题”:

> 第 4 项将允许已经预售其股票的人在收购要约发出后 7 日内,或者在最初的收购要约发出 60 日后撤回其预售的股票,除非委员会有其他的规定。这将提供一个短暂的时间,以便那些要约之后立即预售其股票的人可以重新考虑,这或许在得到管理层的对抗性的主

---

〔1〕 See S. 510 of 90th Congress, 1st Session, in the Senate of the United States, January 18 (legislative day, January 12), 1967, section 2(1)(iii).

〔2〕 See S. 510 of 90th Congress, 1st Session, in the Senate of the United States, January 18 (legislative day, January 12), 1967, section 2(1).

张之后;同时还将阻止预售的股票被无期限地占用,否则股东将一直等待要约人决定是否购买它们。

第 5 项将规定,如果根据收购要约预售的证券数量多于收购人愿意购买的数量,那么预售的证券应当依据每个预售人预售的证券的数量按比例进行收购。这将宣告那些建立在先到先买原则(first-come first-served basis)基础上的收购要约不合法,从而消除那些犹豫不决的股东的压力。

第 6 项将规定,如果做出收购要约的人后来提高了对预售股票的价格,那么增加的价格应当同时支付给在提价前已经预售股票的人和之后预售的人,从而保证所有预售股票的股东都得到平等的对待。[1]

由此可见,立法者对于现金收购要约是不能完全接受的,其"不道德"的一面让立法者认为投资者受到了不公平的待遇,因此在立法措施的选择上表现出对现金收购要约的严格监控和对投资者更多的保护。

这份议案于 1967 年 1 月 12 日进入立法程序,1 月 18 日在美国参议院两读后提交参议院银行与货币委员会,在该委员会证券分委员会的主持下于 3 月 21 日、22 日和 4 月 4 日举行听证形成修订稿。1967 年 8 月 29 日,证券分委员会主席威廉姆斯向参议院作第 550 号的报告,1967 年 8 月 30 日,修订后的第 510 号议案在参议院进行讨论并获得通过。8 月 31 日提交众议院州际和对外贸易委员会(Interstate and Foreign Commerce Committee)。1968 年 7 月 1 日,州际和对外贸易委员会商业和财政分委员会(Subcommittee on Commerce and Finance)主持对议案第 510 号议案的听证,并形成少量新的修订方案。1968 年 7 月 12 日,众议员斯塔格斯(Mr. Staggers, from the Committee on Interstate and Foreign Commerce)向

[1] Section-by-section analysis of S. 510, "Full Disclosure of Corporate Equity Ownership and in Corporate Takeover Bids", Hearing before the Senate Banking and Currency Committee, 90th Congress, 1st Session on S. 510, March 21, 1967.

众议院做第1711号报告，并介绍了议案第510号议案及州际和对外贸易委员会对该议案的修订建议。1968年7月15日，众议院讨论并通过了修订后的第510号议案。1968年7月18日，参议院讨论并同意了众议院的修订。1968年7月29日，法案最终以"Public Law 90－439"的编号颁布。

纵观整个立法过程，对法案的实质性转变做出最大贡献的莫过于证券交易委员会和纽约证券交易所。

第三节 证券交易委员会与纽约证券交易所的修改建议

1967年3月21日和22日在美国参议院银行与货币委员会证券分会主持的关于第510号议案的听证中，证券交易委员会和纽约证券交易所的发言顺序都被安排在了当天的第一个，可见其重要性。从法案的修订内容来看，证券交易委员会和纽约证券交易所的修改建议也是最重要的，同时也是对法案的实质修订贡献最大的。具体而言，经过证券分委员会的听证，第510号议案做了四个方面的重大修订。

一、放弃事前审查

纽约证券交易所强烈建议取消事前审查的规定，实践经验让其对该规定的危害非常清楚，因此其给出的理由也非常具有说服力。

纽约证券交易所首先表达了其对第510号议案立法目的的赞赏。但是，事前审查的规定与法案的这些立法目的是相冲突的。纽约证券交易所分析了这一规定的四大危害。[1]

首先，提前向证券交易委员会提交报告信息会导致要约"流产"，损害股东和收购公司的利益。现金收购要约除了会被投机者用来利用公司赚

---

〔1〕 See Statement of G. Keith Funston, President of the New York Stock Exchange, "Full Disclosure of Corporate Equity Ownership and in Corporate Takeover Bids", Hearing before the Senate Banking and Currency Committee, 90th Congress, 1st Session on S. 510, March 22, 1967.

取短期暴利之外(这一行为在法案颁布之后会极大地得到遏制),它事实上还担负了重要的公司发展职能。现在被普遍接受的以收购为手段的公司战略交易在商业中扮演着越来越重要的角色。自 20 世纪 80 年代至今的美国并购活动数据表明,"战略交易不仅是大型企业的核心扩张工具,也成了许多中小型企业的标准成长战略"〔1〕。同时,现金收购要约通常会提供一个高于市场价格的出价,这对于股东而言是有利的。

通常,公司董事会做出收购要约的决定之后,会立即将这一信息公布。但是如果立法规定公司必须提前 5 天向证券交易委员会提交相关信息,而这 5 天内公司不得公布这一消息,那么无论公司多么努力地进行保密,这么长的时间都很难保证信息不被泄露。人们即使是无心地谈论,也都可能会造成消息的泄露或者引发谣传。这将导致的结果是市场价格的上涨。市场价格的上涨会让要约价格失去吸引力。而对于一项购买成千上万股股票的收购要约而言,哪怕每股的收购价格仅上涨一点点,整个成本的提高就会非常明显,这可能是要约公司无法承受的。成本的增加最终可能导致的结果就是要约公司放弃收购计划,而这一结果对于该公司和股东而言都是不利的。

其次,提前审查将让证券交易委员会处于自相矛盾的境地。证券交易委员会的职责是通过执行相应的披露要求并惩罚欺诈行为来保护投资者的利益。但是在现金收购要约提前审查的情况下,证券交易委员会在 5 日的审查期间必须对公众保密。如此一来,在这 5 天期间中,不知情的股东可能会按照市场价格出售其股票,而证券交易委员会只能眼睁睁地看着他们为此损失收购要约可能给他们带来的更多的收益。而且,提前获知这一信息的人可能会在这 5 天的时间里利用这些股东,让他们在不知情的情况下出售自己的股票,从而蒙受巨大的损失。证券交易委员会就此被置于一个不能让股东获悉重要的投资信息的境地,这与其创设的目的是直接冲突的。

---

〔1〕 [美]迈克尔·E. S. 弗兰克尔:《并购原理:收购、剥离和投资》,曹建海主译,东北财经大学出版社 2009 年版,第 2 页。

证券交易委员会在这 5 天的时间里必须密切注意市场的动向，同时审查说明书的内容。为了避免对股东的不公平，证券交易委员会必须在每一个案件中都加快速度。但是，证券交易委员会并没有义务这么做，因而在此期间公众利益被排除了。公众会因为接受重要信息的时间被推迟而受到损害，合法的市场要约也会受到阻碍，这与法案声称的立法目的相冲突。

再次，提前审查的规定会让证券交易所在背离股东最大利益的状态下运作。以纽约证券交易所为例，其在实践经验的基础上建立了一套关于收购要约的程序。与第 510 号议案的规定类似，纽约证券交易所的程序要求在该交易所上市的公司进行收购要约时，必须披露进行要约的主要人物的身份，该人具有收购目标股票的经济能力的保证，以及至少在 10 天的期限内按比例收购预售的股票。一旦交易所意识到存在与该收购要约有关的市场混乱、价格的不正常波动或者谣言的发生，那么交易所会暂停作为预期的收购要约目标的股票的交易。

在收购要约的提前审查期间，如果发生市场混乱，那么交易所将被迫在证券交易委员会作出可信的审查结论之前暂停该股票的交易。而一般情况下遇到类似问题，交易所会要求相关公司发布一个公开的声明。但是，这些公司在 5 天的审查期内，或者在获得证券交易委员会的特别批准之前不可能这么做。如此，证券交易所将处于一种异常的状态，因为它为应对市场的混乱而暂停交易，而这一混乱在很大程度上是由于执行一项力图进行完全披露的法律造成的。

最后，提前审查还容易导致操纵市场的行为发生。提前审查还可能为操纵市场的企图提供契机。这一规定的存在会被不法之徒利用，他们可以向证券交易委员会提交一份说明书，而后制造将有收购要约的谣言，但实际上并无进行要约的打算。价格操纵可能紧接着就会出场，而要证明这种操纵是故意的会很难。

此外，纽约证券交易委员会还建议，法案应要求向证券交易委员会提交的信息同时也提供给相关证券上市交易的所有全国性的证券交易所。

“但是,如果提前提交的条款仍然保留的话,那么纽约证券交易所将不希望在要约公开之前收到该说明书的副本。”[1]

最终,国会接受了这一建议,这一内容反映在证券交易法第 14 条(d)款第(1)项规定的说明书提交时间的措辞为“在首次公布或者提交……时”,说明书的修订内容提交时间的措辞为“不晚于首次公布或者提交”,同时提交的对象也增加了股票上市交易的所有证券交易所。

二、限定按比例收购的期限

纽约证券交易所指出,法案要求在整个要约期间按比例收购的规定会对投资者不利。

实践中存在两种按比例收购的做法:一种是整个要约收购期间都按比例收购;另一种是在加入了先到先买原则的按比例收购。两种方法各有优点。

第 510 号议案的规定属于前一种方式,即如果预售的股票比要约打算接受的更多,那么要约人“应当尽可能地”按比例收购。假设要约打算收购 10 万股,却有 20 万股投标,那么要约人应当按照 50% 的比例收购每一位股东的股票。对于股东而言,这一方式可以让他们在一段足够长的时间里考虑是否预售自己的股票。而要约人也希望通过这种方式吸引足够多的股东投标。但是,如果要约的期限很长,在整个要约期间采用比例收购的办法就会有困难,因为要约人无法在其间决定他要购买的比例,这一比例必须等到要约期限届满、投标股票的总数确定下来之后才能够决定。而且,如果延期的话,要约可能会持续数月之久。这就会造成股东预售的股票一直被占用,且他们不知道自己会有多少股票能够被收购。

另一种方式是加入了先到先买原则的按比例收购。例如比较常用的

---

〔1〕 Statement of G. Keith Funston, President of the New York Stock Exchange, “Full Disclosure of Corporate Equity Ownership and in Corporate Takeover Bids”, Hearing before the Senate Banking and Currency Committee, 90th Congress, 1st Session on S. 510, March 22, 1967.

方式是,约定最初的10日是按比例收购的期限,如果10日当中预售的股票数量少于拟收购的数量,那么10日之后就按股票预售的先后顺序收购。股东更倾向于这种方式,因为在这种方式下他们的股票被占用的时间会短一些。还有一些股东不希望按比例收购导致他们的股票剩下少于100股的零碎股。因此,除非他们能够确定所有的股票都会被接受,否则他们不愿意投标。

两种方式还有一个最大的差异在于,“要求所有的收购要约都必须完全按比例进行收购很可能导致市场的混乱。假如法律规定所有的收购要约都必须完全按比例进行,那么要约期间和大量股票被占用的时间就会增加。如果公司发行在外的大量股票被从市场上撤回,而且时间很长,那么将会严重地减少可供交易的股票的数量。有限的股票供应会导致市场价格的不正常波动。”〔1〕

因此,纽约证券交易所建议,法案给收购要约的设计留下一些自由的空间,不要仅允许一种方式存在而禁止其他所有可行的方法。根据实践经验,纽约证券交易所建议法案采纳预售的股票多于要约预期的情况下,在前10日内按比例收购的做法。

最终,国会接受了纽约证券交易所的这一建议,在《证券交易法》第14条第d款第7项中作出了相应的规定。

三、规制公司回购自己股份的行为

参议员威廉姆斯在听证会最初的发言中对公司回购自己股份时的披露规定做了说明。他指出,按照当时法律的规定,公司回购自己股份的情形仅在某些情况下才要求披露,而且披露的时间通常都是在回购发生之后。但是公司股票购买计划可能涉及大量的股票,这样的购买行为将对

〔1〕 Statement of G. Keith Funston, President of the New York Stock Exchange, “Full Disclosure of Corporate Equity Ownership and in Corporate Takeover Bids”, Hearing before the Senate Banking and Currency Committee, 90th Congress, 1st Session on S. 510, March 22, 1967.

股票的市场价格产生很大的影响,因此有必要进行披露,从而达到保护投资者的目的。[1]

证券交易委员会通过数据与实践经验进一步证明这一规定的必要性。

其指出,公司回购自己股份的现象已经成为一种趋势。1963 年,在纽约证券交易所上市的公司花费了 13 亿美元以上用于购买自己的 2660 万股股票,这一花费比公司通过出售新股所得到的资本还要多,且与之形成鲜明对比的是,1954 年被回购的股票数量仅有 580 万股,花费 2740 万美元。[2]

公司回购自己股份可能有很多目的。一家公司可能就是简单地希望减少发行在外的资本股的数量,尤其是在它出售了某些业务部门或者出售了子公司从而拥有了过多的现金的时候。如果股票的市场价格低于账面价值(book value)或者处于压低的水平(at a depressed level),那么管理层会认为这是一个投资的好机会。或者公司可能希望有一些股票来达到期权、收购或者其他目的而又不增加发行在外股票的总数。这些都是合法的目的。但是,"公司回购自己的股份会影响公司的控制权。管理层可能会促使公司回购股份从而维持或者巩固其控制地位(control position),或者阻碍收购要约或者其他收购出价(a tender offer or other take over bid)。"[3]同时,公司回购自己股份还可能是出于欺诈的目的。比如,在与另一家公司协商进行股权收购的时候,收购方可能会采用回购股票的

---

〔1〕 See Introduction by Williams, "Full Disclosure of Corporate Equity Ownership and in Corporate Takeover Bids", Hearing before the Senate Banking and Currency Committee, 90th Congress, 1st Session on S. 510, March 21, 1967.

〔2〕 See Statement of Manuel F. Cohen, Chairman, Securities and Exchange Commission, "Full Disclosure of Corporate Equity Ownership and in Corporate Takeover Bids", Hearings before the Senate Banking and Currency Committee, 90th Congress, 1st Session on S. 510, March 22, 1967; Senate Report No. 550 to accompany S. 510, August 29, 1967.

〔3〕 Statement of Manuel F. Cohen, Chairman, Securities and Exchange Commission, "Full Disclosure of Corporate Equity Ownership and in Corporate Takeover Bids", Hearings before the Senate Banking and Currency Committee, 90th Congress, 1st Session on S. 510, March 21, 1967.

方式推高其股票的市场价格,从而在按照协议进行股份交换时减少可交付股票的数量。[1]

无论公司出于什么原因回购自己的股份,由于其涉及大量股票的买卖,其回购行为本身都会对股票的市场价格造成重大的影响,因此有向投资者披露的必要。

证券交易委员会在肯定了这条规定的必要性之后,建议增加与上市公司存在控制关系的机构所进行的收购也纳入公司回购自己股份的情形并予以披露:

> 本建议将扩充法案第 1 款第 5 项的内容,让那些与发行人存在控制关系的人所为的购买也纳入进来,适用的表述同 1933 年以来证券法的用语一样,养老金或者其他员工计划所进行的购买也一样。由这些人所进行的购买对市场所造成的影响同发行人自己直接购买的影响是一致的。委员会最近几个月已经对很多这类案件进行了考虑,在这些案件中发行人适用养老金计划或者其他员工福利计划去购买股票,而对市场造成了不适当的影响。如果现在的法案要实现它的目的,那么就有必要将涵盖的内容扩大到足够的宽泛从而允许委员会有效地处理很多已经有所认识的技术(techniques)以及很多新的措施,由经验可知,这些措施是肯定会发展出来的。[2]

最终,这一建议被国会采纳,并成为证券交易法第 13 条(e)款第(2)项的主要内容。

---

〔1〕 Statement of Manuel F. Cohen, Chairman, Securities and Exchange Commission, "Full Disclosure of Corporate Equity Ownership and in Corporate Takeover Bids", Hearings before the Senate Banking and Currency Committee, 90th Congress, 1st Session on S. 510, March 21, 1967.

〔2〕 Securities and Exchange Commission Recommended Amendment to S. 510, "Full Disclosure of Corporate Equity Ownership and in Corporate Takeover Bids", Hearings before the Senate Banking and Currency Committee, 90th Congress, 1st Session on S. 510, March 21, 1967.

四、增加未经股东大会更换大批董事的披露要求

证券交易委员会建议在法案中增加未经股东大会更换大批董事的披露要求。这一建议是从《1964 年证券交易法》修订时对代理权征集问题的规范经验中推演得出的。该修订在《1933 年证券交易法》中新增了第 14 条,一共三个条款,其中规定当登记公司的股东大会选举董事时,其必须向股东提供候选人的完整信息,无论是否进行过代理权征集,也不论该候选人此前有没有被股东选举过。当这些公司的大量控制股份被出售的时候,出售协议通常都规定,出售人将让所有或者大部分现任董事辞职,由购买人任命新的董事。在这种情况下,其他股东不仅得不到选举新董事的机会,而且在新董事就任之前,他们甚至都不知道发生了什么。[1]这对于股东而言是不公平的。

证券交易委员会在其向证券分会提交的备忘录中进一步指出,董事会大部分成员在收购之后的更换是一个非常重要的事件,股东理应得到在代理权征集情况下应当得到的相同的信息,即使各州法律允许董事会不通过股东大会仅凭自己的职权填补董事空缺。[2]证券交易委员会引用了弗兰德利(Friendly)法官在 Essex Universal Corp. v. Yates 案中的附同意见来展现这一披露对于股东的重要性:

> 诚然,允许一组董事就任的股东,无论是他们选举出来的还是未经他们选举的,他们都必须认识到死亡、无能或者其他危险可能会让董事无法服务一个完整的任期,而他们对其紧接着的继任者没有任何发言权。但是在这种情况下,股东有权期待剩下的董事能够履行

[1] See Statement of Manuel F. Cohen, Chairman, Securities and Exchange Commission, "Full Disclosure of Corporate Equity Ownership and in Corporate Takeover Bids", Hearings before the Senate Banking and Currency Committee, 90th Congress, 1st Session on S. 510, March 21, 1967.

[2] See Securities and Exchange Commission Recommended Amendment to S. 510, "Full Disclosure of Corporate Equity Ownership and in Corporate Takeover Bids", Hearings before the Senate Banking and Currency Committee, 90th Congress, 1st Session on S. 510, March 21, 1967.

其信义义务填补这一空缺。由一名出售其股票的股东依次辞退大量董事,而后按购买人的命令以其继任者填补空缺,而不考虑后者提名人的品质,这完全超过了股东的预期或者他们应当预期的。这在我看来是对公司和其他股东的不公正,法律不应当支持,无论出售股票的股东是否得到了溢价。在这个法庭上,我们已经看过很多公司控制权突然易手而带来的严重伤害。仅在他知道购买人是一个有图谋的抢劫者(an intending looter)的情况下才认定出售人对新董事的任命有过错这一制裁是不够的。证明的困难很大,即使以接受奇高的溢价推测出这样的事实也一样,而经常出现的情况是,马已经被偷了,之后门才锁上。[1]

因此,证券交易委员会建议在法案第2款之后增加1项内容:"如果,根据任何同按照本法案第1款或者第2款规定的交易收购股票的个人或者多人签订的安排或者谅解,任何人将被选定或者任命为发行人的董事,而不经过股东会议,而且这些被选定或者任命的人将构成发行人董事会的多数,那么在这些人就任董事之前,发行人应当按照证券交易委员会制定的规则和规章,向委员会提交并向发行人的所有登记在册的、有董事选举权的股东送达相关信息,这些信息同本法第14条(a)款或者(c)款要求的在董事提名候选人将在股东大会上选举情况下相同。"[2]

这一建议被美国国会采纳,并最终成为证券交易法第14条(f)款的内容。

第四节 公司控制权市场理论与国会的中立立场

从上节中我们可以清晰地看到,在《威廉姆斯法案》的立法过程中,参

[1] Essex Universal Corp. v. Yates, 305 F. 2d 572, 581 (2d Cir. 1962).

[2] See Securities and Exchange Commission Recommended Amendment to S. 510, "Full Disclosure of Corporate Equity Ownership and in Corporate Takeover Bids," Hearings before the Senate Banking and Currency Committee, 90th Congress, 1st Session on S. 510, March 21, 1967.

议院银行与货币委员会证券分委员会的作用最为突出。分委员会主席威廉姆斯是第510号议案的提出者,由他主持的听证会又吸收了证券交易委员会和纽约证券交易所等机构和专业的意见,为议案确定了关键的修订方案。当议案提交到众议院时,众议院最终通过的内容也仅仅是对此前的草案添加了个别适用对象的限定。因此,考察国会中立立场如何确立的关键就在于证券分委员会主持的听证上,各方机构和专家的意见是如何影响立法者的。三个方面的关键证据证明,国会应用了公司控制权市场理论。

一、公司控制权市场理论在立法过程中的应用

在美国国会参议院的立法听证会上,纽约证券交易所的实践、证券交易委员会的建议和学者的发言都对公司控制权市场理论有所分析,有所运用。

第一,纽约证券交易所的实践经验表明现金收购要约对投资者和要约公司都很重要。

纽约证券交易所主席G.基恩·芬斯顿(G. Keith Funston)在其书面发言稿最开始对法案立法目的的总结中就指出:"在本次讨论中,对于重要信息的及时和充分的披露是为了三个目的:(1)公众能够进行明智的投资决策;(2)市场不太会因为信息的泄露或者谣传而被搅乱;(3)最重要的是,购买人和出售人能够在公平、诚信的基础上进行交易。"[1]这表明,作为证券交易市场的管理者,芬斯顿的立场是中立的,他希望交易的双方能够在平等的基础上进行交易,信息披露可以做到这一点,但是要避免不恰当的制度设计打击要约公司和损害投资者的利益。

芬斯顿接着说到,正如威廉姆斯所言,收购要约有的是有利的,而且可能对股东和雇员来说是一种恩惠(boon)。"任何增加即将发生的要约

---

[1] Statement of G. Keith Funston, President of the New York Stock Exchange, "Full Disclosure of Corporate Equity Ownership and in Corporate Takeover Bids", Hearing before the Senate Banking and Currency Committee, 90th Congress, 1st Session on S. 510, March 22, 1967.

被提前披露的可能性的立法都只可能挫败该收购要约。而这些要约不仅对出售其股票的股东很有好处,而且对进行要约的公司也很重要”,“得知这一即将发生的要约收购信息的人购买股票的行为会将股票的价格推高到要约价格的水平。这可能会让要约人被迫放弃收购要约,而该要约对于股东而言将是有利的。”〔1〕

在讲到按比例收购的应设定期限时,芬斯顿说道:“我们并不认为应当禁止整个要约期的按比例收购,但我们确实觉得法律不应当规定这是唯一允许的方式”,“如果法案修改得同交易所的经过实践检验过的程序一致,那么所有的股东将有机会参与到该要约中,同时又可以给收购要约的制定留下自由的灵活空间。”〔2〕

由此可见,芬斯顿的发言会让参议院的立法者了解到,现金收购要约并不都是“不道德的”,它们对于股东和要约公司而言都是有价值的,立法不应当打击合理的收购要约。

第二,证券交易委员会的建议思路表明其应用公司控制权理论来分析现金收购要约的问题。

证券交易委员会主席曼纽尔·F. 科恩(Manuel F. Cohen)在对法案的修改进行建议的时候,特别小心地陈述证券交易委员会的中立立场:

> 委员会(SEC)赞同我们确实有必要在这一领域为公众证券持有人提供进一步的保护。但是,我们并非暗示大量收购行为应当被鼓励或者进行打击,也不是暗示委员会应当被授权或者有责任裁判某一特定的收购或者提议的好坏。如同在其他很多领域的委托一样,委员会的职责应当被限定在要求适当的披露,防范那些欺诈性的和

〔1〕 Statement of G. Keith Funston, President of the New York Stock Exchange, “Full Disclosure of Corporate Equity Ownership and in Corporate Takeover Bids”, Hearing before the Senate Banking and Currency Committee, 90th Congress, 1st Session on S. 510, March 22, 1967.

〔2〕 Statement of G. Keith Funston, President of the New York Stock Exchange, “Full Disclosure of Corporate Equity Ownership and in Corporate Takeover Bids”, Hearing before the Senate Banking and Currency Committee, 90th Congress, 1st Session on S. 510, March 22, 1967.

不公平的方法被设计出来强迫或者阻止（交易）行动（action），而且它应当被给予适当的工具以便高效地处理各种各样已经和正在发明的、试图进行或者阻止收购要约的方法（techniques），以及法案处理的其他问题。最后，就是应当赋予适当的权力以便对付违反这些法律的行为——所有的一切都是为了给投资者一个最可能的公平机会以便其做出自己的投资决策。[1]

同威廉姆斯一样，在科恩的头脑中，公司控制权是一个关键概念，他用控制权来分析当时他们所面对的现金收购要约问题。他指出："该法案仅仅是为了填补证券交易法规定的漏洞，让其覆盖到对公众公司大量证券的收购行为，因为在这种情况下公司控制权可能会有危险。它并不打算鼓励或者打击这种行为，也不打算给管理层或者其他任何组织相对于对方的任何特权（special privileges）。"[2]

他将现金收购要约与代理权征集作比较，揭示其共同特点都是获取或维持控制权：

该法案同证券交易法已有的关于代理权征集的规定很相近，因为收购大量表决权股份是代理权争斗的典型替代方式，它们都是为了获取或者维持控制权。两种情况下都会涉及某种形式的企业战争，而这个风险是很高的，两个或者更多的集团（group）都在试图利用自己的优势操纵公众持股人。代理权争夺，就其本身而论，是一种试图赢得公众证券持有人的表决权的尝试，它让征集人处于与其他证券持有人一起承担争夺控制权的结果，无论好坏。股份大量收购

〔1〕 Statement of Manuel F. Cohen, Chairman, Securities and Exchange Commission, "Full Disclosure of Corporate Equity Ownership and in Corporate Takeover Bids", Hearings before the Senate Banking and Currency Committee, 90th Congress, 1st Session on S. 510, March 21, 1967.

〔2〕 Statement of Manuel F. Cohen, Chairman, Securities and Exchange Commission, "Full Disclosure of Corporate Equity Ownership and in Corporate Takeover Bids", Hearings before the Senate Banking and Currency Committee, 90th Congress, 1st Session on S. 510, March 21, 1967.

的特殊问题来自引起或者抵抗所有权从现有股票持有人手中发生实质性转移的努力。[1]

在陈述披露的重要性时，科恩指出，控制权是股票价格的一个重要考量因素，并直接运用了公司控制权市场理论指出现金收购要约是检验现任管理层效率的有效手段：

关于控制权的潜在改变的信息对于一个明智的决策而言是非常关键的。控制权的改变带来的是不同的运行结果和不同的投资结果的可能，或者也是认识一家公司清算价格的可能。这可能好也可能坏，取决于相关的事实和环境。但是投资者和他们的顾问不可能就该控制权改变的可能影响做出明智的决策，除非他们能够得到这些事实。

有人主张，影响股东是否接受收购要约的最基本因素是价格。但我要问的是，如果投资者无法评估控制权改变可能造成的影响，他又如何判断该价格是否充分呢？没有上述信息，他当然不可能从现在的或者最近的市场价格去判断该出价的充分性。该价格大概反映了公司现在的业务、控制权和管理层如果继续下去的状况。如果这一假设改变的话，难道市场价格不会发生变化吗？举个例子就清楚了。假设一家公司的股票卖 5 美元一股——这是投资者对其继续经营下去的估价。它的收益很少；前景很暗淡；管理层缺乏创造力。那么每股 6 美元的现金收购要约是否充分呢？或者说我们是否还需要更多的信息？假设有人相信他得到控制权之后可以清算该公司，然后实现 15 美元一股的回报，或许还能更多。很显然，公司的股东希望知道清算计划。事实上，让要约人愿意给出高于 5 美元每股的价

[1] Statement of Manuel F. Cohen, Chairman, Securities and Exchange Commission, "Full Disclosure of Corporate Equity Ownership and in Corporate Takeover Bids", Hearings before the Senate Banking and Currency Committee, 90th Congress, 1st Session on S. 510, March 21, 1967.

格的正是这一清算计划。而公司的清算价值是否为大家所知则不那么重要，因为如果没有人去执行该清算的话，这一价值是无法获知的。如果公司股东在收购要约发出的时候知道该清算计划，那么他们会认为6美元的价格是充分的吗？

可见公司控制权市场理论在证券交易委员会主席科恩的头脑中已经留下了深刻的印象，以致他在分析问题的时候会直接加以应用。虽然他并没有指出他应用的是什么理论，或许他自己都不清楚这是什么理论，但事实证明，他接受了该理论，并在参与立法的过程中加以应用。他的陈述无疑会对国会的立法者产生影响。

第三，佩因特教授对曼尼论文的直接援引。

美国参议院银行与货币委员会证券分委员会主持了3天的听证，参会人员按发言顺序列举如下：

3月21日，星期二

曼纽尔·F. 科恩，证券交易委员会主席；连同总顾问 Philip A. Loomis

Thomas H. Kuchel，来自加利福尼亚州的美国参议员（同威廉姆斯共同提案）

Herbert F. Kahler，International Silver 公司的部长、顾问

塞缪尔·L. 海耶斯（Samuel L. Hayes Ⅲ），哥伦比亚大学金融学教授

3月22日，星期三

Donald L. Calvin，纽约证券交易所副主席；连同副主席、证券行情部主任 Philip West 和行政助理 Gene McHam

Ralph S. Saul，美国证券交易所主席；连同顾问 Thomas A. McGovern

Robert W. Haach，全国证券交易商协会主席；连同总顾问、部长 Lloyd J. Derrickson

Stanley A. Kaplan，芝加哥大学法学教授

Robert H. Mundheim，宾夕法尼亚大学法学教授

威廉·H. 佩因特(William H. Painter)，密苏里大学堪萨斯分部法学教授

4月4日，星期二

Francis R. Schanck，美国投资银行家协会第一副主席；连同主管政府关系的副主席 Donald Regan 和总顾问 Gordon L. Calvert

Stanley Foster Reed，华盛顿《公司风险投创》杂志“并购”栏目编辑、出版人

曼纽尔·F. 科恩，证券交易委员会主席；连同总顾问 Philip A. Loomis，Jr.

邀请名单中既包括监管部门、证券交易所和行业协会也包括公司企业，还有学者和媒体。佩因特教授是在1967年3月22日晚上与几位受邀的法学教授一同对立法表达评论意见的。当天的讨论也同第一天一样激烈，一直持续到当晚12点52分才结束。

在佩因特教授提交的书面评论中，他针对提前审查期间证券交易委员会可以向其他政府部门披露相关信息的规定表示质疑，同时还建议立法用语应当统一以便原告可以明确其应当援引的法律条文，此外他还建议法案对公司小规模的回购自己股票的行为予以豁免。在他的书面评论中，他明确引用了曼尼1965年发表的论文《并购与公司控制权市场》：

我对这项立法的批评相对较少，有以下几点。首先，法案第2款规定，在收购要约发出之前5天，需要向委员会提交说明书。虽然法案规定“仅需向委员会提交相关信息”，它继续写到“这些说明书可以向任何适当的政府部门或者机构披露”。我猜法案指的是联邦政府而非州的部门或机构，虽然这可能会进一步明确。但是更重要的是，我建议，如果要让这些初步的信息可以被获取的话，这一获取行

为应当是在机密的基础上进行的,这也是首先提交给委员会的规定的特性。我必须承认,如果委员会被允许在收购要约发出之前向其他政府部门或者机构进行机密披露的话,我对于这项法案在公司法律师协会中的流行有些担忧。虽然这种披露可能具有其他政策考量的合理性,但是它对现金收购要约也会产生抑制的作用,而这些现金收购要约是可以做出的,它们对于发行人而言也是既合法又有利的。正如前面已经多次提到的,在某些情况下对于一家即将倒闭的企业而言,新的管理层可能是非常需要的,而收购的威胁可以刺激现任管理层检讨公司政策,改变正在恶化的现状。[See Manne, Mergers and the Market for Corporate Control, 62 J. Polit. Econ. 110 (1965)] 因此,我们必须在披露与过度抑制公司合并之间做一个折衷。既然法案已经要求在收购要约发出前 5 天向委员会提交最初的说明书,再规定这些文件的内容可以在收购要约做出之前被其他政府部门或机构获得似乎并没有多大好处。另一个机构获得、消化并对这些信息进行评估从而及时采取行动这是不寻常的,而 5 天之后当收购要约公开宣布时会更容易一些。无论如何,作为机密文档的例外从而给公司合并造成抑制作用相对于时间上提前的一点点优势而言,代价太大了。[1]

立法史的资料表明,在《威廉姆斯法案》的立法过程中,参与立法论证的执法部门与学者都应用公司控制权市场理论分析现金收购要约的问题,而且他们的分析结论和修改建议被立法者所接纳。

二、现金收购要约真的不道德吗?

1967 年 3 月 21 日,美国参议院银行与货币委员会证券分委员会的听

---

〔1〕 Statement of Williams H. Painter, Professor of Law, University of Missouri at Kansas City, "Full Disclosure of Corporate Equity Ownership and in Corporate Takeover Bids," Hearings before the Senate Banking and Currency Committee, 90th Congress, 1st Session on S. 510, March 22, 1967.

证邀请到了哥伦比亚大学商学院金融学助理教授塞缪尔·L. 海耶斯(Samuel L. Hayes)。海耶斯教授被邀请是因为他与哥伦比亚大学会计学副教授罗素·陶西格(Russell Taussig)一起用金融数据分析出了现金收购要约盛行的原因及其性质。他们的研究成果是两篇重要的论文:《现金收购要约是不道德的吗?》(Are Cash Take-Over Bids Unethical)[1]和《现金收购要约的策略》(Tactics of Cash Takeover Bids)[2],分别发表在《金融分析师杂志》(*Financial Analysts Journal*)1967 年第1 期和《哈佛商业评论》(*Harvard Business Review*)1967 年第2 期上。

(一)现金收购要约流行的原因

通过询问 1967 年之前的十年间成功地通过现金收购要约方式收购其他公司的要约公司的首席财务官,两位教授发现,多达 2/3 的要约公司在收购后的五年内清算被收购公司资产的比例不超过 25%。这就意味着,公司"掠夺者"(corporate "raider")并不是现金收购要约大幅增多的主要原因。现金收购要约大幅增多实际上是同公司间大型并购活动相一致的。[3]

并购活动与经济状况有密切的联系,当经济状况好转时通常会出现并购的高峰。经济膨胀(economic expansion)通常能够持续三到四年的时间,在这期间公司的外部增长基本上都可以通过与商业伙伴的自愿兼并来实现。但是 20 世纪 60 年代的这次经济膨胀却持续了很长时间,以至于商业伙伴之间的自愿兼并都已基本完成,继续的扩张需要说服目标公司的敌意管理层,难度很大。于是,现金收购要约就成为实现这一目

---

[1] Taussig, Russell, and Samuel L. Hayes Ⅲ., *Are Cash Take-Over Bids Unethical*? Financial Analysts Journal, Vol. 23, No. 1, January-February 1967, p. 107 – 111.

[2] Hayes, Samuel, and Russell Taussig, *Tactics of Cash Takeover Bids*, Harvard Business Review, Vol. 45, No. 2, March-April 1967, 135 – 148. (Reprinted: Hutchinson, S., Acquisitions and Mergers, President's Publishing Co., 1968.)

[3] Statement by Professor Samuel L. Hayes, "Full Disclosure of Corporate Equity Ownership and in Corporate Takeover Bids", Hearings before the Senate Banking and Currency Committee, 90th Congress, 1st Session on S. 510, March 21, 1967.

的的重要手段,因为它相对于代理权征集而言更加廉价,而相对于在公开市场上购买控制权益(a controlling interest)而言又更加快捷。此外,它不会稀释要约人股票的盈利能力,也不会对要约人管理层的控制权造成威胁。[1]

公司的偿债能力(corporate liquidity)和贷款能力(availability of credit)在这场现金收购要约形式的收购风潮中起着非常重要的作用。数据显示,在这次经济膨胀中,破产公司的数量也一直在稳步增长,这一增长在1966年年初出现变化,因为在这一时间点,现金收购要约可以从银行贷款获得融资了。1967年和1966年相比,现金收购要约的数量有明显的变化,这是因为1966年很多公司感受到了贷款紧缩的压力,公司现金吃紧,现金收购要约的数量出现了明显的下滑;而1967年货币条件变得宽松之后,现金收购要约的数量又多起来。[2]

现金收购要约的流行还在于很多大公司的认可与推动。起初,商业界倾向于在现任管理层反对的情况下才考虑采用现金收购的方法。但是,越来越多的知名公司(companies of stature)也采用了这种方式,因此它变得流行起来,而且获得了"体面的"社会地位(respectability)。这样,现金收购要约就成为公司进行扩张的公认的途径了。[3]

(二)目标公司的财务特性

如前所述,参议院1967年第510号议案中包含了事前审查等打击现金收购要约的内容。事实上早在1965年,威廉姆斯就曾提出过一份关于现金收购要约的议案,编号2731。在这份议案中,威廉姆斯对现金收购要

---

[1] Statement by Professor Samuel L. Hayes, "Full Disclosure of Corporate Equity Ownership and in Corporate Takeover Bids," Hearings before the Senate Banking and Currency Committee, 90th Congress, 1st Session on S. 510, March 21, 1967.

[2] Statement by Professor Samuel L. Hayes, "Full Disclosure of Corporate Equity Ownership and in Corporate Takeover Bids," Hearings before the Senate Banking and Currency Committee, 90th Congress, 1st Session on S. 510, March 21, 1967.

[3] Statement by Professor Samuel L. Hayes, "Full Disclosure of Corporate Equity Ownership and in Corporate Takeover Bids," Hearings before the Senate Banking and Currency Committee, 90th Congress, 1st Session on S. 510, March 21, 1967.

约的态度和所采用的手段较1967年第510号议案更严苛。该议案要求任何对另一家公司超过5%的股份发出收购要约的人应当披露一系列信息,包括要约人的身份,他的资金来源以及他进行要约的动机。而且,议案提议要求要约人在要约开始前至少20日向证券交易委员会提交一份公开的意图报告,而且这份报告副本也要发送给目标公司的管理层。威廉姆斯在向参议院报告这份议案时,曾有如下表述表明其对现金收购要约的看法:

> 近年来,我们有很多令人自豪的老公司被白领海盗(white-collar pirates)变成了躯壳,他们通过来路不明的资金获得被收购公司的控制权,然后出售公司优质资产,接着分赃。[1]

这一表述表明,威廉姆斯对现金收购要约有两个基本的判断:第一,现金收购要约针对的目标公司都是管理高效、业绩良好的公司;第二,现金收购要约一直以来都是"捕食者"(predators)用以猎取廉价的可清算资产的方式。如前所述,这一判断是不准确的,因为现金收购要约的大量出现是公司扩张增多的表现。但是,目标公司成为被"袭击"目标的原因是什么,现金收购要约是否真的不道德呢?这些问题涉及立法立场的选择,因此还需要弄明白。

陶西格和海耶斯两位教授进行了一项有针对性的研究,以便确定成为现金收购要约目标的公司的最稳定的财务特征。他们尽可能地收集了1956年7月1日至1966年6月30日所发生的所有现金收购要约,将相关数据制成列表。这份列表显示,要约公司的规模以资产估价的话在1100万美元到28亿美元之间,平均值是2.35亿美元,中值为1.03亿美元。被要约公司的规模在100万美元到8.96亿美元之间,平均值是9600万美

---

〔1〕 Taussig, Russell, and Samuel L. Hayes Ⅲ., *Are Cash Take-Over Bids Unethical*? Financial Analysts Journal Vol. 23, No. 1, January-February 1967, p. 108.

元，中值为4800万美元。因此，要约公司的规模平均是他们打算收购公司规模的2.4倍。要约公司和被要约公司都不是专注于某一特定行业的企业，它们的业务都极为分散。两位教授随机抽取了50家现金收购要约的目标公司，重点研究其流动性（变现能力）（liquidity）、收益和股息（earnings and dividends）、资产估值（asset valuation）、账面价值（book value of equity）、负债能力（debt capacity）和存货估值（inventory valuation）等特性，并且编制了一个与这些公司业务类别和销售额相似的另外50家没有成为收购要约目标的公司作为参照组。[1]

研究发现，成为现金收购要约目标的公司具有以下显著特征。

第一，公司收益减少或大幅波动，或者是出现实际损耗。通过分析目标公司的运营业绩，两位教授发现，在要约收购之前的5年期间这些公司典型地会出现收益减少，或者大幅波动，或者已经有实际损耗的情况。2/3的目标公司资产净值利润率（return on net worth）都明显低于相对应的参照公司。这一结果同发生代理权争夺的公司的特征相一致。有82%的公司其运营效率低下是其成为外部收购要约目标的主要原因。[2]

第二，公司分红减少。目标公司的派息记录同其收入相适应。研究结果表明，60%的被收购公司在现金要约收购前一年的分红少于前五年的分红。仅有18%的被收购公司在被收购前的五年内分红有实质性的增加，但即使是在这种情况下，仍有几家公司的分红在中间时期出现了不稳定。根据证券分析师长期以来确立的理念，股息的市场估价与他们支付的确定性和规律性之间存在密切的联系。因此，分红政策会对股票价格产生影响，进而让分红减少的公司成为收购要约瞄准的对象。[3]

第三，公司投资减少。容易成为收购要约对象的公司还遭遇了消极

---

〔1〕 Taussig, Russell, and Samuel L. Hayes Ⅲ., *Are Cash Take-Over Bids Unethical?* Financial Analysts Journal Vol. 23, No. 1, January-February 1967, p. 108.

〔2〕 Taussig, Russell, and Samuel L. Hayes Ⅲ., *Are Cash Take-Over Bids Unethical?* Financial Analysts Journal Vol. 23, No. 1, January-February 1967, p. 108.

〔3〕 Taussig, Russell, and Samuel L. Hayes Ⅲ., *Are Cash Take-Over Bids Unethical?* Financial Analysts Journal Vol. 23, No. 1, January-February 1967, p. 108.

的投资政策(a sluggish investment policy),这从其过剩的流动资产头寸(a surplus liquid asset position)中就能得到证实。通过计算被收购公司和参照公司的现金、有价证券(marketable securities)和应收账款(receivables)对流动负债(current liabilities)的比率,两位教授发现,样本公司的“速动”比率(“quick”ratio)平均在1.0~1.74,而与其匹配的参照公司的比率平均是1.0~1.20。被收购公司这一比率的较高值比参照公司高出5%,在统计学上这个差距是挺大的。高于正常水平的流动资产是业务失败的先兆,也是公司破产的预警信号。[1]

这些数据反映出管理层并没有采取特别的措施防止企业倒闭,相反过剩的流动性似乎发出了一种“求死”的信号;管理层明显没有能力或者没有意愿寻找公司资产的更有利的投资机会。过去十年中成为现金收购要约对象的公司其典型的高流动性资产加上它们可怜的收入记录,表明很多这样的公司在获得援助之前状况可能更加恶化,除非它们在某种程度上恢复活力。[2]

(三)收购公司的目的

该研究发现,公司收购主要分为三大类:经典的掠夺式收购、集团公司对非相关企业的收购和公司对相关企业的横向或纵向整合。

第一种经典的掠夺式收购要约通常涉及一家或者多家金融机构对一家曾经独立的公司所发起的廉价的现金收购,然后清算该公司所有或者大部分资产,希望能够获得高额利润。

第二种收购类型中的集团公司是指那些业务多元化的公司,或者正在进行多元化的公司。这一类型下公司的收购动机有很多,主要的目的可能是利用被收购公司此前未盈利的业务为自己提供税收庇护。在这种情况下购买到的实物资产对于存续公司业务而言就显得累赘,最终会被

---

[1] Taussig, Russell, and Samuel L. Hayes Ⅲ., *Are Cash Take-Over Bids Unethical*? Financial Analysts Journal Vol. 23, No. 1, January-February 1967, p. 108 - 109.

[2] Taussig, Russell, and Samuel L. Hayes Ⅲ., *Are Cash Take-Over Bids Unethical*? Financial Analysts Journal Vol. 23, No. 1, January-February 1967, p. 109.

全部卖掉。但是其他集团公司的目的可能是收购一家“继续经营的企业”，将其作为多元化的手段而不是购买一组流动性资产（a group of liquidable assets）。

第三种类型的收购因为收购方和被收购方具有相关性，因此被收购公司被低估的和容易变现的资产（undervalued and easily liquidated assets）或许很容易为收购公司的管理层发现，从而引起收购打算。但是在调查中发现的这一类型收购的目的更多的是获得一家在某一战略地理位置的工厂，或者是为了获得优越的分销网络，补充产品或者新的配件或原料的供应资源，从而推进纵向整合。这种通过外部兼并方式进行的扩张相较于内部发展而言通常更为有利。它不仅快，而且时常可以得到某些不可复制的资产，比如专利权或者特许权。[1]

对比 1967 年以前十年中发生现金收购要约的收购公司和被收购公司的业务类型可以发现，有 60% 的现金收购要约是由那些与被收购公司具有类似或者相关业务的公司发起的。而将检测范围扩大到所有的收购要约时，这一比例则高达 88%。这就说明，发出现金收购要约的公司主要是对“继续经营的企业”感兴趣，而非对可兑现的资产感兴趣。[2]

为了进一步验证现金收购要约的目的，两位教授还联系了 1963 年以前被现金收购要约成功收购的 35 家公司的首席财务官（the chief financial officers），询问他们在最初的收购要约发出之后的五年时间内他们已经出售或者准备清算的资产占所有收购资产的比例。有 24 家公司的首席财务官做出了回复，其中 2/3 的公司报告说他们出售了所得资产的 6%，88% 的公司清算的资产少于 26%。只有一家公司说他们出售了一半多所收购的资产。即使假设未回复的 11 家公司都清算了超过 25% 的购得资产，仍然可以得出在这 35 家公司中有 2/3 的公司保留了购得资产的 75%

〔1〕 Taussig, Russell, and Samuel L. Hayes Ⅲ., *Are Cash Take-Over Bids Unethical?* Financial Analysts Journal Vol. 23, No. 1, January-February 1967, p. 109 – 110.

〔2〕 Taussig, Russell, and Samuel L. Hayes Ⅲ., *Are Cash Take-Over Bids Unethical?* Financial Analysts Journal Vol. 23, No. 1, January-February 1967, p. 110.

的结论。[1]

这些数据表明,收购公司的目的主要是为了得到一家“继续经营的公司”,而非清算其资产谋取暴利。

(四)现金收购要约有利于投资者和社会公共利益

从以上数据分析可知,现金收购要约的目标公司大多是管理层不求上进、不思进取,公司业绩下滑,分红减少,有破产危险的公司。而收购公司则普遍是规模较被收购公司大几倍,经营业绩不错,正在继续扩张、继续多元化的公司。现金收购要约的成功能够让资产从效率低的管理者手中转移到效率高的管理者手中,这对社会公共利益是有益的。

在股份高度分散的时代,收购要约为投资者提供了一种其他方式无法实现的保护效果,那就是给自满的管理层以压力。在 1967 年以前的十年中所发生的能够判断管理层立场的现金收购要约中,管理层在多达 2/3 的案例中都能够成功地挫败外部出价者,而且这些要约对绝大多数管理层而言是意外的,他们无法提前防御。[2]

两位教授非常看重现金收购要约的意外因素,或者说其“突袭性”,他们指出:

> 可以说最好的是现金收购要约的威胁可以给冷漠的或者疲倦的管理层一种激励。我们注意到很多事例中,外部人进行不成功的现金收购要约之后,管理层会重新组合,而公司的运营业绩至少暂时会有所好转。但是,在我们看来,这种意外的因素很关键,即使是进行一次被质疑的收购要约也一样。我们的研究表明,鉴于过去十年发生了至少 83 起竞争性的现金收购要约,但我们能够确定的现任管理层积极反对的股权收购要约却只有约一打。如果法律要求现金收购

---

〔1〕 Taussig, Russell, and Samuel L. Hayes Ⅲ., *Are Cash Take-Over Bids Unethical?* Financial Analysts Journal Vol. 23, No. 1, January-February 1967, p. 110.

〔2〕 Taussig, Russell, and Samuel L. Hayes Ⅲ., *Are Cash Take-Over Bids Unethical?* Financial Analysts Journal Vol. 23, No. 1, January-February 1967, p. 111.

要约也如股权收购一般进行提前报告的话,那么我们猜想现金收购要约将不过是美国经济史上的一段有趣的插曲罢了。[1]

由此得出结论:被质疑的收购要约应当被鼓励而非被抑制。它符合投资者的利益,也有利于公共利益的实现。投资者的利益同现任管理层的利益是不同的,而且二者经常不一致。因此,两位教授建议立法应该在保护投资者条款和维持监管环境的条款之间小心地保持平衡,后者不能破坏生产性资源从利润较低的用途向潜在的利润更高用途转移,否则投资者和公共利益就会受损。[2]

三、联邦国会中立立场的确立

1967年8月29日,威廉姆斯向国会做第550号报告。[3]报告由三个部分组成:概述、立法目的和法条释义。威廉姆斯一开篇就报告说,银行和货币委员会已经考虑过第510号议案及其修订内容,在此向参议院报告其内容,并积极地建议通过这份法案。

在立法目的部分,威廉姆斯作了四个方面的介绍:(1)关于现金收购要约的现状;(2)现行法的不足;(3)保护投资者的目的;(4)法案的规定及听证会后所做的修订。其中,威廉姆斯明确地表达了如下的观点:

现金收购要约与代理权争夺是相似的,委员会没有理由让联邦证券法的这一空白继续存在,让现金收购要约被排除在披露要求之外。有人主张,现金收购要约是一个简单的商业命题,股东可以向拒绝或者接受其他对股票的出价一样拒绝或者接受现金收购要约。但

---

〔1〕 Taussig, Russell, and Samuel L. Hayes Ⅲ., *Are Cash Take-Over Bids Unethical*? Financial Analysts Journal Vol. 23, No. 1, January-February 1967, p. 111.

〔2〕 Taussig, Russell, and Samuel L. Hayes Ⅲ., *Are Cash Take-Over Bids Unethical*? Financial Analysts Journal Vol. 23, No. 1, January-February 1967, p. 111.

〔3〕 See Senate Report No. 550 to accompany S. 510, August 29, 1967.

是在没有关于获取控制权的收购人、他们的计划等信息的情况下，股东将被迫在市场价的基础上进行决策，这个价格反映的是假如现任管理层和它的政策继续保持下去的话该公司的价值水平。

但是，寻求控制权的人具有有关他们自己和他们的计划的信息，这些信息如果为投资者所知的话，那么可能会根本改变市场价格立基于其上的假设。本议案就是打算让这些相关的信息为股东所知，从而让他们能够拥有决策的公平的机会。

……

在听证会上，大家强烈主张不应该打击收购要约，因为它们对那些已经确立的但却无效率的管理层是一种有用的检测。我们同时也意识到，这些要约出价也会有很多其他的目的，因此并不总是为了增进公司的管理效率。因此，委员会极为小心地努力避免让规制的天平向管理层或者收购要约人的任何一方倾斜。本法案为了投资者的利益设计了完全公平的披露要求，同时又为要约人和管理层提供陈述自己立场的公平的机会。[1]

这些内容是以威廉姆斯为代表的美国参议院银行与货币委员会接受控制权反映公司管理层效率和股票价格理论的证明，也是其采纳中立立场的根本原因。

1968 年 7 月 12 日，众议员斯塔格斯代表众议院州际和对外贸易委员会向众议院做第 1711 号报告。报告分为七个部分：(1) 州际和对外贸易委员会听证后对法案条文的修订建议；(2) 法案的目的；(3) 关于立法必要性及法案如何满足该需求的讨论；(4) 州际和对外贸易委员会贸易和金融分委员会(Subcommittee on Commerce and Finance)主持的听证；(5) 建议的修订及其提出者；(6) 法案的费用；(7) 逐条释义。

众议院新增了四项修订建议是：(1) 证券交易委员会建议对第 13 条

---

〔1〕 See House Report No. 1711 to accompany S. 510, July 12, 1968.

(d)款第(1)项和第14条(d)款第(1)项的适用范围进行修订,将对《1940年投资公司法》规定的闭锁型投资公司发行的证券的收购也纳入法案披露的范围;(2)美国联邦储备委员会建议对第13条(d)款第(1)项(B)段进行修订,规定收购的资金来源于银行的时候不应当豁免披露,而仅仅要求不得披露银行的名称即可;(3)分委员会建议修改对第13条第(e)款第(1)项的表述进行修订,证券交易委员针对公司回购自己股票的行为而制定的规则和规章,仅有(A)定义欺骗性的、欺诈的或者操纵行为和实践的规定,以及(B)描述那些为阻止上述行为和实践而设计的方法,从而明确公司为员工奖励计划等目的回购股票的行为是法案不打算阻止的合法的行为;(4)分委员会在考虑保险公司和银行的建议之后对立法目的的澄清,对第13条(e)款第(2)项进行修订,规定发行人进行的购买要排除那些由或者为发行人进行的根据发行人的任何奖金、利润分配、养老金、退休、节约、储蓄、激励、股权收购或者其他类似计划所进行的购买,而仅适用于受发行人控制或者公共控制的购买行为。[1]

除此之外,这份报告几乎原文再现了威廉姆斯在参议院的报告内容,只是对各个部分的结构稍微做了一些调整。上述引用的威廉姆斯报告中的三段文字也出现在了斯塔格斯的报告中。

1968年7月29日法案颁布,文本首行赫然写着"在《1934年证券交易法》下规定对公司股权的完全披露"。[2]就此,公司控制权市场理论被国会所接受,秉持中立立场的《威廉姆斯法案》最终出台。

小　结

《威廉姆斯法案》是1968年美国国会通过的对《1934年证券交易法》的修正案,目的是要对公司的股权进行完全披露,从而让投资者能够在获

---

〔1〕 See House Report No. 1711 to accompany S. 510, July 12, 1968.

〔2〕 "Providing for full disclosure of corporate equity ownership of securities under the Securities Exchange Act of 1934", Public Law 90 – 439, 90th Congress, S. 510, July 29, 168.

得充分信息的情况下做出投资决策,从而保护他们的利益。但是,这一法案提出之时对现金收购要约这种公司控制权转移方式表现出来了敌意,特别是参议员威廉姆斯提出的作为1967年第510号议案"前身"的参议院1965年第2731号议案直接将收购者称为"白领海盗"。因此,议案中的条款不乏事前审查等打击现金收购要约的举措。

1967年3月至4月,美国参议院银行与货币委员会证券分会主持召开了关于第510号议案的听证。听证会邀请了美国证券交易委员会主席、纽约证券交易所主席、投资银行家协会主席、证券交易商协会主席、金融学教授、法学教授、公司、媒体等各相关方和专家对议案进行评论。其中美国证券交易委员会和纽约证券交易所的建议对议案的具体修改起到了很大的作用,而哥伦比亚大学海耶斯教授和密苏里大学佩因特教授则分别根据金融数据和曼尼的论文《兼并与公司控制权市场》论证了现金收购要约的有益价值。这些建议和评论最终促使立法者接纳了现金收购要约作为公司资产从低效的管理层手中转移到更高效的管理层手中的重要工具的意义,也因此确立了在现任管理层与收购人之间保持平衡的中立立场。

第三章　决定州反收购立法走向的联邦最高法院判例*

收购问题既是股票交易问题，也是公司治理问题，因此它同时受证券法和公司法的调整。在美国这一联邦制的国家中，对于证券的规范是联邦和州共同享有的权力，而对公司事务的规范则自其建国伊始就一直是各州的权力范畴。面对收购问题，联邦和州都在寻求解决方案，它们各自的权限该如何划分就成为法院需要解决的问题。《威廉姆斯法案》颁布之后，收购方经常寻求它的庇护，而主张各州反收购立法违宪。美国联邦最高法院在这一问题上的立场主导着各州反收购立法的进程。

第一节　迈特案

最早对收购要约进行规制的是弗吉尼亚州，该州反收购法案于1968年3月5日生效，早于《威廉姆斯法案》的颁布。到美国联邦最高法院审理埃德加诉迈特公司及其他人一案（以下简称迈特案）时，已有37个州颁布了反收购立法。[1] 这些立法不断受到要约收购人的挑战。1982年联

---

* 本章以《法经济学的限度——美国公司反收购立法的合宪性论争及其启示》为题发表于《中国政法大学学报》2022年第2期，发表时内容有删改。

[1] See EDGAR v. MITE CORP. ET AL., 457 U. S. 624, 632.

邦最高法院对《伊利诺伊州商业收购法案》的审查是最为关键的一例，这一判决宣告了此前各州以拖延为主要防御措施的立法模式的终结。

一、1977 年《伊利诺伊州商业收购法案》[1]

为了应对敌意收购，伊利诺伊州于 1977 年 9 月 8 日通过了《伊利诺伊州商业收购法案》，该法案共有 20 个条文，[2]主要包括以下内容。

第一，法案的适用范围。该法案适用于针对伊利诺伊州居民持有 10% 以上股份的公司发出的收购要约，或者对满足以下任意两个条件的公司发出的收购要约：(1)其主要办事机构在伊利诺伊州；(2)其系根据伊利诺伊州法律成立的公司；(3)其在伊利诺伊州具有至少 10% 的设定资本和缴入公积的代表利益。但同时，法案规定目标公司收购自己股份的行为豁免适用。[3]

第二，法案对收购要约的规制手段。该法案主要通过要求所有的收购要约进行注册和赋予州务卿对收购要约进行审查登记的方法来达到规制要约收购的目的。

法案要求，所有收购要约发出之前必须向州务卿提交注册说明书进行注册，注册说明书提交 20 个工作日后若无其他情况，则表示注册成功。申请注册时，收购要约人应当向州务卿和目标公司说明收购要约的意图和重要条款。[4]

在此期间，州务卿有权决定召集听证，或者应相关人员的要求召集听证。

---

[1] 伊利诺伊州在迈特案之后，已经废除了该法案，目前其议会网站上已经无法获取到这一法案的原始文本，但是从审理法院的判决书和当时学者的论文中可以还原这一法案的主要内容。

[2] Gregg A. Jarrell, *State Anti-takeover Laws and the Efficient Allocation of Corporate Control: An Economic Analysis of Edgar v. Mite Corp.*, Supreme Court Economic Review, Vol. 2, 1983, p. 113, p. 125 note 11.

[3] Ill. Rev. Stat. ch. 121 1/2, § 137.52 – 10, – 9(4)(1979). 转引自 MITE Corporation and Mite Holdings, Inc. v. Alan J. DIXON, 633 F. 2d 486, 501(1980); Gregg A. Jarrell, *State Anti-takeover Laws and the Efficient Allocation of Corporate Control: An Economic Analysis of Edgar v. Mite Corp.*, Supreme Court Economic Review, Vol. 2, 1983, p. 113。

[4] Ill. Rev. Stat., ch. 121 1/2, paras. 137.54. E, 137.54. B(1979). 转引自 EDGAR v. MITE Corp. ET AL., 457 U. S. 624, 634 – 635(1982)。

州务卿在下列情况下可以召集听证。(1)州务卿认为系保护本州受要约人所必需的。(2)在注册说明书提交之后15个工作日内州务卿收到听证的请求,这些请求可以是来自①目标公司非高级职员或雇员的董事的大多数,或者②来自目标公司股东名册记录的,根据邮寄地址判断其住址在本州的,且根据记载持有或受益所有,或者同时通过持有和受益持有两种方式而拥有任何种类发行在外的权益证券10%以上的登记股东,或者受益持有或者同时通过两种方式拥有作为收购要约对象的任何种类的发行在外的权益证券的个人或者多人。[1]

州务卿有权审查收购要约是否公平从而决定是否予以注册:

如果州务卿发现要约收购人没有向被要约人做全面、公正的披露,或者该收购要约是不公平的或者将可能变成对受要约人的欺骗或欺诈,或者该要约不会以实质公平的条件提供给本州所有的受要约人,或者该收购要约将会违反本法,那么州务卿应当下令对该要约不予登记,或者进行某些更改或修订之后再行登记。如果州务卿发现该收购要约全面、公平地向被要约人提供了关于所有与收购要约有关的重要信息,且该收购要约是以实质公平的条件向本州所有的受要约人发出的,且州务卿没有发现该要约是不公平的或者将很可能成为对本州受要约人的欺骗或欺诈,或者违反本法,那么州务卿应当下令对该收购要约予以登记。对收购要约的注册不构成州务卿对该要约的批准。[2]

---

〔1〕 Ill. Rev. Stat. ch. 121 1/2, § 137.57. A(1979). 转引自 MITE CORPORATION and Mite Holdings, Inc. v. Alan J. DIXON, 633 F. 2d 486, 493(1980)。

〔2〕 Ill. Rev. Stat. ch. 121 1/2 § 137.57. E(1979). 转引自 MITE CORPORATION and Mite Holdings, Inc. v. Alan J. DIXON, 633 F. 2d 486, 493(1980)。

在申请注册的20个工作日期间,收购要约人不得与目标公司股东沟通报价。在州务卿召集听证期间,收购要约也不得生效。法案对听证的持续期间没有做任何规定。听证之后的15日是州务卿作出是否予以注册的考虑期间,但这一期间可以延长,至于延长的限制和次数法案未进行明确。[1]

此外,该法案也规定了撤回权、比例收购原则和公平价格条款等《威廉姆斯法案》所采用的保护投资者的措施,但与后者不同的是其对撤回权和按比例进行收购的期限规定了更长的期间。[2]

第三,违反法案规定的处罚措施。《伊利诺伊州商业收购法案》规定,州务卿可以向法院申请撤销不符合其规定而进行的交易。[3]对于故意违反其规定公布一项未经注册的收购要约的,州务卿可以向法院提起刑事诉讼。州务卿可以向法院起诉违反该法案规定的人,让其承担民事责任。[4]

二、案件事实与审理历史

这一案件经过三级审理,审理法院分别是美国伊利诺伊州北部联邦地区法院(United States District Court for the Northern District of Illinois)、美国联邦第七巡回上诉法院(United States Court of Appeals, Seventh Circuit)和美国联邦最高法院(Supreme Court of the United States)。

该案涉及三方当事人。一是迈特公司(Mite Corporation)和迈特控股公司(Mite Holdings, Inc.)(合称"MITE"),它们是原告、上诉审和终审的被上诉人,其中迈特控股公司是迈特公司的全资子公司。两个公司都是在特拉华州注册的公司,主要办事机构(principal executive offices)设在康

---

〔1〕 Ill. Rev. Stat. ch. 121 1/2, § 137.57 (1979). 转引自 MITE CORPORATION and Mite Holdings, Inc. v. Alan J. DIXON, 633 F. 2d 486, 497, 503 note 16(1980)。

〔2〕 Ill. Rev. Stat. , ch. 121 1/2, paras. 137.59. C, D, and E (1979). 转引自 EDGAR v. MITE CORP. ET AL. , 457 U. S. 624, 644 - 645(1982)。

〔3〕 Ill. Rev. Stat. , ch. 121 1/2, para. 137.62(1979). 转引自 EDGAR v. MITE CORP. ET AL. , 457 U. S. 624, 661(1982)。

〔4〕 Ill. Rev. Stat. , ch. 121 1/2, para. 137.65(1979). 转引自 EDGAR v. MITE CORP. ET AL. , 457 U. S. 624, 630 note 5(1982)。

尼狄格州纽黑文市（New Haven，Connecticut）。二是伊利诺伊州州务卿（Secretary of State of Illinois）艾伦·J. 迪克森（Alan J. Dixon）（初审被告、上诉审上诉人）和詹姆斯·爱德华（James Edgar）（终审上诉人）。州务卿负责伊利诺伊州的行政和法案执行工作。三是伊利诺伊州的公众公司芝加哥铆钉机械公司（Chicago Rivet & Machine Co.）（以下简称芝加哥铆钉公司），其系被告之一但其并未上诉，主要办事机构设在伊利诺伊州的贝尔伍德（Bellwood，Illinois）。

案件的事实和审理经过大致是这样的。1979 年 1 月 19 日，准备向芝加哥铆钉公司发出现金收购要约的 MITE 按照《威廉姆斯法案》和据其公布的 14D 规则（Regulation 14D）向美国证券交易委员会递交了表 14D－1。该表显示，MITE 打算向芝加哥铆钉公司的所有普通股份支付每股 28 美元的价格，这是高出该公司股票市场价格 4 美元每股的溢价。同一天，MITE 还在伊利诺伊州北部联邦地区法院提起诉讼，请求法院判决《伊利诺伊州商业收购法案》[the Illinois Business Take-Over Act，Ill. Rev. Stat. ch. 121 1/2，§ 137. 51 et seq.（1979）]（以下简称伊利诺伊州法案）无效，理由是它违反了美国联邦宪法的至上条款（the Supremacy Clause）和贸易条款（the Commerce Clause）。此外，MITE 还请求法院发布临时禁令（a temporary restraining order）、初步禁令（a preliminary injunction）和永久禁令（a permanent injunction），阻止州务卿 Dixon 和芝加哥铆钉公司就其提出的收购要约执行伊利诺伊州法案。[1]

1979 年 1 月 22 日，芝加哥铆钉公司向伊利诺伊州北部联邦地区法院提出驳回起诉的动议，理由是当事人之间并不存在争议。芝加哥铆钉公司向法院宣称它现在并不打算援引伊利诺伊州法案，而州务卿 Dixon 表示他还没有决定是否将 MITE 的收购要约排除在该法案适用的范围之外。伊利诺伊州北部联邦地区法院依据这些陈述并在征得各方当事人同

---

〔1〕 MITE CORPORATION and Mite Holdings，Inc. v. Alan J. DIXON，633 F. 2d 486，488（1980）.

意的情况下，下令禁止芝加哥铆钉公司和州务卿 Dixon 援引伊利诺伊州法案提起针对 MITE 的诉讼，除非在采取诉讼行为前至少 2 个工作日将该意图书面告知对方。[1]

1979 年 2 月 2 日，芝加哥铆钉公司向 MITE 去函表示，它将向伊利诺伊州库克县巡回法院（the Circuit Court of Cook County, Illinois，属伊利诺伊州初审法院）提起诉讼并援用伊利诺伊州法案阻止 MITE 提出的收购要约。为此，MITE 重新向伊利诺伊州北部联邦地区法院提出了救济请求。该地区法院法官 Crowley 在 2 月 2 日下达初步命令，禁止被告 Doxin 发布暂停指令（a cease and desist order）、听证通知（notice of hearing）或者采取其他任何针对 MITE 执行伊利诺伊州法案的行动。[2]

MITE 之后在 2 月 5 日的全国版《华尔街日报》上公布了其收购要约。按照收购要约的出价，芝加哥铆钉公司发行在外的股票价值将超过 2.3 千万美元。同一天，芝加哥铆钉公司也发出要约，以 30 美元每股的价格回购自己约 40% 的股份。[3]

1979 年 2 月 9 日，联邦地区法院作出最终判决，宣布伊利诺伊州法案无效，因为它已被《威廉姆斯法案》预先排除（pre-empt），且对州际贸易造成不适当的负担因此违背了贸易条款。该地区法院同时还永久禁止任何因该收购要约而对 MITE 适用伊利诺伊州法案的行为。[4]

在地区法院的判决作出之后，MITE 和芝加哥铆钉公司达成协议，双方各自撤销收购要约，同时给予 MITE 30 天时间查验芝加哥铆钉公司的账簿和记录。MITE 可以选择在 1979 年 3 月 12 日之前以 31 美元每股的价格发出新的收购要约，对此芝加哥铆钉公司保证不反对；或者放弃对芝

---

[1] MITE CORPORATION and Mite Holdings, Inc. v. Alan J. DIXON, 633 F. 2d 486, 489 (1980).

[2] MITE CORPORATION and Mite Holdings, Inc. v. Alan J. DIXON, 633 F. 2d 486, 489 – 490 (1980).

[3] EDGAR v. MITE CORP. ET AL., 457 U. S. 624, 629 (1982).

[4] MITE CORPORATION and Mite Holdings, Inc. v. Alan J. DIXON, 633 F. 2d 486, 489 – 490 (1980).

加哥铆钉公司股份或资产的收购计划。1979 年 3 月 2 日,MITE 宣布它决定不进行要约收购。[1]

被告 Dixon 对联邦地区法院的判决提起上诉。虽然 MITE 之后撤销了其在 1979 年 2 月 5 日发布的收购要约,但是考虑到如果上述判决被推翻 MITE 将依照伊利诺伊州法案承担刑事和民事的双重责任,因此美国联邦第七巡回上诉法院受理了该上诉。经过审理,美国联邦第七巡回上诉法院赞同地区法院的意见,认为伊利诺伊州法案的部分条文已被《威廉姆斯法案》预先排除,且它给州际贸易造成了不适当的负担,因此违背了贸易条款。[2]

三、法庭的判决意见

大法官拜伦·拉蒙德·怀特(Byron Raymond White)代表法庭陈述了意见。他的意见包括五部分内容,第一部分为案件事实,第二部分为案由的成立问题,第三部分是分析《威廉姆斯法案》中体现的国会的立场,第四部分讨论伊利诺伊州法案违反至上条款的问题,第五部分讨论伊利诺伊州法案违反贸易条款的问题。最终,得到多数法官支持的第一部分、第二部分和第五部分的第二点成为法庭意见。法庭认为,虽然 MITE 与芝加哥铆钉公司之间的"收购战争"已经平息,但是伊利诺伊州州务卿提起的关于伊利诺伊州法案并不违宪的上诉请求如果得到认可,MITE 就将因违反该法案而受到刑事和民事双重指控,因此有审理的必要。[3]而经过贸易条款的测试,《伊利诺伊州商业收购法案》确实违宪,因此无效,最终联邦最高法院维持原判。

这里所说的贸易条款指的是《美国联邦宪法》第 1 条第 8 款规定的"国会有权……规范同外国的、各州之间的和同印第安部落的贸易活动",

[1] EDGAR v. MITE CORP. ET AL. ,457 U. S. 624,629 - 630(1982).

[2] MITE Corporation and Mite Holdings, Inc. v. Alan J. DIXON,633 F. 2d 486,503(1980).

[3] EDGAR v. MITE CORP. ET AL. ,457 U. S. 624,630(1982).

“设立邮政局和修建邮政道路”。[1]随着判例的确立,关于这一条款的含义不断清晰化:首先,各州无权直接规范州际贸易,这是宪法赋予联邦国会的权力;其次,即使国会没有相关立法,贸易条款也构成对州权力的限制;最后,并非对州际贸易产生影响的所有行使州权的行为都是无效的,那些为了实现本州合法的公共利益而只是附带地影响州际贸易的州成文法是有效的,除非该法对州际贸易所造成的负担超过了其声称要促进的本州利益。[2]

法庭认为,《伊利诺伊州商业收购法案》违反贸易条款的原因在于,它对州际贸易的影响超出了其声称要保护的本州利益。

怀特法官首先引用了弗兰克·H. 伊斯特布鲁克(Frank H. Easterbrook)和丹尼尔·R. 费希尔(Daniel R. Fischel)合写的论文《目标公司管理层在应对要约收购时的应有作用》(The Proper Role of a Target's Management in Responding to a Tender Offer)、丹尼尔·R. 费希尔的论文《有效资本市场理论、公司控制权市场和现金要约收购的规范》(Efficient Capital Market Theory, the Market for Corporate Control, and the Regulation of Cash Tender Offers)[3]以及国会在制定《1976 年哈特 - 斯科特 - 罗迪诺反垄断促进法》(Hart-Scott-Rodino Antitrust Improvements Act of 1976)时众议院第 94 - 1373 号报告,指出:

赋予州务卿阻止一项全国范围内的收购要约的权利的影响是实

---

〔1〕 U. S. Const., Art. I, § 8, cl. 3. 同时参见王希:《原则与妥协:美国宪法的精神与实践》(修订本),北京大学出版社 2005 年版,第 489 页,附录一“美利坚合众国宪法”第 1 条第 8 款。

〔2〕 See EDGAR v. MITE CORP. ET AL., 457 U. S. 624, 640(1982),此三项内容分别出自以下判例:Shafer v. Farmers Grain Co., 268 U. S. 189, 199(1925);Cooley v. Board of Wardens, 12 How. 299(1852);Pike v. Bruce Church, Inc., 397 U. S. 137, 142(1970)。

〔3〕 See Easterbrook & Fischel, The Proper Role of a Target's Management in Responding to a Tender Offer, 94 Harv. L. Rev. 1161, 1173 - 1174; Fischel, Efficient Capital Market Theory, the Market for Corporate Control, and the Regulation of Cash Tender Offers, 57 Texas L. Rev. 1, 5, 27 - 28, 45(1978); H. R. Rep. No. 94 - 1373, p. 12(1976). 转引自 EDGAR v. MITE CORP. ET AL., 457 U. S. 624, 643 - 644(1982)。

质性的。股东被剥夺了高价出售其股票的机会，资源的重新分配被阻断了，而这是能够促进效率和竞争的。收购要约对管理层的有效激励没有了，这种激励可以让现任管理层努力地工作，从而让股票保持较高的价格。[1]

而伊利诺伊州声称要保护的本州利益并不足以构成让州际贸易承受上述影响的合理理由。具体而言，伊利诺伊州认为该法案保护两项本州的合法权益，第一，要保护本州居民证券持有人的利益；第二，要规范伊利诺伊州公司的内部事务。

就保护本州居民证券持有人的利益而言，怀特法官承认各州具有这项利益，但是若其保护范围超出了本州居民的界限，那就是不应该的。从伊利诺伊州法案的适用范围来看，该法案不仅要保护本州居民，还要保护外州居民。且其对目标公司回购自己股份的要约豁免登记，也就意味着在目标公司收购自己股份的时候，股票持有人只能受到联邦证券法的保护，而这项保护恰恰被伊利诺伊州认为不够充分。[2]

同时，伊利诺伊州法案所提供的保护措施也并非真的就能达到保护股东的目的。它所采取的措施和《威廉姆斯法案》相同，只是规定的各项期限更长。伊利诺伊州声称更长的考虑期限有利于股东更好地思考决策，但是更长的期限也给目标公司管理层挫败要约收购提供了更多的时间。因此，伊利诺伊州法案规定的更长限期所带来的风险可能大于它产生的好处。可见，伊利诺伊州声称的保护本州证券持有人的目的只是一种臆断。[3]

就规范本州公司内部事务而言，怀特法官引用《第二次冲突法重述》指出。

---

〔1〕 EDGAR v. MITE CORP. ET AL. ,457 U. S. 624,643 – 644(1982).

〔2〕 See EDGAR v. MITE CORP. ET AL. ,457 U. S. 624,644(1982).

〔3〕 See EDGAR v. MITE CORP. ET AL. ,457 U. S. 624,644 – 645(1982).

内部事务原则是一项冲突法原则，它确认只有一个州有权规范一个公司的内部事务——与公司和其现任高级职员、董事、股东之间关系有关的特定事务——否则的话，公司可能面临相互冲突的法律要求。[1]

这一原则并不适用于本案，因为收购要约期待的是股票由股东向第三方转移，这与目标公司的内部事务没有任何关系。况且，伊利诺伊州法案可以适用于向有10%的股份由伊利诺伊州居民持有的任何公司发出的收购要约，这也就意味着该法案可以适用于非伊利诺伊州公司和主要营业地不在伊利诺伊州的公司，而伊利诺伊州没有规范这些公司内部事务的权力。[2]

综上所述，伊利诺伊州法案不仅可能无法保护其声称的本州利益，而且还有侵犯他州权力范围之嫌，因此与其给州际贸易带来的影响相比，这些所谓的本州利益无法为该法案提供合法性基础，因此是违宪的。

四、鲍威尔法官的关键性一票

美国联邦最高法院对迈特案的判决能够成立，关键在于刘易斯·F. 鲍威尔法官（Lewis F. Powell, Jr.）对伊利诺伊州法案违反贸易条款这一理由的支持。鲍威尔法官在该判决所附同意意见中说道："我同意马歇尔法官关于本案是假设案件（moot）的观点。但是，鉴于需要有多数同意才能达成法院的判决，我加入法庭意见的第1部分和第5部分第2条理由。"[3]

鲍威尔法官对他的这一赞成票给出了如下理由：

我加入第5部分第2条理由是因为，这一贸易条款的说理给州规范收购要约留下了一定的空间。我们所处的历史时代，是以集团公司的形成为特征的时代，而这一形成过程不受反垄断法的拘束。

〔1〕 See Restatement (Second) of Conflict of Laws § 302, Comment b, p. 307 – 308 (1971). 转引自 EDGAR v. MITE CORP. ET AL., 457 U. S. 624, 645 (1982)。

〔2〕 See EDGAR v. MITE CORP. ET AL., 457 U. S. 624, 645 – 646 (1982).

〔3〕 EDGAR v. MITE CORP. ET AL., 457 U. S. 624, 646 (1982).

通常，要约人都拥有远远多于收购目标的优势资源，如对收购运作极富经验的专业人才和雄厚的资本。资源方面的不同可能让相对较小或者地区性的目标公司处于严重的劣势。当公司的总部从一个城市或者州移走的时候，其不可避免地会对公共利益造成负面的影响。

《威廉姆斯法案》的规定执行的是中立政策，这似乎是建立在公司实体的资源实质上势均力敌的假设之上。我同意 Stevens 法官的观点，即《威廉姆斯法案》的中立政策并不必然暗示着国会打算禁止各州制定不同的立法。这些立法通常是为了保证——至少在某些情形下——给予包括现任管理层在内的、通常更为宽泛的利益以更多的保护。

事实上，在联邦最高法院的九位大法官中，鲍威尔法官应该是最了解公司收购问题的。因为在他传奇的一生中，鲍威尔法官曾经从事公司兼并和收购领域的律师业务长达 25 年之久。

1945 年，以上校军衔退役的美国陆军情报军官鲍威尔回到弗吉尼亚州，成为亨顿、威廉姆斯、盖伊、鲍威尔和吉普生律师事务所（Hunton, Williams, Gay, Powell and Gibson）的合伙人。他主要代理公司法和铁路诉讼案件，特别是兼并和收购领域的业务。所以，他非常了解公司并购实践。1964 年起，他担任美国著名烟草公司飞利浦莫里斯的董事，并且代理了烟草协会和很多烟草公司的大量案件。因此，他对美国商业公司的诉求非常清楚。他为美国商会（the US Chamber of Commerce）撰写的秘密建议《鲍威尔备忘录》非常有名。在这份备忘录中，鲍威尔号召美国公司更加积极地塑造美国的政治和法律，并促使美国商会更加积极地参与政治活动。1977 年，鲍威尔法官在 First National Bank of Boston v. Bellotti 案[1]中宣称，公司通过独立支出对选举的影响应当得到与个人政治言论相同力度的保护。可见，在鲍威尔法官的观念中，他支持公司的利益诉求，并且主张公司可以通过影响立法和政策来实现自己的利益。

[1] See First National Bank of Boston v. Bellotti, 435 U. S. 765.

当讲到并购之后公司总部迁移对当地的影响时，鲍威尔很清楚地指出：

> 这个伟大民族的公司以及跨国公司的总部倾向于设立在一些州的大城市中。当公司的总部从一个城市或者一个州迁到这些大型都市中心时，那些迁出地的州和城市将不可避免地遭受巨大的损失。管理人才——他们中的很多人已经被授予了社区领导职务——可能会迁到新的公司总部。当公司总部迁移的时候，该公司对文化、慈善和教育——在领导和经费两方面——都会消失。[1]

有趣的是，鲍威尔曾于1969年拒绝尼克松总统第一次请他担任联邦最高法院法官的邀请。1971年，尼克松总统再度提出请求时，他仍然很犹豫。因为他担心自己的离开会给其所在的律师事务所造成很大的影响，而且已经习惯了在律师事务所从事一项收入丰厚的私人业务的他不怎么能够接受个人收入的大幅减少。更为重要的是，他作为一名公司法律师，联邦最高法院需要处理的很多问题他都知之甚少，因此鲍威尔很担心他会处于劣势而无法影响自己的同事。但是，尼克松总统和他的司法部长约翰·N. 米歇尔（John N. Mitchell）最终还是说服了他，理由是加入联邦最高法院是他对整个国家的责任。

迈特案应该就是这样一个在美国联邦最高法院中为数不多的与公司法相关的案件之一，鲍威尔法院的公司法背景注定让他成为这样一个决定该案判决结果的关键性人物。而之后由鲍威尔法官撰写法庭意见的CTS案则更加充分地展现了他在公司法方面的经验和理性。1987年6月26日，鲍威尔卸任大法官一职，在此之前的CTS案就像是一场专门为他准备的判决，让他为州公司法指明反收购的方向。

---

〔1〕 Edgar v. MITE Corp. ET AL. ,457 U. S. 624,646(1982).

五、怀特法官的其他判决理由

值得一提的是,伊利诺伊州法案给州际贸易造成的负担超过了其声称的本州利益这一理由,是怀特法官撰写的这份联邦最高法院的判决中唯一得到大多数法官支持的判决理由。具体而言,首席大法官 Burger 完全赞同怀特法官的判决;Blackman 法官对判决书前面四个部分表示认同,但是不认同违反贸易条款的理由;Stevens 法官和 O'connor 法官对事实、案由和违反州际贸易条款的理由表示认同;鲍威尔法官仅认同事实部分和关于违反州际贸易条款的第二点理由,也即给州际贸易造成了比立法利益更多的负担这一理由;Mershall、Brennan 和 Rehnquist 法官表示反对。因此,这项判决因为有鲍威尔法官的关键性一票而艰难成立。

但是,其通过时的微弱优势在判决维持这一先例性效应的作用下被大家有意无意地忽视了,之后各级联邦法院对类似州法的判决似乎都完全遵循了其全部的判决理由。[1]因此,有必要对怀特法官的其他判决理由做一个总结。

1. 违反至上条款

怀特法官首先分析的是《伊利诺伊州商业收购法案》是否违反至上条款的问题,在本案中也即该法案是否被《威廉姆斯法案》预先排除(pre-empt)的问题。

所谓至上条款是指《美国联邦宪法》第 6 条第 2 款的规定:"本宪法,以及据此制定的联邦的法律……将是这块土地上的具有最高效力的法律;每一个州的法官都受其约束,各州宪法和法律中与此相冲突的内容无效。"[2]在司法判决中,就至上条款的检测发展出了三条标准:(1)联邦法

---

〔1〕 王亚新教授专文分析了中国民事诉讼法中前诉对后诉产生的预决效力,并结合既判力理论对其影响的具体类型进行总结。参见王亚新、陈晓彤:《前诉对后诉的影响——〈民诉法解释〉第 93 条和第 247 条解析》,载《华东政法大学学报》2015 年第 6 期。美国诉讼法上的这一问题也是值得好好探讨的,正如这里提到的这个判决的"先例"作用的问题。

〔2〕 U. S. Const. ,Art. I, § 6,cl. 2.

律明确禁止各州进行规制的事项各州不得立法；（2）与联邦法律相冲突的州法无效；（3）当同时遵守联邦法和州法实际上不可能，或者州法成为完全遵守和执行国会目的的障碍时，州法无效。[1]

《1934年证券交易法》第28条规定："本部分的任何规定都不会对各州证券交易委员会（或者任何履行相应职能的机构或官员）或者任何个人的权力产生影响，只要他们不与本部分规定的条款或者依据这些条款制定的规则和规章产生冲突。"[2] 1968年《威廉姆斯法案》对该法进行修订时并未对此条进行修改，说明国会并未明确禁止各州对收购要约进行规制。而双方当事人对同时执行《威廉姆斯法案》和《伊利诺伊州商业收购法案》的可能性没有异议，因此案件的争议就集中在伊利诺伊州法案是否在实质上让《威廉姆斯法案》的目的无法实现的问题上。[3]

接着，怀特法官从《威廉姆斯法案》的立法史入手，分析国会的立法目的。20世纪60年代，现金收购要约日益增多，成为公司控制权争夺的主要手段。而这一方式在当时还没有受到联邦证券法的监管。《威廉姆斯法案》就是专门针对现金收购要约而制定的监管法案。如前所述，该法案通过设置一系列的披露要求，规定股东撤销权、比例收购和公平价格条款等内容来保护投资者。而立法史表明，国会保护投资者的主要努力是避免向管理层或收购出价人的任何一方倾斜。怀特法官指出：

> 正如我们在Piper案中所指出的，最初包含在第2731号议案中的披露条款"是目标公司抵御收购要约努力中的公然地事先管理"。（430 U. S. , at 30. ）但是国会后来确信"不应当打击收购要约，因为它们对已有但无效率的管理层是一种检验"。（Senate Report, at 3. ）同样明显的是，现有管理层常常能够成功地挫败收购努力。因此，随着立法的进行，国会否定了"任何为管理层打击要约出价提供武器的

[1] See EDGAR v. MITE CORP. ET AL. ,457 U. S. 624,631(1982).

[2] 15 U. S. C. § 78bb(a), The Securities Exchange Act of 1934, sec. 28.

[3] See EDGAR v. MITE CORP. ET AL. ,457 U. S. 624,631 - 632(1982).

> 意图",(Rondeau v. Mosinee Paper Corp. ,supra,at 58)并且明确地采取了中立的政策。正如参议员威廉姆斯解释道:"我们极为注意,避免让天平向管理层或者收购出价人任何一方倾斜。"[113 Cong. Rec. 24664(1967)]这一"公平"的政策,(Piper v. Chris-Craft Industries, Inc. ,supra,at 31)反映出一种信念,那就是在这一竞争中的任何一方都不能被给予面对投资者时的额外优势,投资者如果被给予充分的信息的话,他们将能够自己做选择。因此,我们同意上诉法院的看法,即国会对投资者的保护不仅在于要向他们提供必要的信息,而且还在于防止管理层或者出价人拥有阻挠投资者根据这些信息进行抉择的不恰当的优势。(633 F. 2d,at 496.)[1]

根据这一检验标准,怀特法官指出《伊利诺伊州商业收购法案》有三个条款破坏了国会在《威廉姆斯法案》中精心设计的平衡,让国会的立法目的无法实现。

第一,伊利诺伊州法案要求收购要约人在要约生效前20日通知州务卿和目标公司其进行要约收购的意图并提交该要约的重要条款。在这期间,要约人不能与股东沟通报价,而目标公司却能够自由地就即将发生的要约向股东进行信息宣传。与之形成鲜明对照的是,《威廉姆斯法案》并不要求事前的披露,其规定的披露时间点是要约首次公布或者寄送给证券持有人之时。查看《威廉姆斯法案》的立法史,国会曾两次否定参议员威廉姆斯提出的事前披露的条款,1970年国会在修订《威廉姆斯法案》时又拒绝了另一项事前通知的提议。可见,通过为目标公司提供额外的时间,该条规定让现任管理层拥有了对抗收购人的有力武器,这可能损害这一阶段尚无法得知要约的股东的利益。因此,该条规定让《威廉姆斯法案》的目的无法实现。[2]

---

[1] EDGAR v. MITE CORP. ET AL. ,457 U. S. 624,633(1982).

[2] See EDGAR v. MITE CORP. ET AL. ,457 U. S. 624,634 - 636(1982).

第二，伊利诺伊州法案中的听证条款在收购要约过程中引入更长时间的拖延，让国会的目的无法实现。伊利诺伊州法案规定，州务卿有权对任何收购要约召开听证，在听证结束以前该要约不能继续推进。法案规定，州务卿可以在要约开始前的任何时间召集听证，而对听证何时结束却未做限定。虽然州务卿在听证之后 15 日内要做出决定，但是这一期限可以无限期地延长。不仅州务卿有权无限期地拖延收购要约，而且现任管理层也可以运用听证条款拖延收购要约的进程。因为该法规定州务卿可以应持有目标公司 10% 以上股份的股东的要求举行听证，而现任管理层大多直接或间接地控制着目标公司 10% 的股份。因此，这一条款潜在地给予了管理层无限期地阻挠收购的有力武器。

与此形成鲜明对照的是，国会充分地认识到拖延对收购要约的阻碍作用，因此在立法中尽力避免设置过长的期限。在颁布《1976 年哈特—斯科特—罗迪诺反垄断促进法》时，国会在此强调了拖延对收购要约可能造成的后果以及国会采取的中立政策：

> 很明显，"《证券交易法》第 14 条(d)款第(6)项规定的，适用于收购要约开始之后的 10 天的期限"在国会的关切中，等待期过长将会不适当地有利于目标公司的现任管理层，且允许他们挫败很多有利于竞争(pro-competitive)的现金要约。这个 10 日的等待期因此显示了国会的基本目的——通过避免可能影响成功概率的长时间的拖延，对现金收购要约保持中立的政策。[1]

国会希望投资者和收购要约人能够自由地进行交易，不受不合理的拖延。伊利诺伊州法案规定的听证程序具有潜在的无限期拖延的效果，打破了国会在管理层和收购人之间的平衡，以牺牲股东利益为代价向管

〔1〕 H. R. Rep. No. 94 – 1373, p. 12 (1976). 14. 转引自 EDGAR v. MITE CORP. ET AL., 457 U. S. 624, 638 (1982)。

理层倾斜。因此,该法案违反了国会的目的,是无效的。

第三,伊利诺伊州法案赋予州务卿决定收购要约的实质公平性的权力,违反了《威廉姆斯法案》的立法目的。伊利诺伊州法案规定,如果州务卿发现要约没有向受要约人进行完全的、公平的披露,或者州务卿认为该收购要约是不公平的,那么他不得对该收购要约进行登记。而《威廉姆斯法案》的立法史表明,国会希望股东能够在信息充分的基础上自行决定是否出售自己的股票。伊利诺伊州法案的这一规定是以牺牲投资者的自治为代价对他们进行保护,这与国会的目的是冲突的。[1]

2. 违反贸易条款

在怀特法官的判决书中,对于伊利诺伊州法案违反贸易条款的理由除了前面得到美国联邦最高法院法官多数支持的一条之外,还有一项理由,即伊利诺伊州法案直接规范州际贸易。怀特法官首先指出,各州对州际证券交易进行规范是州固有的权力。联邦最高法院也在多个判决中支持州的"蓝天法"[2],认为各州要求在本州进行交易的证券需要先进行登记的规定是合理的。但是,《伊利诺伊州商业收购法案》与州蓝天法不同,它直接干预州际贸易,且其适用范围超过了本州的界线。怀特法官写到:

> 伊利诺伊州法案完全不同于州蓝天法,它对跨州的交易进行直接的规制,甚至是完全发生在伊利诺伊州之外的交易。针对公众公司证券的收购要约通常都是通过邮件或其他州际贸易的方式与外州或国外的股东交流的问题,证券的提交和交易的完成也采用类似的方式。在本案中,MITE,即收购要约人,是一家主要办事机构没在康涅狄格州的特拉华州公司。芝加哥铆钉公司是一家伊利诺伊州公众公司,其股东遍布全国各地,其中有27%居住在伊利诺伊州。MITE对芝加哥铆钉公司股东的要约,包括对伊利诺伊州的股东的要约,必

---

〔1〕 See Edgar v. MITE Corp. ET AL. ,457 U. S. 624,639 - 640(1982).

〔2〕 "蓝天法"指州的证券法。

然会用到跨州交流措施，而这些要约如果被接受的话，将产生跨州的交易。这些交易本身就属于州际贸易。如果不遵守法案的话，伊利诺伊州法案将阻止MITE与芝加哥铆钉公司的伊利诺伊州居民股东，以及其他州的与伊利诺伊州没有任何联系的股东之间的要约和交易。事实上，即使芝加哥铆钉公司的股东中没有一个伊利诺伊州的居民，该法案也一样可以适用，因为该法案适用于满足以下两个条件的公司的任何收购要约：其主要执行机构所在地在伊利诺伊州；系根据伊利诺伊州法成立的或者至少有10%的设定资本和缴入公积在伊利诺伊州被代表。[Ill. Rev. Stat. , ch. 121 1/2, para. 137. 52 – 10 (2) (1979)] 因此，该法可以适用于一项不会影响到伊利诺伊州任何股东的收购要约。[1]

由于伊利诺伊州法案规定了广泛的域外效力，如果认可其合法性，那么其他州也可以制定类似的法律，那样的话采用收购要约方式进行的跨州的证券交易将被彻底扼杀。因此，伊利诺伊州法案违反了贸易条款，是无效的。[2]

第二节　CTS案

迈特案之后，各州废弃了原来以拖延为主要手段的反收购立法，创造了以“控制股份收购”“商业联合”等为主要内容的新的反收购立法。这些立法也不断受到挑战，大多数法院都遵从迈特案的判决理由认定州反收购立法违宪，1987年美国联邦最高法院在CTS案中的判决成为关键的转折性案件。

一、1986年《印第安纳州商业公司法》

1986年3月4日，印第安纳州议会通过编号“Public Law 149 – 1986”

〔1〕 EDGAR v. MITE CORP. ET AL. ,457 U. S. 624,641 – 642(1982).

〔2〕 See EDGAR v. MITE CORP. ET AL. ,457 U. S. 624,641 – 643(1982).

的法案,对《印第安纳州法典》第23编“商业和非商业组织”第1条“印第安纳州普通公司法”(Indiana General Corporation Act)进行了大幅修订,并更名为“印第安纳州商业公司法”(Indiana Business Corporation Law)。其修订幅度之大,实际上相当于重新制定了一部公司法。新的法案针对敌意收购制定了相应的应对措施,其中“控制股份收购”一章和“商业联合”一章的规定可谓釜底抽薪,前者也是CTS案争议的焦点。

1986年《印第安纳州商业公司法》第42章“控制股份收购”共有11个条文,分别规定了“控制股份”的定义,“控制股份收购”的定义,“利害关系股份”的定义,“公开发行公司”的定义,购买到的控制股份所享有的表决权,具有披露要求的收购人说明书,就控制股份收购问题召开股东特别会议,股东对是否赋予该控制股份表决权进行决议,公司回购该控制股份,异议者的权利和“公平价格”的定义。

根据该法的规定,如果某人收购某公开发行公司的股份,从而让其在该公司董事选举中拥有20%以上的表决权的,那么该收购行为将受到该章规定的约束。所谓20%以上的董事选举表决权的股份,是指该人此次收购的股份加上其此前持有的或者受益持有的股份,或者加上其能够控制其表决权行使的股份一起,达到该公开发行公司所有股份表决权的1/5以上1/3以下,或者1/3以上1/2以下,或者1/2以上。[1]所谓的“控制股份收购”就是指能够让收购人获得上述比例的表决权的收购行为,但如果该人在90日内对该公开发行公司股份进行了分步分时段的收购,或者系根据同一控制股份收购计划进行的收购行为,都被认定为该人进行的控制股份收购行为。[2]

有意思的是,这里的公开发行公司并非仅指印第安纳州公开发行股份的公司,其范围要大得多。根据该法的规定,“公开发行公司”是指具备下列条件的公司。

---

〔1〕 IC 23-1-42-1.

〔2〕 IC 23-1-42-2.

(1)拥有一百名或者一百名以上股东;

(2)其主要营业地或者主要办事机构所在地是印第安纳州,或者在印第安纳州拥有或者控制着超过一百万美元公平市场价值的资产;

(3)或者(A)超过百分之十的股东是印第安纳州居民;或者(B)有超过百分之十的股份由印第安纳州居民登记所有或者受益持有;或者(C)有一千名股东居住在印第安纳州。[1]

除非目标公司在控制股份收购开始之前通过修订其章程选择不受控制股份收购一章的约束,否则收购人购买的公开发行公司的控制股份将不会自动具有表决权。换言之,收购人购买到的仅是被剥夺了表决权的股份,只有该公开发行公司股东会议做出赋予控制股份表决权的决议之后,控制股份才能够享有与其他股份相同的表决权。[2]而该决议要获得通过,需要由有表决权的选举团(voting group,持有某一类别表决权股份的所有股东)以所有表决权的多数赞成才行。

这里的表决权多数通过又分两种情况。第一种情况是,如果该控制股份收购的完成将引发股份类别和权利上的变化的话,[3]那么每一个对该提议可单独进行表决的有表决权的选举团应以多数通过。第二种情况

[1] IC 23-1-42-4.

[2] IC 23-1-42-5.

[3] 这里的变化是指该法第38章第4节规定的"一类发行在外股份的持有人有权以独立的选举团的形式对一项提议的修订进行表决,该修订将可能会:(1)增加或者减少该类授权股份的总数;(2)让该类股份的全部或者一部分转换或者重新分为另一类股份;(3)让另一类别股份的全部或者一部分转换或者被重新分到该类股份之中,或者产生进行转换或者重新分类的权利;(4)改变该类股份全部或者一部分的指派(designation)、权利(rights)、选择权(preferences)或者限制条件(limitations);(5)将该类股份的全部或者一部分变成同一类别的不同数量的股份;(6)创造一类新的股份,让其具有分配(distribution)或者解除(dissolution)比它更高级(prior),或者更低级(superior),或者相同级别股份的权利或者选择权;(7)在赋予该修订效力之后,增加该任何类别具有分配或者解除比它更高级,或者更低级,或者相同级别股份的权利或者选择权的授权股份的权利、选择权或者股份数量;(8)限制或者否决全部或部分该类股份既有的优先购买权(preemptive right);或者(9)取消或者影响全部或部分该类股份获得已经累积但尚未宣布的分红(distributions)或股息(dividends)的权利。"See IC 23-1-38-4.

是,如果控制股份收购不会引发上述股份变化,那么其表决权的授予应由每一个对该提议可单独进行表决的选举团以该选举团除利害关系股份外的所有表决权的多数通过。[1]所谓的"利害关系股份"是指以下三类人可以利用其在董事选举中行使或者指挥行使表决权的股份:(1)收购人或者控制股份收购集团的成员;(2)公开发行公司的任何高级职员;(3)同时是公司董事的公开发行公司的雇员。[2]

为了尽快得到股东表决赋予其股份表决权的机会,收购人可以选择(at the person's election)向公开发行公司提交一份包含要求内容的收购人说明书(acquiring person statement),同时以担保支付相关费用为条件要求公开发行公司召开特别股东会议(special meeting of shareholders),讨论赋予控制股份表决权的问题。如果收购人没有提出召开特别股东会议的要求,那么这一问题将留待下一次股东特别会议或者股东年会上再行讨论。关于召开特别股东会议的时间,法律规定了50日的期限,这是要求公开发行公司的董事会在收到收购人关于召开特别股东会议的要求后50日内召开该会议。法律同时赋予收购人一定的选择权,收购人可以书面要求公开发行公司不得在收到该说明书之后30日内召开特别股东会议,或者其也可以书面同意公开发行公司在法律规定的50日后的某一时间召开特别股东会议。[3]

该法案要求收购人说明书必须披露以下所有信息:

(1)收购人以及该人所属的、为了确定控制股份的集团中的每一位成员的身份;

(2)表明收购人已经根据本章的规定提交了收购人说明书的声明;

(3)收购人和该集团其他成员(直接或者间接)持有的该公开发

[1] IC 23-1-42-9.

[2] IC 23-1-42-3.

[3] IC 23-1-42-7.

行公司股份的数量；

(4)该控制股份收购打算或者若已经完成的话具有的表决权的比例范围；

(5)如果该控制股份收购尚未发生：(A)一份关于该提议的控制股份收购条件的描述；以及(B)收购人陈述，连同一份表明其基础事实的、比较详细的说明，声明提议的控制股份收购如果完成的话将不会违反法律，以及收购人具有完成提议的控制股份收购的经济实力。[1]

如果收购人没有提交收购人说明书，或者特别股东会议未能批准授予控制股份表决权的事项，那么该公开发行公司可以按照其章程规定的方式，以“公平价格”回购这部分股份。[2]如果控制股份收购中所购买的股份都被赋予了表决权，且收购人拥有了公司多数的表决权，那么根据公司章程的规定，该公开发行公司的所有股东都享有该法规定的异议股东的权利，即以“公平价格”出售其股份的权利。[3]所谓公平价格是指，不低于收购人在控制股份收购中所支付的最高价格的价格。[4]

该法的适用对象是所有本州公司，生效时间是 1987 年 8 月 1 日。但是，该法同时又规定，公司董事会可以通过决议(resolution)选择在法案生效之前(1986 年 3 月 31 日以后，1987 年 8 月 1 日以前)即受其约束。[5]

二、案件事实和审理历史

这一案件也经过了三级审理，审理法院同样是伊利诺伊州北部联邦地区法院、美国联邦第七巡回上诉法院和美国联邦最高法院。

---

〔1〕 IC 23 – 1 – 42 – 6.

〔2〕 IC 23 – 1 – 42 – 10.

〔3〕 IC 23 – 1 – 42 – 11, IC 23 – 1 – 44.

〔4〕 IC 23 – 1 – 42 – 11.

〔5〕 IC 23 – 1 – 17 – 3(a)(b).

1986年3月10日,美国动力公司(Dynamics Corporation of American,以下简称Dynamics)在美国伊利诺伊州北部联邦地区法院东部分院(United States District Court for the Northern District of Illinois, Eastern Division)起诉CTS公司(CTS Corporation,CTS)及该公司部分董事和高级职员,指控被告正在通过一系列偷偷提前进行的(gun-jumping)代理权征集活动试图巩固自己的地位,这些行为违反了《1934年证券交易法》第14条(a)款和证券交易委员会据此制定的规则14(a)的规定,并请求法院予以禁止。原告Dyanmics是一家纽约公司,主要营业地在康涅狄格州的格林威治(Greenwich),主要从事电子和机电组件制造。被告CTS是一家印第安纳州公司,主要营业地在印第安纳州的埃尔克哈特(Elkhart),主要从事消费品和工业产品制造。两家公司都是在纽约证券交易所上市交易的大公司。提起诉讼时,原告是被告最大的普通股份受益所有人,拥有CTS发行在外的约9.7%的普通股。[1]

在提起诉讼的同一天,Dynamics发布了一项以43美元每股的价格(CTS股票当时的市场价格是36美元)购买CTS 100万股份的部分收购要约,如果成功的话其将拥有CTS 27.7%的股份。之后,Dynamics发起代理权征集,明确表示其将用这些股份在1986年4月25日CTS的股东年度会议上选举自己提名的董事会候选人。[2]

同样在1986年3月10日,CTS管理层在得知该收购要约之后立即宣布他们反对Dynamics的行动。1986年3月11日,CTS雇用史密斯·巴尼(Smith Barney)担任其投资顾问,根据雇用合同的约定,如果史密斯·巴尼的策略能够让Dynamics的代理权争夺失败,那么他将获得高达7.5万美元的奖金。3月12日,CTS董事长在未与其他董事商量的情况下,径自

---

〔1〕 Dynamics Corporation of America v. CTS Corporation, et al., 637 F. Supp. 389, 390 (1986). 这一比例在上诉审判决书和联邦最高法院判决书中被改为9.6%。

〔2〕 Dynamics Corporation of America v. CTS Corporation, et al., 637 F. Supp. 389, 390 (1986). 这一比例在上诉审判决书和联邦最高法院判决书中被改为27.5%,股东年会的时间也改为4月24日。

写信给股东们力劝其不要投票给 Dynamics 的候选人。3 月 22 日,史密斯·巴尼提交了其“毒丸”建议,并且出具了认定 43 美元的要约收购价格不公平的意见,但是并没有给出该价格不公平的数据分析。董事会全体一致通过了该“毒丸”计划,但在讨论过程中并未提及价格公平性的问题。[1] 1986 年 3 月 27 日,CTS 的董事会做出决议,自 1986 年 4 月 1 日起该公司受新的《印第安纳州商业公司法》约束。同一天,CTS 在印第安纳州法院提起确认之诉,请求法院判决确认《印第安纳州商业公司法》“控制股份收购”一章的规定有效且可执行。1986 年 3 月 31 日,CTS 通过新闻发布的形式宣称其董事会已经通过决议选择适用《印第安纳州商业公司法》且该法的效力及于 Dynamics 在此次收购中获得的股份的信息。[2]

在 1986 年 3 月 31 日,Dynamics 针对该法案修订了其起诉书,提请法院禁止 CTS 执行该法案,理由是该法案已经被《威廉姆斯法案》预先排除(pre-empt),同时也违反了联邦宪法的贸易条款。[3]

1986 年 4 月 9 日,联邦地区法院法官 Susan Getzendanner 以备忘意见书和命令形式认定《印第安纳州商业公司法》违反国会在《威廉姆斯法案》中确立的中立原则,破坏了国会的立法目的,判决该法案无效,支持了原告的请求。[4] 1986 年 4 月 16 日,Getzendanner 法官补充了关于《印第安纳州商业公司法》违反贸易条款的判决理由,并且根据联邦程序法的规定向印第安纳州司法部长证明该州法案的合宪性问题。[5]

被告 CTS 提起上诉,印第安纳州也作为诉讼参加人提起上诉,请求

---

[1] Dynamic Corporation of America v. CTS Corporation, State of Indiana, 794 F. 2d 250, 257 (1986).

[2] Dynamics Corporation of America v. CTS Corporation, et al, 637 F. Supp. 389, 391 (1986).

[3] Dynamics Corporation of America v. CTS Corporation, et al, 637 F. Supp. 389, 391 (1986).

[4] Dynamics Corporation of America v. CTS Corporation, et al, 637 F. Supp. 389, 399 – 400 (1986).

[5] Dynamics Corporation of America v. CTS Corporation, et al, 637 F. Supp. 389, 400 – 406 (1986).

法院推翻初审判决。美国联邦第七巡回法院波斯纳法官撰写了上诉审判决书,在该判决书中解决了初审法院未及解决的 CTS 公司的“毒丸计划”是否违反印第安纳州法的问题,Dynamics 的收购行为是否会触犯《克莱顿法》的问题,以及地区法院未及时向印第安纳州司法部长证明该州法的合宪性是否会影响初审判决效力的问题,最后仍然以《印第安纳州商业公司法》“控制股份收购”一章违反联邦宪法至上条款和贸易条款为由认定其无效,维持初审判决。[1]

CTS 和印第安纳州分别上诉到美国联邦最高法院,联邦最高法院将两个案件合并审理,最终做出推翻原判的决定。[2]

三、初审与上诉审意见

1. 初审意见

地区法院法官 Susan Getzendanner 以违反至上条款和贸易条款为由判决《印第安纳州商业公司法》“控制股份收购”一章的规定违宪。这一判决与迈特案中怀特法官的判决如出一辙,但是其中针对新的反收购立法模式又有新的见解,值得做一分析。

(1)违反至上条款

就违反至上条款而言,Getzendanner 法官同样将争议的焦点限定在印第安纳州控制股份收购法案是否让《威廉姆斯法案》的目的无法实现的问题上。Getzendanner 法官首先回顾了《威廉姆斯法案》的立法目的和立法内容,指出该法案的基本目的是通过让收购要约人和现任管理层都完整地陈述自己的主张,让投资者获得充分的信息,从而做出自己的决定,促进公司控制权争夺中股东的民主。国会采取了“中立”的政策,避免管理层和要约人任何一方在投资者面前拥有更多的优势。因为国会确信,收

---

〔1〕 Dynamics Corporation of America v. CTS Corporation; State of Indiana, 794 F.2d 250 (1986).

〔2〕 CTS Corp. v. Dynamics Corporation of America, 481 U.S. 69 (1986). Together with No. 86 – 97, Indiana v. Dynamics Corporation of America.

购要约是对现任管理层效率的一种检验，它通过特定公司股份的竞争性出价让股东得以获得以更高的价格出售自己股份的机会。[1]

Getzendanner 法官注意到迈特案中怀特法官的意见只是多数意见，也注意到鲍威尔法官和 Stevens 法官反对怀特法官关于《伊利诺伊州商业收购法案》违反至上条款的观点，他们认为国会决定采取中立政策并不必然等同于联邦禁止各州对现任管理层提供特殊保护。但是，Getzendanner 法官同时指出：

> 尽管存在上述警告信号，但是自迈特案之后，大多数的法院都认为，在公司控制权争夺中赋予现任管理层不公平的优势的州法与《威廉姆斯法案》相违背，因此是无效的。[See L. P. Acquisition Co. v. Tyson, 772 F. 2d 201, 207 - 09 (6th Cir. 1985); Cardiff Acquisitions, Inc. v. Hatch, 751 F. 2d 906, 912 - 14 (8th Cir. 1984); National City Lines v. LLC Corp., 687 F. 2d 1122 (8th Cir. 1982); Icahn v. Blunt, 612 F. Supp. 1400, 1418 - 1420 (W. D. Mo. 1985). See also MITE Corp. v. Dixon, 633 F. 2d at 495（指出，在 1980 年"大多数法院"都认为州收购立法为管理层提供了拖延这一强有力的武器，破坏了适当地执行《威廉姆斯法案》必不可少的中立性）。]本院似乎没有必要仅仅因为最高法院在这个问题上没有能够达成一致就重新审视所有这些案件，特别是因为 CTS 的律师在它的诉讼文书中多半忽略了迈特案。因此，本院接受这样的既定命题，即各州立法如果违反了《威廉姆斯法案》所设定的中立的平衡，那么就违反了至上条款而无效。

紧接着，Getzendanner 法官参照迈特案上诉审和终审的判决理由对印第安纳州控制股份收购法案进行审查。

---

[1] Dynamics Corporation of America v. CTS Corporation, et al., 637 F. Supp. 389, 395 - 396 (1986).

Getzendanner法官首先援引了与本案争议极为相似的Icahn v. Blunt案。[1]在该案中,接受合宪性审查的是《密苏里州控制股份收购法案》。该法案规定,试图收购20%某公司股份的收购要约人应当向目标公司递交一份“收购人说明书”,后者将有10天的时间召集特别股东会议。会议应在说明书提交之后不早于30天且不晚于50天的期限内举行。该法案要求,在所有发行在外股份的2/3和除利害关系股份之外的所有发行在外股份的2/3表决通过该提议的收购之后,该收购人的控制股份收购才完成。美国密苏里州西部联邦地区法院中部分院(United States District Court for the Western District of Missouri,Central Division)判决指出,该法在三个方面与《威廉姆斯法案》的目的相冲突,因此无效。第一,该法案明令禁止收购要约人直接对股东发出要约,除非他能够获得要求的绝对多数的批准。第二,法案规定的50天的期限让要约人无法在《威廉姆斯法案》规定的最后期限之前完成收购。第三,该法案暗中偏向管理层,因为它让管理层控制会议的时间以及通知股东的方式;它让管理层能够让其批准的控制股份收购成为例外;它规定的全部发行在外股份的三分之二多数批准控制股份收购的机制,会让全部表决权不投票变成对潜在收购的否定表决。[2]概括而言,第一条理由是事前审批,第二条理由是拖延,第三条理由是破坏了《威廉姆斯法案》希望实现的管理层与要约人之间的平衡。

就50天的期限是否造成拖延从而违反《威廉姆斯法案》的目的,或因为有这一规定导致要约人需要在发出收购要约之前的10日到30日向目标公司提交收购人说明书从而构成《威廉姆斯法案》禁止的事前通知的问题,Getzendanner法官指出,关于会议时间的规定也可以理解为禁止管理层在收到召开特别股东会议的请求之后30日内采取行动;而且这一规定也不同于迈特案中所禁止的那种事前通知,因为与迈特案中这一期间只

---

〔1〕 Icahn v. Blunt,612 F. Supp. 1400(W. D. Mo. 1985).

〔2〕 See Dynamics Corporation of America v. CTS Corporation, et al., 637 F. Supp. 389, 397 (1986).

有管理层可以与股东进行交流相比,本案中的要约人可以通过宣布要约并让其保持长时间的开放从而避免单方沟通的情况的发生。[1]因此,虽然 Getzendanner 法官的表态并不明确,但是她似乎并不认为这一 50 天的期限构成拖延和事前通知。

就该法案是否偏向管理层的问题,Getzendanner 法官的答案是肯定的。她指出,虽然法案规定由"非利害关系股东"表决决定收购到的控制股份是否享有表决权,但是这里并不具有完全的中立性。一是法案对控制股份表决权的赋予规定了"非利害关系股东"多数同意的要求,但同时也要求每一个有表决权的选举团单独以多数表决通过,这是双重要求,并未完全排除"利害关系股东"的表决,因此有偏向管理层的可能。二是"利害关系股份"并不包括所有的董事会成员,只有那些同时担任公司高级职员或普通雇员的董事才属于这一范围,因此该法案有允许利害关系股份表决的明显可能。[2]所以,该法案是偏向管理层的。

就该法案对控制股份表决权授予的规定是否直接阻碍控制股份收购的问题,Getzendanner 法官的答案也是肯定的。她认为这两者之间没有本质的区别。被告 CTS 公司主张该法案仅仅规范控制股份表决权,与其他规定公司的重大变化须经股东绝大多数表决同意的条款一样,并不构成对《威廉姆斯法案》的违反。Getzendanner 法官予以了驳斥。她指出:

> 这一主张表面上看有些道理,其实具有误导性。毕竟表决权是所有权的必要组成部分,是购买股票时就一道获得的。通过限制控制权收购中收购要约能够获得的权利,印第安纳州法案剥夺了交易的所有价值,因此实际上相当于直接禁止控制权收购。而且,正如迈特案中关于贸易条款的讨论,"收购要约期待的是股票在股票持有人

---

〔1〕 See Dynamics Corporation of America v. CTS Corporation, et al., 637 F. Supp. 389, 397 - 398(1986).

〔2〕 See Dynamics Corporation of America v. CTS Corporation, et al., 637 F. Supp. 389, 398 (1986).

和第三方之间的交易，其本身并不涉及目标公司的内部事务。”457 U. S. at 645. 这句表述中关于《威廉姆斯法案》的含义已经在 Icahn 案中得到明确地表达。在该案中，地区法院认为将决定购买或者出售的权利“从股东和收购人之间”拿走，并“交给管理层和其他股东”，这就对《威廉姆斯法案》第 13 条造成了直接的违反。612 F. Supp. at 1420. 在这一点上印第安纳法案和密苏里法案之间几乎是没有区别的。[1]

最终，Getzendanner 法官并没有依赖前面的分析，而是从该法案对本案当事人的实际影响出发，判定印第安纳州控制股份收购法案违宪。理由在于，该法案并非仅仅对原告 Dynamics 的要约造成拖延，而是让它彻底无法进行。Getzendanner 法官指出，Dynamics 在 1986 年 3 月 14 日发出要约，打算在 1986 年 4 月 10 日结束，从而能够利用收购到的股份在 4 月 24 日[2]的股东年度会议上与征集到的代理权一起将 CTS 现任董事会全部更换掉。但是，CTS 在 1986 年 3 月 27 日选择受该法约束，而 Dynamics 无法请求一个更早的股东特别会议，这样它将无法在 4 月 24 日的股东年会上行使表决权。从这个意义上说，这些股份对 Dynamics 将失去任何意义。国会希望在收购争夺中保持投资者、管理层和收购要约人之间的平衡，这一政策是从促进股东福利的观点演化而来的。如果印第安纳州法案适用的话，Dynamics 的控制权争夺在还没有开始的时候就已经结束了，这不符合国会的目的。就此而论，印第安纳州法案违宪。

(2)违反贸易条款

Getzendanner 法官在 1986 年 4 月 16 日的补充判决中，认定《印第安纳州商业公司法》“控制股份收购”一章违反了贸易条款。理由有二：第

---

〔1〕 Dynamics Corporation of America v. CTS Corporation, et al., 637 F. Supp. 389, 399 (1986).

〔2〕 这一日期采纳上诉法院和联邦最高法院的表述，初审判决书中载明的 CTS 股东年度会议的时间是 4 月 25 日。

一,该法案直接对州际贸易进行规范;第二,其给州际贸易造成的负担超过了其声称的本州利益。

Getzendanner 法官首先回顾了怀特法官在迈特案中的判决理由,而后引用了两个与该案争议十分相似的案件进行分析。第一个案件是针对《明尼苏达州控制股份收购法案》的 APL Limited Partnership v. Van Dusen 案[1]。在该案中,《明尼苏达州控制股份收购法案》规定,该法案的适用范围是针对根据明尼苏达州法案成立的公司或者主要办事机构设在该州或有 100 万美元资产在该州的公司发出的股份收购要约。法案要求收购人向目标公司股东披露特定的信息,授权股东通过投票表决的方式阻止收购要约的进行。明尼苏达州美国联邦地区法院第四分院(United States District Court for the District of Minnesota, Fourth Division)判决认定该法案因给希望以溢价出售其股份的非本州居民造成的负担超过了其预设的本州利益,因此违反贸易条款。[2]

第二个案件是针对《密苏里州控制股份收购法案》的 Icahn v. Blunt 案。[3]《密苏里州控制股份收购法案》与《明尼苏达州控制股份收购法案》极为相似,它赋予股东阻止要约人对公司 20% 以上股份的收购的权利。密苏里州西部美国联邦地区法院中部分院(United States District Court for the Western District of Missouri, Central Division)认为密苏里州法案违反了贸易条款,理由有三:(1)该法案是一项不被允许的、对非本州居民和财产主张域外管辖权的尝试;(2)其可适用于外州公司,而并不局限于对州内股东的影响,因此是对州际贸易的直接规定;(3)该法案给州际贸易增加的负担超过了其为之服务的本州利益。

相较于上述两个直接阻止收购要约而被判定违宪的法案,印第安纳州控制股份收购法案又有所改进,其特点在于它不再让股东对要约收购

---

[1] See APL Limited Partnership v. Van Dusen, Inc., 622 F. Supp. 1216(D. Minn. 1985).

[2] See Dynamics Corporation of America v. CTS Corporation, et al., 637 F. Supp. 389, 401 (1986).

[3] See Icahn v. Blunt, 612 F. Supp. 1400(W. D. Mo. 1985).

本身进行投票表决,而是让股东决定是否赋予要约收购中获得的控制股份以表决权。被告 CTS 主张,该法案并没有直接规范收购要约,而仅仅是规范股份收购之后股东之间的内部关系;对于控制股份表决权的规定与公司重大变更时要求股东表决权绝大多数批准的公司内部治理规范一样,都是为了保证股东与控制股东之间的公平关系,因此是合法的。

Getzendanner 法官驳斥了这样的观点。她指出:

> 正如我在 1986 年 4 月 9 日指出的,这一主张忽略了一个基本的事实,那就是表决权是与证券一同购买到的所有权益的必不可少的一部分。(See Mem. Op. & Order slip op. at 23.)通过限制收购要约能够在控制权收购中获得的权利,印第安纳州法案阻止了收购要约,因此对州际贸易造成了与完全阻止该交易相同的负担。该法案并不规范控制股份表决权的行使,但是阻止该权利被收购,除非有特别的事件发生。而且,通过规定当要约人没有提前提交收购人说明书时自动回购的特权,该法案进一步规范着州际收购要约。印第安纳州不可能在允许交易进行但剥夺其价值的同时又将对收购要约的规范彻底改变为规范公司内部治理。无论哪种情况,该法案都无可否认地通过限制股票在州际贸易中的出售和购买行为从而"规范着"州际贸易。[1]

Getzendanner 法官进一步指出,该法案的适用范围并不仅限于印第安纳州公司。根据其对"公开发行公司"的定义,只要该公司在印第安纳州有"大量资产",或者有 1000 名印第安纳州居民股东,或者超过 10% 的股东是印第安纳州居民,或者有超过 10% 的股份由印第安纳州居民持有,这些"公开发行公司"就可以适用该法。[2]而且,自 1987 年 6 月 31 日起,该

---

〔1〕 See Dynamics Corporation of America v. CTS Corporation, et al., 637 F. Supp. 389, 402 (1986).

〔2〕 IC 23-1-42-4. 初审判决书中的"10,000 名印第安纳州居民股东"的条件应为笔误。

法将适用于所有打算到印第安纳州进行商业贸易的外州公司。[1]就算该法案只适用于本州公司,执行它的规定也会直接干扰印第安纳州公司中非本州居民股东与非本州要约人之间的交易,因为对股东和可能成为股东的人的规范不同于对公司本身的规范。可见,该法案对外州公司也同样适用,是对州际贸易的直接干预,因此违反了贸易条款。Getzendanner法官没有止步于现有的分析,她明确指出,由于迈特案中关于"直接规范州际贸易"的判决理由仅是最高法院的多数意见,因此她需要继续检视印第安纳州控制股份收购法案是否给州际贸易造成了不适当的负担。

关于各州法案间接规范州际贸易从而对州际贸易造成负担的检验,双方当事人都同意采用 Pike v. Bruce Church, Inc. 案中确立的标准:

> 当该法案为了实现一项合法的本州公共利益公正无偏地进行规范,而且它对州际贸易所产生的影响只是间接的,那么它将得到支持,除非其对该贸易所造成的负担明显超出了其预设的本州利益。如果已经确定了一项合法的本州利益,那么剩下来的问题就仅仅是程度的问题了。而需要承受的该负担的程度就将决定于该本州利益的本质,以及它是否能够以对州际贸易具有更小影响的方式实现。[2]

在迈特案中,怀特法官对这一标准做了进一步的解释,因此这一检测被更准确地表述为衡量地方效益(benefits)而非地方利益(interests)相对于州际负担的比重。据此,Getzendanner 法官对天平两边的"砝码"进行了"称重"。

根据被告 CTS 的主张和此前类似案例的讨论,印第安纳州控制股份收购法案可能代表着该州的以下利益:第一,规范公司内部事务,以促进

---

〔1〕 IC 23-1-17-4.

〔2〕 Pike v. Bruce Church, Inc., 397 U.S. 137, 142(1970).

股东和控制公司重大事务的股东之间的公平关系;第二,保护本州居民股东的利益;第三,保护印第安纳州的商业氛围(business climate)。Getzendanner 法官逐项驳斥了上述主张。

首先,印第安纳州确实具有规范其公司内部事务的合法权益,但是该法案不仅适用于本州公司,而且也适用于外州公司,而外州公司的内部事务并不属于印第安纳州有权规范的范围,因此这一理由不具有合理性。再者,收购要约预期的是股票从股东手中转移给第三方,这一交易本身不属于目标公司的内部事务。虽然 CTS 一再主张,印第安纳州法案是对收购之后公司股份表决权的规范,但是如前所述,表决权是股份固有的组成部分,是股份收购的价值所在,对表决权的规范就是规范股份收购本身。虽然各州可以合法地规范控制股份收购之后公司内部的权利,但是它不能仅仅因为本州利益受到影响就阻止该州之外的贸易获得表决权。更何况,公司法中已经有了关于控制股东信义义务的规定,且在类似的公司控制权从一个多数集团向另一个多数集团的转移中法律并不要求得到多数股东的批准,因此这一规定的设置理由并没有说服力。总之,印第安纳州法案通过将表决权从新控制股份中剥离出来直到多数"非利害关系"股东批准的做法,明显干扰了州际的公司控制权市场,限制了可以在该市场中转移的权利,而这一负担又无法从其声称的本州利益中获得合理性,因此违反了贸易条款。[1]

其次,印第安纳州具有保护本州居民股东的合法权益的义务,但是该法案的效力并不局限于本州股东。如前所述,该法可以适用于具有 10% 印第安纳州股东或者有 1000 名股东是印第安纳州居民的"公开发行公司"。在这里有 10% 或者 1000 名本州股东受到保护,但是却要对涉及居住在印第安纳州之外 90% 的受影响股东交易进行实质性的干预。而实际上印第安纳州可以通过不影响这些交易来达到保护本州股东的目的,因

[1] See Dynamics Corporation of America v. CTS Corporation, et al, 637 F. Supp. 389, 404 - 405(1986).

此该法案对州际贸易的影响超出了保护印第安纳州居民的必要限度。而且,同迈特案中所指出的问题相似,这是以阻止收购要约为代价在保护股东。而事实上各州已经有针对多数股东不端行为的规制措施,联邦和各州也都给予公司管理层针对收购要约采取合理的防御措施的权利。因此,保护本州股东利益并不足以为印第安纳州法案给州际贸易造成的负担提供合理的解释。[1]

最后,印第安纳州也有保护本地商业的利益,但是正如前面引用的两个地区法院的判例所言,一个拥有一家本州公司 20% 表决权股份的人不可能破坏该州的商业氛围。更何况,管理层也可能对本州商业造成不利的影响,但是该州却并未对之加以规制。因此,这一理由是不能成立的。[2]

2. 上诉审意见

联邦第七巡回上诉法院法官波斯纳撰写了法庭意见。在该上诉审中,需要解决的主要争议有:(1)CTS 采用的"毒丸"计划是否符合印第安纳州法律;(2)印第安纳州控制股份收购法案是否违反联邦宪法至上条款和贸易条款;(3)该收购计划是否存在违反《克莱顿法》的潜在可能;(4)Dyanmics 在收购要约中的披露是否充分,等等。由于本章的内容主要是围绕各州反收购立法的合宪性问题或者联邦与州的分权问题展开,因此这里主要集中分析联邦第七巡回上诉法院关于印第安纳州法案合宪性问题的分析。

波斯纳法官首先分析了《印第安纳州商业公司法》"控制股份收购"一章的主要内容,然后回顾了迈特案及其他判决确立的先例,之后即围绕《威廉姆斯法案》的立法目的是否被破坏的问题展开分析。他首先表明自己的立场。

---

〔1〕 See Dynamics Corporation of America v. CTS Corporation, et al, 637 F. Supp. 389, 405 (1986).

〔2〕 See Dynamics Corporation of America v. CTS Corporation, et al, 637 F. Supp. 389, 405 – 406(1986).

通常当国会为惩罚某些如垄断或者失实陈述等可能不公平或不正义的行为而颁布法令时,各州可以增加自己的处罚规定。(See id. at 1037.)如果正如一份有力的评论文章所指出的,[see, e. g., Fischel, Efficient Capital Market Theory, the Market for Corporate Control, and the Regulation of Cash Tender Offers, 57 Tex. L. Rev. 1 (1978)]《威廉姆斯法案》是一项反收购立法,它认为敌意收购是不好的,那么人们很难认定该法案禁止各州再制定更为严厉的反收购法案。[See Note, Securities Law and the Constitution: State Tender Offer Statutes Reconsidered, 88 Yale L. J. 510, 512 - 25(1979)]如果法案的意图能够从其效果中推论出来的话,那么《威廉姆斯法案》的反收购立法的特质就会得到加强。[See Jarrell & Bradley, The Economic Effects of Federal and State Regulations of Cash Tender Offers, 23 J. Law & Econ. 371(1980)]但是,我们和迈特案中联邦最高法院的多数都认为,最终成形的《威廉姆斯法案》走过了国会迷宫一样的立法历程,支持了应运而生的敌意收购,且其议案中最初的"刺"也被收敛了。人们已经意识到收购要约在规范公司管理层,将公司资产转移到能最好地管理它的人手中的重要性,且立法者的关注点缩小到确保目标公司的股东能够获得足够的信息以便做出明智的决定。最终产生的议案仅仅只是要求提交一份关于其意图的公开声明并给予股东足够的时间去消化这些信息以及管理层可能提供的相反的信息。虽然这一平衡最终可能会发生倾斜——有时还会倾斜得特别厉害——而有利于目标管理层,但这与国会本不想各州进一步让天平发生倾斜的意图是不相违背的。

当然,从认为《威廉姆斯法案》本身对要约收购没有表现出很多的恶意到认为它默示地(implicitly)禁止各州采取更具敌意的规范是一个巨大的跳跃,但是联邦最高法院的多数和我们在迈特案中都这么做了,且自那之后每一个法院在考虑这个问题时都是如此。原因在于,国会在《威廉姆斯法案》中(如同在联邦劳动法中一样)在收购的竞争双方之间保持了一种微妙的平衡,且希望这个平衡有意义而不被各州破坏。在立法史中有一些内容支持这一观点,尤其是众议院的报告中提到"本议案避免这一规范的天平向管理层或者向要约人中的任何一方倾斜"。[H. R. Rep. No. 1711,90th Cong. ,2d Sess. 4 (1968)]无可否认的是,如果这句话的重点被加在前两个字上面(指 the bill),那么它对有关允许州规范的范围的政策并没有表达太多。但是对于任何怀疑《威廉姆斯法案》的预先排除效力的观点,我们的回答是:作为一个初始的问题(an original matter)它已经为先例所确认了。参见 Schreiber v. Burlington Northern, Inc. , 472 U. S. 1, 105 S. Ct. 2458, 2463, 86 L. Ed. 2d 1 (1985), and Piper v. Chris-Craft Industries, Inc. ,430 U. S. 1,29,51 L. Ed. 2d 124,97 S. Ct. 926(1977),以及我们前面引用过的其他判例。[1]

很明显,第七巡回法院同地区法院对适用至上条款的态度是一致的,两者都选择遵从先例。而在印第安纳州法案是否违反至上条款的问题上,波斯纳法官的答案是肯定的。他认为,印第安纳州法案同伊利诺伊州法案之间仅是程度的差异,"印第安纳州法案是一项致死因子,而伊利诺伊州法案有两项或者三项致死因子,但这并不重要"。《威廉姆斯法案》中规定的大约 1 个月的时间表明,国会认为收购要约持续这么长时间已经足够了,那么 50 天的期限就太长了,而按照印第安纳州法案的规定,如果目标公司愿意的话,它可以选择更长的期限。[2]但是,波斯纳法官表达的语气明显不够坚决,因此他又继续检视印第安纳州法案是否违反贸易条款的问题。这可能与迈特案判决中怀特法官关于伊利诺伊州法案违反至上条款的判决理由没有得到大多数支持有关。

---

[1] Dynamics Corporation of America v. CTS Corporation, State of Indiana, 794 F. 2d 250, 262 (1986).

[2] See Dynamics Corporation of America v. CTS Corporation, State of Indiana, 794 F. 2d 250, 262 - 263(1986).

在至上条款与贸易条款的关系问题上,波斯纳法官费了一些笔墨。他指出:"印第安纳州法案是否符合贸易条款的问题具有双重学理性:如果该法案由于至上条款的原因不得适用,那么无论它是否因违反贸易条款而不得适用就无关紧要了;只有在国会没有做出相关规定的时候贸易条款才能够成为独立的禁止理由。"[1]贸易条款一直被解释为赋予法院在各州立法与该条假定的维护全国统一市场的目的相冲突时撤销该法的权力;如果国会并未表示这样的意思,那么司法机关也可以设想国会一旦做出这样的规定,那么"休眠的"(dormant)贸易条款就会触发,法院的任务就是执行国会的立法。国会通过颁布《威廉姆斯法案》已经就公司控制权的州际贸易做出了规定,国会对于各州反收购立法的态度就是法院执行的依据。但是自迈特案之后,法院已经将至上条款和贸易条款的问题分开了,"贸易条款已经被假定为除《威廉姆斯法案》之外的一项独立的力量(independent force)"。[2]可见,《威廉姆斯法案》的立法意图已经不重要了,关键还是需要审查印第安纳州法案给州际贸易造成的负担是否合理。

紧接着,波斯纳法官分析了印第安纳州法案带来的利益和负担。在波斯纳法官看来,"贸易条款被解释为限制各州为其他州居民设置负担的权力";但这一限制权力不是绝对的,它只有在州法对州际贸易的负担明显超过了其预设的本州利益时才能够被行使。[3]他态度鲜明地指出,印第安纳州法案剥夺了其他州居民以溢价出售股份的机会,却并非为了谋求其声称的本州居民的利益:

> ……我们并不需要知道 Dyanmics 和 CTS 的股东的地理分布情

---

〔1〕 Dynamics Corporation of America v. CTS Corporation, State of Indiana, 794 F. 2d 250, 263 (1986).

〔2〕 See Dynamics Corporation of America v. CTS Corporation, State of Indiana, 794 F. 2d 250, 263 (1986).

〔3〕 See Dynamics Corporation of America v. CTS Corporation, State of Indiana, 794 F. 2d 250, 263 (1986).

况,但是我们知道 CTS 需要有一小部分股东居住在印第安纳州从而使其能够利用印第安纳法案的优势,而且我们可以推断 CTS 公司和 Dynamics 的大多数股东都是非印第安纳州居民。该法案对 Dynamics 与 CTS 的股东进行贸易的能力造成了严重的损害。印第安纳州无权保护康尼狄格州的居民不被驱使着蜂拥地以 43 美元的价格向 Dynamics 出售其股份。(See Edgar v. MITE Corp. , supra, 457 U. S. at 642 – 43.)与州的蓝天法不同,印第安纳州法案是有计划地在阻止其他州居民之间的交易。为了本州居民的琐碎的,甚至是负面的利益,印第安纳州正在剥夺其他州居民接受收购要约的有价值的机会。

是否会有数量可观的印第安纳州股东或者其他印第安纳州居民将会从该法案受益,这是值得怀疑的;本案中唯一可能受益的是 CTS 的高管和董事,而他们中的一些人甚至都不是印第安州居民。没有证据表明 Dynamics 收购 CTS 之后将会造成其价值减少或者导致其资产或工作岗位从印第安纳州迁出——而且如果它确实造成了上述转移,那么该法案应当受到进一步的谴责而非保护。但是一项反收购立法如果阻止公司资产的转移是否就易于受到贸易条款的挑战呢,如果它阻止重要的公司控制权的贸易的话它确实很容易受到攻击。即使公司的有形资产是不可移动的,但是对他们的利用效率以及它们所产生的收益在管理层和股东之间的分配比例都是基于控制权市场——一个州际的、实际上是国际的市场,而这一市场是印第安纳州无权选择退出的,而事实上该法案的效果却是如此。(See id. at 643.)[1]

波斯纳法官还否定了印第安纳州关于该立法得到内部事务原则保护

[1] Dynamics Corporation of America v. CTS Corporation, State of Indiana, 794 F. 2d 250, 263 – 264(1986).

的主张。他指出,印第安纳州确实有规范本州公司内部事务的权力,即使这些规定的结果是使收购印第安纳州公司变得非常困难,例如累积投票制就会让争夺者很难一次清除所有的现任董事;但是这并不意味着印第安纳州规范公司内部事务的任何法律都不受贸易条款的审查。印第安纳州法案"对州际证券和公司控制权市场的影响是直接、故意和实质性的;它不仅仅是一项(对州际贸易)具有偶然影响的、规范公司内部治理问题的普通规定。争议中的法案是一项明确规范收购要约的法案;它规范的模式涉及对表决权的阻止,无法逃脱贸易条款的司法审查。"[1]

据此,上诉法院维持了地区法院的判决。

从以上分析可知,自迈特案之后,美国联邦地区法院和上诉法院都基本遵从着怀特法官的判决意见,从"至上条款"和贸易条款两个角度审查各州的反收购立法,而且通常都会得出类似的结论,即州法案违反至上条款和贸易条款,其中该法案给州际贸易造成的负担超过了其声称的本州利益这一理由通常最有力,与联邦最高法院在迈特案中的判决如出一辙。

四、鲍威尔法官的判决

鲍威尔法官代表联邦最高法院撰写了判决书,这份判决书共四个部分,第一部分是案件事实部分,鲍威尔法官介绍了《印第安纳州商业公司法》"控制股份收购"一章的主要内容并回顾了上诉审中波斯纳法官的判决意见;第二部分是对关于该州法案是否被《威廉姆斯法案》预先排除的问题的分析;第三部分是对该州法案是否违反贸易条款的分析;第四部分是法院判决。鲍威尔法官的判决书得到了首席大法官 Rehnquist,大法官 Brennan、Marshall 和 O'Conner 的支持,成为大多数意见。Scalia 法官对该判决书的第一部分,第三部分的前两点理由表示认同。另有三位法官怀特、Blackman 和 Stevens 表示反对。

---

〔1〕 See Dynamics Corporation of America v. CTS Corporation, State of Indiana, 794 F. 2d 250, 264(1986).

鲍威尔法官对上诉法院的两项判决理由分别进行了审查，并得出了相反的结论。

1. 对印第安纳州法案违反至上条款的批判

鲍威尔法官首先分析印第安纳州法案违反至上条款的理由。他一开始就重申预先排除原则的审查标准，接着回顾了《威廉姆斯法案》的主要内容和迈特案的判决理由，然后分析印第安纳州法案是否让《威廉姆斯法案》的目的无法实现的问题。鲍威尔法官从两个方面论证了印第安纳州法案的合宪性。

(1)印第安纳州法案符合《威廉姆斯法案》的立法目的。因为，它进一步推进了《威廉姆斯法案》的股东保护政策，且能够满足迈特案中多数意见认可的审查标准。

第一，印第安纳州法案是对《威廉姆斯法案》保护投资者目的的进一步推进。《威廉姆斯法案》的目的是保护投资者免受收购要约中竞争性双方的侵害，而印第安纳州法案贯彻的正是这一政策。鲍威尔法官分析到：

> 印第安纳州法案是在以下假设基础上进行的，即单个股东在面对收购要约时通常都处于劣势，这一假设是暗含在威廉姆斯法案中的。通过允许这些股东集体投票，该法案保护他们不受某些收购要约的胁迫。例如，如果股东们相信一个成功的收购要约之后会紧跟着一个以低价收购未预售股份的挤出行动，那么单个股东可能会预售他们的股份——即使他们对该收购要约是否符合公司的最大利益表示怀疑——从而让自己不至于被迫以低价出售自己的股份。正如SEC解释的："作为另一种选择的不预售股份只是一种虚拟的保证，如果该要约成功了，那么这些股份就会被迫以低价出售，作为第二步。"[Two-Tier Tender Offer Pricing and Non-Tender Offer Purchase Programs, SEC Exchange Act Rel. No. 21079 (June 21, 1984), (1984 Transfer Binder) CCH Fed. Sec. L. Rep. para. 83, 637, p. 86, 916 (hereinafter SEC Release No. 21079). See Lowenstein, Pruning

Deadwood in Hostile Takeovers:A Proposal for Legislation,83 Colum. L. Rev. 249,307 –309(1983)]按照印第安纳州法案的规定,遇到这种情况,股东可以作为一个集团,代表公司的最大利益,拒绝该要约,虽然单个的股东可能会倾向于接受它。印第安纳州立法机构通过这种方式保护印第安纳州公司股东的意愿与威廉姆斯法案并不冲突。相反,它为投资者保护政策提供了更进一步的推进。[1]

因此,鲍威尔法官认为,印第安纳州法案在保护投资者方面比《威廉姆斯法案》采取了更为严格的保护措施,这不仅没有破坏《威廉姆斯法案》的立法目的,而且是对国会意图的进一步推进。

第二,印第安纳州法案完全符合迈特案中确立的至上条款的审查标准。鲍威尔法官在这一点上首先明确,怀特法官在迈特案中的意见仅是多数意见,并没有拘束力。但是他在本案中并无意于对之进行复审,因为"印第安纳州法案无疑能够通过怀特法官在迈特案中对《威廉姆斯法案》所做的最为宽泛的解释"。[2]印第安纳州法案避免了迈特案中伊利诺伊州法案的所有问题,它没有给收购要约方和管理层任何一方与股东沟通的相对优势;没有给收购要约设置不确定期限的拖延,也没有在联邦法律规定的最初的 20 个工作日禁止要约人完善其收购要约;更没有授权州政府审核要约的公平性。因此,即使是按照迈特案中至上条款的审查标准来看,印第安纳州法案也是合宪的。

(2)印第安纳州法案没有造成要约的不合理拖延,因此并没有被《威廉姆斯法案》排除。而且各州早已存在如累积投票制等会阻碍收购者一次性获得公司控制权的制度,如果国会有意禁止的话,这些制度应该早就不存在了。

第一,印第安纳州法案规定的 50 日期限与《威廉姆斯法案》规定的

---

〔1〕 CTS Corp. v. Dynamics Corporation of America,481 U. S. 69,82 –83(1986).

〔2〕 See CTS Corp. v. Dynamics Corporation of America,481 U. S. 69,82(1986).

20日期限并不冲突。印第安纳州法案规定的举行特别股东会议的50日期限被认为是对要约的拖延,理由是如果要约人无法确信他们能够获得表决权的话,那么他们就不会购买股票,这就导致要约人不得不等到特别股东会议之后才能够进行购买。但事实上,该法案并没有一概造成收购要约被拖延50日。如果收购人担心股东会做出不授予其表决权的决定,那么他可以进行有条件的收购,即只接受那些在一定期限内被授予表决权的股份。而这是《威廉姆斯法案》所允许的。[1]

第二,印第安纳州法案符合迈特案中关于拖延的审查。鲍威尔法官指出,即使假定印第安纳州法案确实造成了额外的拖延,这种拖延也不是迈特案中确认的违反《威廉姆斯法案》的不合理的拖延。迈特案的多数意见认为,要约人应当自由地进行收购而不受不合理的拖延。伊利诺伊州法案对要约造成了无确定期限的拖延,而其又无法为之提供合理的解释。但印第安纳州法案则不同,它规定的期限是明确的,它要求股东在50日内授予控制股份完全的表决权——如果这一结果最终发生的话。鲍威尔法官认为,这一期限在国会确立的股东可以收回其股份的60日期限之内,因此不能说它不合理。[2]

第三,累积投票制等会导致拖延要约的制度的存在表明,国会无意于排除印第安纳州法案。鲍威尔法官指出:

> 如果将威廉姆斯法案解释为预先排除所有可能限制或者拖延成功的要约人自由行使权力的州法,那么将会有很多迄今为止毫无疑问合法的州法被排除。州公司法通常允许公司采取交错董事任期制。[See Model Business Corp. Act § 37(1969 draft) in 3 Model Business Corp. Act Ann. (2d ed. 1971)(hereinafter MBCA); American Bar Foundation, Revised Model Business Corp. Act § 8.06(1984 draft)

[1] See CTS Corp. v. Dynamics Corporation of America, 481 U. S. 69, 84 – 85(1986).

[2] See CTS Corp. v. Dynamics Corporation of America, 481 U. S. 69, 85(1986).

(1985)(hereinafter RMBCA)]通过交错董事任期的方法,公司每年仅更换一部分董事,这样公司就可以拖延一个成功的收购人取得董事会控制权的时间。类似地,州法通常还规定了累积投票制。[See 1 MBCA § 33,para. 4;RMBCA § 7. 28.)通过保证少数股东在各层级的董事中都有自己的代表,累积投票制能够更好地阻止要约人获得对目标公司事务的控制权。[See Hochman & Folger, Deflecting Takeovers: Charter and By-Law Techniques, 34 Bus. Law. 537, 538 - 539(1979)][1]

在该案审理之时,美国除阿肯色州和加利福尼亚州之外,其他州都规定了董事交错任期制度。可见,各州对这一领域的规制是长期而普遍的。如果国会有意排除所有通过拖延要约收购之后获得控制权的州法,那么它肯定早就明确表态了。因此,因印第安纳州法案会对收购要约造成拖延就认为它已经被《威廉姆斯法案》排除,这一推论是不充分的。[2]

2. 对印第安纳州法案违反贸易条款的驳斥

鲍威尔法官从四个方面论证了印第安纳州法案并不违反贸易条款。

首先,印第安纳州法案没有歧视州际贸易。联邦最高法院在多个判例中确立了贸易条款的静态审查标准,即各州歧视州际贸易的法律违宪。印第安纳州法案对要约收购人一视同仁,并没有歧视非印第安纳州居民收购人,其对州际贸易和本州贸易的效果是一样的。虽然实践中收购要约人以外州居多,但是"一项州的立法在事实上造成州际公司更多的负担并不意味着它本身是歧视州际贸易的",这已经为先例所确认。因此,既然印第安纳州法案并没有给外州要约人设置比本州要约人更多的负担,那么它就不应当被认定为违宪。[3]

其次,印第安纳州法案不会造成法律冲突。联邦最高法院的判例认

---

[1] CTS Corp. v. Dynamics Corporation of America, 481 U. S. 69, 85 - 86(1986).

[2] See CTS Corp. v. Dynamics Corporation of America, 481 U. S. 69, 86 - 87(1986).

[3] See CTS Corp. v. Dynamics Corporation of America, 481 U. S. 69, 87 - 88(1986).

定那些因为对行为的规定不一致而对州际贸易造成不利影响的州法无效。鲍威尔法官指出:“没有比各州更有权调整本州公司根深蒂固的公司法原则和实践了,这一权力包括定义股东表决权的权力。”[1]印第安纳州对本州公司股东表决权内容的规定不会造成各州之间的冲突,因此不会对州际贸易造成不利影响。

再次,各州规范本州公司内部治理问题是其合法的权力。

精通公司法的鲍威尔法官从公司是各州法律的创造物的角度有力地驳斥了上诉法院因为州法对要约收购具有潜在的阻碍作用就认定其违宪的观点。“我们认为,上诉法院并没有充分尊重这样一个事实,即贸易条款的分析对象——各州对公司治理的规范,是对一些其存在和属性都是各州法律之产物的实体的规范。”[2]鲍威尔法官引用了马歇尔大法官在1819年对公司所做的经典阐述来说明这一早已被接受的事实:

> 公司是一个拟制的存在,它看不见,摸不着,仅存在于法律的构想之中。作为一个法律的创造,它仅仅拥有设立它的章程所赋予它的财产,这些财产有的是明确给予的,有的是因其存在而附带获得的。这些被认为是为实现其创设之目标而精心计算得出的。[3]

接着,鲍威尔法官指出:

> ……这个国家的每一个州都颁布了规范公司治理的法律。由于禁止某些交易或者规范其他事项,这些法律必然会影响到州际贸易。由于公司股东中有非本州居民,在这一意义上讲这种影响是必然的。在州证券交易所或者地区性的证券交易所上市交易的大公司更是拥有许多州的股东,且其股票交易非常频繁。这些为本州和州际居民

---

[1] CTS Corp. v. Dynamics Corporation of America,481 U. S. 69,89(1986).

[2] CTS Corp. v. Dynamics Corporation of America,481 U. S. 69,89(1986).

[3] Trustees of Dartmouth Coll. v. Woodward,17 U. S. 518,636(1819).

> 参与公司所有权提供便利的市场不仅对于新设立的公司获得资本,而且对于已有公司扩大经营都具有至关重要的作用。这一有利的自由市场存在的最关键的基础在于公司(除极少数的特例)是根据单一的管辖权设立和运作的,这一单一的管辖权通常即公司设立州的公司法。[1]

曾经长期从事公司兼并收购法律业务的鲍威尔法官接着讲到,各州的监管法律可能会影响公司的很多交易,并购是其中比较典型的一例。由于并购可能给公司股东带来实质性的影响,很多州都要求公司并购必须经绝大多数股东表决同意。通过对并购做出比其他交易要求的表决权数更高的规定,各州让公司并购变得更加困难。通过要求公司回购异议股东的股份,各州法律也会抑制公司从事某些特定的交易。"在这个国家,各州创设公司、设置它们的权力、定义那些购买其股份的股东的权利,这都已经是人们接受的商业事实。促进公司中各主体之间关系的稳定并保证股东对公司事务的发言权对各州而言是有利的。"[2]

而在要约收购的情况下,管理层的更换对公司股东的利益会造成重大的影响。而且美国证券交易委员会的报告也指出,要约收购可能具有强迫性。在这种情况下,各州通过立法赋予股东集体判断收购要约利弊的权利对他们而言非常重要。虽然这里面会有外州股东存在,鲍威尔法官也认可印第安纳州不保护外州股东的利益,但是仅仅因为这样就否定印第安纳本州公司股东获得表决自治权的利益是不合适的。"印第安纳州对于防止公司成为不公平交易的庇护所具有实质性的利益。更何况,与伊利诺伊州法案不同的是,印第安纳州法案只适用于拥有大量本州股东的公司。[See Ind. Code §23-1-42-4(a)(3)(Supp. 1986)]因此,印第安纳州该法案的任何一次适用都将对本州很多居民产生影响,而印

[1] CTS Corp. v. Dynamics Corporation of America, 481 U. S. 69, 89-90(1986).

[2] CTS Corp. v. Dynamics Corporation of America, 481 U. S. 69, 91(1986).

第安纳州无疑对他们具有保护的利益。”[1]

最后，即使印第安纳州法案减少了收购要约成功的概率，这也并不足以构成违反贸易条款的理由。鲍威尔法官此前已经分析了各州规范公司内部事务的法案可能对州际贸易造成的影响，但没有证据表明印第安纳州法案会限制要约收购成功的数量。即使如此，这一影响也不会构成对贸易条款的违反。因为该法案并不禁止任何机构——无论是本州居民还是外州居民向印第安纳州公司发出收购要约，购买其股份或者其他试图获取控制权的行为。该法案的规定只不过是对收购要约做出了一些程序性的规定，以便更好地保护公司股东。证券交易市场上交易的商品其特性都是由各州法律所定义的。在“公司控制权市场”上交易的这一特定商品——公司——其产生和特质也是由州法规定的。印第安纳州做到了对本州和外州居民同等对待就可以了，他的规定不必与其他州相同。在这一前提下，即使该法可能导致对印第安纳州公司要约收购成功概率的下降，这也并不违反贸易条款。[2]

第三节　公司控制权市场理论在联邦最高法院的应用与废弃

1982 年 6 月 23 日，由怀特法官撰写的美国联邦最高法院迈特案的判决书明确表达了现金收购要约对公司现任管理层具有激励作用的观点。这表明联邦最高法院接受了公司控制权市场能激励管理层更好地履行职责从而让公司股票价格保持较高水平的理论。[3]这一部分内容出现在怀特法官撰写的判决书的第五部分第二点中，而这一点的内容又正好是该判决得以成立的关键理由。它讨论的是伊利诺伊州商业公司法案给州际贸易造成过重的负担，超出了该立法所预设的本州利益，因此违反了贸易

〔1〕 CTS Corp. v. Dynamics Corporation of America, 481 U. S. 69, 93(1986).

〔2〕 See CTS Corp. v. Dynamics Corporation of America, 481 U. S. 69, 93 - 94(1986).

〔3〕 See Edgar v. Mite Corp. et al., 457 U. S. 624, 643 - 644(1982).

条款。公司控制权市场理论的援引是为了说明伊利诺伊州商业公司法破坏了收购要约给管理层带来的激励作用，而这里的激励作用是州际贸易的有益成效。如果各州声称的本州利益没有超过这一激励作用，那么其反收购立法就违反了贸易条款。

同时，怀特法官还引用了美国参议院第 550 号报告，证明《威廉姆斯法案》也认可这一激励作用，这也是该法确立中立立场的重要原因。各州不得违背《威廉姆斯法案》的立法目的，也就是说，各州不得过度破坏公司控制权市场对现任管理层的激励作用，否则即违反至上条款。[1]虽然违反至上条款不是迈特案确立的判决理由，但是由于下级法院大多进行援引，所以它也具有了一定程度的约束力。

由此可知，公司控制权市场理论通过联邦最高法院的判决具有了一定的拘束力，它通过贸易条款和至上条款在审查各州反收购立法的案件中发挥作用。之后，在联邦法院起诉的收购人往往试图通过该理论来为自己的收购行为寻找合理性，联邦法院的法官也将这一理论作为其判决的依据。例如，CTS 案初审判决中，Getzendanner 法官的两项判决理由都以公司控制权市场理论作为支撑。[2]该案上诉审时，Posner 法官的观点也是一样的。[3]而且，从这两份判决书中引用的其他判决可知，大多数联邦法院在迈特案之后几乎都是这么做的。

一、公司控制权市场理论在联邦最高法院的传播

怀特法官在迈特案判决中运用的公司控制权市场理论除了国会的报告之外，还主要来自他引用的两篇论文。一篇是丹尼尔·R. 费希尔于 1978 年 12 月发表在《得克萨斯州法律评论》第 57 卷第 1 期上的《资本市

---

〔1〕 See Edgar v. Mite Corp. et al. ,457 U. S. 624,633 – 634(1982).

〔2〕 See Dynamics Corporation of America v. CTS Corporation, et al. ,637 F. Supp. 389,395 – 396,404 – 405(1986).

〔3〕 See Dynamics Corporation of America v. CTS Corporation, State of Indiana,794 F. 2d 250, 263 – 264(1986).

场效率理论、公司控制权市场和现金收购要约监管》(“Efficient Capital Market Theory, the Market for Corporate Control, and the Regulation of Cash Tender Offers”)[1]。另一篇是弗兰克·H. 伊斯特布鲁克和费希尔共同发表在1981年4月《哈佛法律评论》(*Harvard Law Review*)第94卷第6期上的《目标管理层在应对要约收购时的恰当角色》(“The Proper Role of a Target's Management in Responding to a Tender Offer”)[2]。这两篇论文的作者费希尔和伊斯特布鲁克同为芝加哥大学法学教授,同样毕业于芝加哥大学法学院,他们合作的成果除了这篇论文之外,还有1991年出版的著名的法经济学著作《公司法的经济结构》(*The Economic Structure of Corporate Law*)一书。[3]

费希尔于1972年毕业于康奈尔大学,1974年在布朗大学(Brown University)获得美国史硕士学位。1977年,他以优异的成绩从芝加哥大学法学院毕业,取得博士学位。他是《芝加哥大学法律评论》的评论编辑,并被选入“法学院优等生协会”(the Order of the Coif)。[4]他毕业之后,担任美国第七巡回上诉法院首席法官托马斯·E. 费尔柴尔德(Thomas E. Fairchild)的助理,之后又担任美国联邦最高法院大法官波特·斯图尔特(Potter Stewart)的助理。1980年,他成为西北大学法学院的一名法学教授。1982学年至1983学年,他在芝加哥大学法学院担任访问教授,1984年1月之后一直在该院担任教职,于1999年至2001年担任法院院长。[5]

---

[1] See Daniel R. Fischel, *Efficient Capital Market Theory, the Market for Corporate Control, and the Regulation of Cash Tender Offers*, Texas Law Review, Vol. 57, 1978, p. 1.

[2] See Frank H. Easterbrook & Daniel R. Fischel, *The Proper Role of a Target's Management in Responding to a Tender Offer*, Harvard Law Review, Vol. 94, 1981, p. 1161.

[3] 中译本参见[美]弗兰克·伊斯特布鲁克、[美]丹尼尔·费希尔:《公司法的经济结构》,罗培新、张建伟译,北京大学出版社2014年版。

[4] 法学院优等生协会是一个学术荣誉协会,它的目的是通过培养细心钻研的精神,肯定那些获得优异成绩奖学金的法学专业学生以及表彰那些在自己的学术或业务领域取得卓越成绩的律师、法官和教师来鼓励优质的法学教育。See The Order of the Coif, http://www.orderofthecoif.org/, accessed 2015. 12. 27.

[5] Daniel R. Fischel, http://www.law.uchicago.edu/faculty/fischel/, accessed 2015. 12. 27.

伊斯特布鲁克1970年以优异的成绩毕业于沃斯莫尔学院(Swarthmore College),并入选了美国优等生联谊会(Phi Beta Kappa)。1973年毕业于芝加哥大学法学院。他曾担任《芝加哥大学法律评论》的编辑,也是“法学院优等生协会”的会员。伊斯特布鲁克曾经担任过第一巡回上诉法院法官莱文·H. 坎贝尔(Levin H. Campbell)的助理。他之后加入司法部长办公室,一开始担任司法部长助理,之后成为美国司法部副部长。1979年他回到法学院,被聘为李和布伦达·弗里曼法学教授(Lee and Brena Freeman Professor of Law)。他在1983年曾是SEC收购要约咨询委员会(the SEC's Advisory Committee on Tender Offers)的成员。同年他入选美国法学会。1985年他成为美国第七巡回上诉法院的一名法官。1982年至1991年,他曾是《法与经济杂志》的编辑。1992年他被选入美国文理研究院(the American Academy of Arts and Sciences)。[1]

在这两篇关键的论文中,费希尔和伊斯特布鲁克都赞同并援引了曼尼的公司控制权市场理论。[2]这成为联邦最高法院获知并认可公司控制权市场理论的关键路径。而费希尔担任美国联邦最高法院大法官波特·斯图尔特的法官助理的经历或许是该理论得以通过联邦最高法院获得“拘束力”的关键环节。因为大法官波特·斯图尔特于1958年10月14日至1981年7月3日在任,迈特案的判决法官拜伦·拉蒙德·怀特担任联邦最高法院大法官的时间是1962年4月16日至1993年6月28日。[3]这一重叠的时间段很有可能让怀特接触到费希尔的观点。

---

〔1〕 Frank H. Easterbrook, http://www.law.uchicago.edu/faculty/easterbrook/, accessed 2015. 12. 27.

〔2〕 See Daniel R. Fischel, *Efficient Capital Market Theory, the Market for Corporate Control, and the Regulation of Cash Tender Offers*, Texas Law Review, Vol. 57, 1978, p. 5 note 13; Frank H. Easterbrook & Daniel R. Fischel, *The Proper Role of a Target's Management in Responding to a Tender Offer*, Harvard Law Review, Vol. 94, 1981, p. 1169 note 23.

〔3〕 Members of the Supreme Court of the United States, http://www.supremecourt.gov/about/members.aspx, accessed 2015. 12. 27.

二、鲍威尔的商法思想

虽然迈特案采纳了公司控制权市场理论，但一切都在鲍威尔法官对CTS案的判决中结束了。鲍威尔法官在驳斥印第安纳州反收购立法违反贸易条款时指出，规范公司内部事务是各州固有的权力，收购要约所具有的强迫性说明印第安纳州反收购立法为股东提供集体决策的机会是必要的。收购要约必然带来效率的理论不一定完全正确：

> 毫无疑问，一些成功的要约收购将带来高效率的管理和必要的多样性等好处。但是我们没有理由假定通过反复收购形成的集团公司就一定会产生更高效的管理，或者就一定更有利于股东。不同作者的冲突的观点——以及国会现在仍然在进行的争论——都反映了这样的事实，即要约收购的类型和作用差别很大。其实，在很多情况下，向股东发出的要约不过就是比此前市场价格更高的一个价格而已。[1]

公司本身就是法律创造的产物，公司控制权市场上交易的商品也理所当然是州法特别设计的。各州对这一商品的定义不必与其他州相同，它只要做到对本州居民和外州居民同等对待就可以了。"宪法并不要求各州遵守任何特定的经济理论。"[2]

1971年8月23日，鲍威尔为其时任美国商会教育委员会(Education Committee of U. S. Chamber of Commerce)主席的好友尤金·B. 西德诺(Eugene B. Sydnor, Jr.)提供了一份名为《美国自由企业制度受到攻击》[3](Attack on American Free Enterprise System)的秘密备忘录。在这份对策咨询建议中，鲍威尔非常严肃地指出美国企业和商会应该通过政治、立

〔1〕 CTS Corp. v. Dynamics Corporation of America, 481 U. S. 69, 92(1986).

〔2〕 CTS Corp. v. Dynamics Corporation of America, 481 U. S. 69, 92(1986).

〔3〕 The Powell Memorandum, http://law2. wlu. edu/powellarchives, August. 25, 2017 accessed.

法、司法、教育、媒体等各种渠道表达自己的诉求,争取自己的利益。

被忽略的政治舞台

“资本主义”国家被大企业所控制着,这至今是马克思主义者的信条。这一信条也一直是左翼人士广泛宣传的内容之一,在美国拥有广泛的追随者。

但是,正如每一位企业经营者所明了的,今天的美国社会,就其对政府的影响力而言,再没有比美国商人、公司或者成千上万的公司股东影响力更小的了……我们可以毫不夸张地说,就立法和政府行为方面的政治影响力而言,美国公司的经营者是不折不扣的“被遗忘者”。

……企业应该吸取教训,就像很久之前劳动者和其他自利组织所做的那样。那就是,要重视政治力量;这种力量需要刻苦培养,而且在必要时需要坚定地、攻击性地使用——不必顾及什么尴尬、不情愿等等现在美国企业所表现出来的这些特征。

虽然商会可能很不愿意,但是它应该考虑在政治舞台上更多地担当更为积极的角色。

法院中被忽略的机会

美国企业受到来自法院的影响不亚于立法机构和政府部门的影响。在我们的宪法体系下,特别是存在一个具有激进思想的联邦最高法院的情况下,司法系统可能是社会、经济和政治变化的最为重要的工具。

……

相对于学者和新闻发言人,商业可能更需要一位能力出众的律师。在特殊情况下,它可以授权全国知名的律师作为法庭之友(counsel amicus)出席并参与最高法院的案件庭审。

这份秘密建议后来被公之于众,并被命名为《鲍威尔备忘录》。就在这份备忘录写成一个多月之后,鲍威尔被任命为联邦最高法院大法官。

他之后所做的很多判决都可以从这份备忘录中找到先兆。1977 年,鲍威尔法官在波士顿第一国家银行诉贝洛蒂案[1]中宣称,公司通过独立支出对选举的影响应当得到与个人政治言论相同力度的保护。这份备忘录被认为是美国新自由主义思潮的起源。也正是鲍威尔的这一思想决定了美国反收购立法的命运。

三、第一部州反收购立法的缔造者

20 世纪 60 年代,美国的并购浪潮在弗吉尼亚州显露它的威胁。一家名叫 Tennceco 的伊利诺伊州公司宣称将收购弗吉尼亚州最大的制造企业纽波特纽斯造船公司(Newport News Shipbuilding)。后者是美国海军航空母舰的唯一设计、制造和燃料供应者,也是美国海军潜艇的两家供应商之一,其对弗吉尼亚州的意义可谓非同一般。

纽波特纽斯造船公司向当时的公司法知名律师鲍威尔寻求帮助,鲍威尔开始积极活动,推动弗吉尼亚州颁布反收购立法。鲍威尔首先与他的团队伙伴乔・卡特(Joe Carter)一起起草了法律草案,而后通过他长期支持的参议院议员爱德华・E. 莱恩(Edward E. Lane)向弗吉尼亚州议会提交议案。莱恩在议会成功地领导了议案的讨论,并让其获得通过。在这一过程中,卡特与纽波特纽斯造船公司的法律顾问库迪・霍尔特(Cootie Holt)一起寻求议员们对该公司的帮助。鲍威尔则拜访了他支持的另一位重要官员,弗吉尼亚州总检察长罗伯特・Y. 巴顿(Robert Y. Button),并且积极参加参议院与众议院的立法活动。之后,鲍威尔又成功说服州长米尔斯・戈德温(Mills Godwin)签署了该法案。[2]就弗吉

---

[1] See First National Bank of Boston v. Bellotti,435 U. S. 765(1977).

[2] See Letters from Lewis F. Powell,Jr. ,to Edward E. Lane,Robert Y. Button,Joe Carter,Mills Godwin. 转引自 Adam Christopher Pritchard,*Justice Lewis F. Powell,Jr. ,and the Counterrevolution in the Federal Securities Laws*,Duke Law Journal,Vol. 52,No. 5(2003),p. 906 – 907. 虽然鲍威尔在国会取得了胜利,但是纽波特纽斯造船公司很快就放弃了抵抗。1968 年,两家公司合并,管理层相应地进行了调整。1996 年,Tenneco 公司剥离了纽波特纽斯造船公司的业务,让其重新成为一家独立的公司。

尼亚州反收购法案的立法过程而言,鲍威尔可谓美国第一部反收购立法的缔造者。他开创了反收购的先河,其后有三十多个州跟随他的步伐。

小　结

1968 年,弗吉尼亚州在国会颁布《威廉姆斯法案》之前就率先制定了本州的反收购立法。此后,各州为了保护本州公司也都纷纷制定反收购立法。被收购公司在应对收购威胁时往往会通过司法途径寻求本州法律的保护,而收购公司则向联邦法院起诉要求判定州反收购立法违宪。这样的案件频繁发生,直到 1982 年,美国联邦最高法院在迈特案中判定《伊利诺伊州商业收购法案》违反贸易条款而违宪,以事前行政审查和拖延策略为特征的第一代反收购立法宣告失败。

此后,各州又纷纷出台以控制股份收购条款和商业联合条款为特征的第二代反收购立法。联邦法院在迈特案之后一直倾向于判定州的第二代反收购立法违宪。但是鲍威尔法官却在 CTS 案中支持了各州维护本州利益的立法行为,判定印第安纳州商业公司法规定的控制股份收购一章内容合宪。自此之后,越来越多州都加入了反收购的行列。

第四章　特拉华州的判例规则

Unocal 案[1]、Revlon 案[2]和 Blasius 案[3]是特拉华州针对要约收购案件作出的三个经典判例。这三个判例确立了三条经典规则，在并购浪潮汹涌的 20 世纪晚期明确了目标董事的权利和责任，很好地平衡了收购方与目标公司的相对关系。

第一节　Unocal 案

Unocal 案是特拉华州遇到的一个非常棘手的案件，在此之前，关于董事会能否反收购的问题，并没有可供参考的先例。特拉华州最高法院在这个案件中的判决体现了其对商事活动的深刻了解和对特拉华法律的满满自信。

一、案件事实与审理历史

本案的当事人一是 Unocal 公司（Union Oil Company of California and Unocal Corp.），二是梅萨石油公司（Mesa Petroleum Co.）。前者为上诉

[1] Unocal Corp. v. Mesa Petroleum Co., 493 A. 2d 946(1985).
[2] Revlon, Inc. v. Macandrews & Forbes Holdings, Inc., 506 A. 2d 173(1986).
[3] Blasius Industries, Inc. v. Atlas Corp., 564 A. 2d 651(1988).

人,原审被告;后者是被上诉人,原审原告。

Unocal 公司是一家特拉华州公司,它于 1983 年实现对加利福尼亚联合石油公司(Union Oil Company of California)的控股,后者是 19 世纪晚期美国主要的石油勘探和生产商,1890 年 10 月 17 日创办于加利福尼亚州。这家公司一直存续到 21 世纪初,于 2005 年被美国第二大石油公司 Chevron 收购。Unocal 的所有业务实际上都是由加利福尼亚联合石油公司实施的。

梅萨石油公司是美国国内最大的石油和天然气独立生厂商,总部设在得克萨斯州达拉斯城。它的创办者名叫托马斯·布恩·皮肯斯(Thomas Boone Pickens,1928—2019)。《纽约时报》称他为"公司掠夺者"(corporate raider)、股东权益捍卫者和不环保主义者。他在美国是众所周知的"绿票讹诈者"(greenmailer),但他认为自己是在挑战尸位素餐的管理层,保护被忽略的小股东的利益。他无疑是公司控制权市场理论的坚定支持者。更准确地说,公司控制权市场理论在皮肯斯这里成为了他"掠夺"行为的借口。

案件的起因是梅萨石油公司对 Unocal 公司的要约收购。梅萨石油公司持有 Unocal 公司 13% 的股份,是其第一大股东。1985 年 4 月 8 日,梅萨石油公司向 Unocal 公司发出一份收购要约,分两步收购 Unocal 公司的全部股份。第一阶段以 54 美元/股的现金收购 6400 万股,相当于 Unocal 公司全部发行在外股份的 37%。第二阶段以价值相当于 54 美元/股的证券作为对价,排除剩余的所有公众持股。假如梅萨石油公司第一阶段的现金收购要约成功了,那么它将持有 Unocal 公司 50% 的股份,成为控股股东。

与此同时,梅萨石油公司还发起了代理权征集行动,这是收购方惯用的计策,与收购要约结合使用,增加获胜的概率。但是,根据代理权征集的披露要求,[1]梅萨石油公司暴露了其后续合并计划可能对 Unocal 公司

〔1〕 梅萨石油公司就代理权征集的补充说明是根据美国加州中心区联邦地区法院(the United States District Court for the Central District of California)1985 年 4 月 26 日的命令做出的。See Unocal Corp. v. Mesa Petroleum Co. ,493 A. 2d 949 - 950(1985).

带来的恶劣影响，以及其第二阶段要约对价的严重不足。

1985年5月3日，梅萨石油公司代理权征集补充说明显示：(1)要约之后，收购者将寻求实现Unocal公司和(同一集团总公司)Mesa Eastern或其关联公司的合并；(2)Mesa Eastern自身负有24亿美元的债务，其关联公司Mesa Partners Ⅱ为收购Unocal公司的股份向银行再融资产生10亿美元的债务，Mesa Eastern为购买Unocal公司的股份发行的所有证券以及Unocal公司本身所负的债务全部都要以Unocal公司之后的运营收入进行偿还；(3)所有因为要约和合并而产生的债务将让Unocal公司的杠杆率飙升，合并后的存续公司的资本额也将与现在的Unocal公司显著不同；(4)Unocal公司将营业收入用于还债后，其资本支出和勘探支出将显著减少。可见，梅萨石油公司的收购计划如果成功的话，将让合并后的Unocal公司背负沉重的债务，其正常的运营将受到严重影响。

对剩余股东而言：(1)梅萨石油公司在第二阶段的收购对价是次级债券[1]和优先股[2]的组合；(2)这一组合对价劣后于上述Mesa Eastern自身负有的24亿美元债务、其关联公司Mesa Partners Ⅱ为收购Unocal的股份向银行再融资产生的10亿美元债务及Unocal现存的所有债务。用Unocal公司董事会的话来说，梅萨石油公司第二阶段的要约对价是名副其实的“垃圾债券”。梅萨石油公司采用了当时非常流行的、前重后轻的双层收购要约，目的就是迫使Unocal公司的股东在第一阶段竞相出售其股份，否则他们将在第二阶段被挤出。梅萨石油公司的这一收购要约对Unocal公司股东而言明显带有胁迫性。

1985年4月13日，Unocal公司董事会碰面商讨梅萨石油公司收购要约事宜。公司一共有14名董事，其中8位独立董事，6位内部董事。当天的会议有13位董事到会，有1位内部董事缺席。会议没有书面议程，也没有准备任何书面材料。这次会议主要是听取法律顾问和财务顾问的

---

〔1〕 次级债券，是指偿还次序优于公司股本权益，但低于公司一般债务的一种债务形式。各种证券的求偿权优先顺序为：一般债务 > 次级债务 > 优先股 > 普通股。

〔2〕 优先股，是指优先于普通股享有股息收益，但通常不参与公司决策的股票类型。

报告。

首先,公司法律顾问就董事们在《特拉华州普通公司法》和美国联邦证券法下应当承担的义务做了详细的汇报。

其次,公司财务顾问单位(Goldman Sachs & Co. 和 Dillon, Read & Co.)代表 Peter Sachs 对梅萨石油公司的要约价格进行分析。Sachs 先生用幻灯片展示了金融顾问们对当时石油行业并购估值的方法,并以此计算出 Unocal 公司股份出售或正常清算的期待现金价值至少是 60 美元/股。于是,Sachs 先生认为,梅萨石油公司的要约价格是不充分的。

最后,Sachs 先生向董事会提供了反对收购要约的防御方案。其中有一项措施是由 Unocal 按 70~75 美元/股的合理价值回购自己的股份。这一方案会让公司增加 61 亿~65 亿美元的额外债务,为此公司将减少勘探钻井活动,不过公司就可以以实体的身份继续存在下去。Sachs 先生认为,Unocal 董事会具有这一能力。

报告之后,8 位独立董事单独会见了财务顾问和法律顾问。最后,他们一致建议董事会拒绝梅萨石油公司的不充分要约,由 Unocal 公司启动一个回购要约,为股东提供具有一个公平价格的替代要约。最后,董事会做出口头决议,拒绝梅萨石油公司的不充分要约。会议持续了九个半小时,但是没有形成正式的书面决议。

1985 年 4 月 15 日,董事会再次召开会议,仍然是 13 位董事参加。Unocal 公司的财务副总监(Vice President of Finance)和法务副总监(Assistant General Counsel)对拟议的回购要约的具体价格进行详细汇报。这次会议持续了 2 个小时。董事会最终做出决议,以 72 美元/股的债券收购 Unocal 公司 49% 的股份,但是这个要约有两个前提条件:第一,当梅萨石油公司通过自己的要约收购到 Unocal 公司 6400 万股时,Unocal 公司的回购要约才生效,这被称为"梅萨购买条件";第二,Unocal 公司的回购要约对梅萨石油公司以外的其他所有股东有效,即将梅萨石油公司排除在回购要约之外,这被称为"梅萨排除条件"。

1985 年 4 月 17 日,Unocal 公司发布了自己的回购要约。(同日,梅萨石油公司向特拉华州衡平法院起诉,要求禁止该要约。)

1985 年 4 月 22 日,Unocal 董事会再次开会,并根据财务顾问的建议将“梅萨购买条件”降低为 500 万股。这是为了回应股东的担忧,因为如果股份预售给了 Unocal 公司,那么两个要约人都买不到任何股份。董事们还被告知,他们应该将自己持有的股份进行预售,这样才能表明他们对回购要约有信心。

法律顾问提醒,根据特拉华州公司法,董事们只有在合理相信是为了有效的公司目标的情况下,才可以将股东梅萨石油公司排除在回购要约之外。董事们认为,他们这样做的目标是为第二阶段的股东提供充分的补偿,因为他们将被提供的对价是“垃圾债券”。如果将梅萨石油公司包括进来,则将破坏这一目标。因为回购要约的收购比例是49%,Unocal 公司每接受 1 股梅萨石油公司的股份,就会替代另一位股东的出售机会。而且,如果梅萨石油公司被包括进来,那么 Unocal 公司就等于在变相资助梅萨石油公司的不充分要约。所以,他们必须将梅萨石油公司排除在外。

1985 年 4 月 24 日,Unocal 公司发布了一份要约补充说明,表示它部分放弃梅萨购买条件。

1985 年 4 月 29 日,特拉华州衡平法院的大法官下令临时禁止 Unocal 的回购要约,直到它将梅萨石油公司包括进来。1985 年 5 月 1 日,Unocal 公司再次发布补充说明,其回购要约的撤回预售、目标比例和截止日期延长到 1985 年 5 月 17 日。

1985 年 5 月 13 日,特拉华州衡平法院大法官发布口头裁定,授予梅萨石油公司预先禁令(a preliminary injunction)。5 月 14 日,案件被送到特拉华最高法院再审。

案件要解决的争议是:Unocal 董事会是否有权反对一项它有理由认为是对公司不利的要约;在这种情况下,它的行为是否可以获得商业判断规则的保护?

二、特拉华州最高法院的判决意见

Unocal 公司上诉之初,案件还在特拉华州衡平法院审理。对此,特拉华州最高法院专门提出了四个问题,指示特拉华州衡平法院理清相关事实。这四个问题对于理解本案的判决思路非常重要,因此照录如下:

> (1)董事对公司的注意义务是否扩及善意地保护公司不被他人掠夺,是否包括保护持有公司股票的股东?
>
> (2)原告梅萨石油公司及其一致行动人在与 Unocal 公司或者其他人的交易中,是否表现出一种行为模式,该模式是否让人可以从中推断他们的主要目的是希望通过购买股票然后高溢价地再出售从而获得选择性优待(selective treatment)?
>
> (3)如果是这样的话,Unocal 公司的董事可否根据适当的商业判断采取换股回购的方式保护公司及其股东免受其侵害?
>
> (4)如果回购要约不违法,那么 Unocal 公司董事是否能够证明他们的行为是善意的?[1]

特拉华州衡平法院的初审意见是:董事可以反对并试图挫败一项敌意收购,只要它认为要约对公司的最佳利益不利。但是,对股东股票进行选择性收购,公司需要证明以下事项:(1)有效的公司目的;(2)交易对于所有股东,包括被排除的股东是公平的。Unocal 公司董事采取的这种行为是歧视性的,因而不得受到商业判断规则的保护。[2]从表面看,歧视性的回购要约确实很容易被认定为违法,这反映出在关于要约收购的争议中,就连素来极具权威性的特拉华州衡平法院也有些不知所措了。

---

〔1〕 Unocal Corp. v. Mesa Petroleum Co.,493 A. 2d 952(1985).

〔2〕 Unocal Corp. v. Mesa Petroleum Co.,493 A. 2d 952(1985).

在这个历史性的判决中，特拉华州最高法院的法官展示了超凡的法律智慧。他们认为，特拉华州衡平法院因为 Unocal 公司的回购要约存在歧视性就认定其违法，这一判定太过笼统(a blanket rule)了。特拉华州最高法院的审理思路集中在以下争点上："Unocal 董事会是否有权反对一项它合理地感知到的、对公司不利的要约威胁；在这种情况下，它的行为是否有权获得商业判断规则的保护？"[1]特拉华州最高法院从三个方面分析了这一主要争点，反驳了衡平法院的看法，推翻了原判。

第一，公司董事会是否有权发布回购要约？

《特拉华州普通公司法》第 141 条 a 款对董事会的职权做了概括授权："(a)根据本章组建的公司的所有业务或事务应由董事会管理或者在董事会的指导下进行管理，除非本章或者公司章程另有规定。如果公司章程中有此类规定，那么本章规定的董事会的权力和义务应当在公司章程规定的范围和人员中行使或者履行。"[2]

《特拉华州普通公司法》第 160 条 a 款规定了董事会交易本公司股票的广泛权力："(a)每家公司都可以购买(purchase)、赎回(redeem)、接收(receive)、接受(take)或以其他方式获取(otherwise acquire)、拥有和持有(own and hold)、出售(sell)、出借(lend)、交换(exchange)、转让(transfer)或以其他方式处置(otherwise dispose of)、抵押(pledge)、使用(use)和以其他方式交易(otherwise deal)自己的股票。"[3]

由此可知，特拉华州公司董事会被赋予了管理公司"业务和事务"(business and affairs)的广泛权力。具体而言，本案涉及的是公司交易自己股票的权力。

但是，董事会决策时总是倾向于考虑自己的利益而不是公司和股东的最佳利益，特别是在要约收购情形下，董事存在固有的利益冲突。它可能仅仅为了稳固自己的职位而进行反收购。因此，必须检视本案中

---

[1] Unocal Corp. v. Mesa Petroleum Co.,493 A. 2d 953(1985).

[2] 8 Del. C. § 141(a).

[3] 8 Del. C. § 160(a).

Unocal 公司董事会的行为是出于什么目的:如果是为了保护公司和股东免受侵害,则是合法的;如果仅仅或者主要是为了自己的利益,打击潜在的竞争者,稳固自己的地位,则是违法的。也就是说,特拉华州公司董事会可以有选择地与本公司股东进行交易,但是需要具备"合理的商业目的"。

第二,董事会发布回购要约的行为是否受到商业判断规则的保护?

商业判断规则是"一个假设,即当进行商业决策时,公司董事是在知情的基础上行事,善意并且真诚地相信其所采取的行动符合公司的最佳利益。"[1]其标志是,如果董事会的决定是为了"某种合理的商业目标",那么法院将不会代替董事会做判断。审视董事会决策是否可以受到商业判断规则的保护,需要回答以下三个问题。

首先,董事会在处理收购要约时,有义务判断该要约是否符合公司及其股东的最佳利益。如果要约对公司和股东有利,那么董事会没有理由反对;但如果要约对公司和股东不利呢?

其次,如果他人的股权对公司的政策(policy)和效益(effectiveness)构成威胁,则董事会有义务保护公司和股东免受合理感知到的侵害,此时可以排除董事会的自利动机。

最后,在这种情形下,董事负有"证明自己善意和尽到了合理调查"的举证责任。

本案中,对这三个问题的解答,需要结合前述案件事实进行分析。

关于第一个问题,梅萨石油公司的要约符合 Unocal 公司和股东的利益吗?答案是否定的。(1)梅萨石油公司的要约对价不充分。Unocal 公司股票的出售或正常清算价值至少是 60 美元/股,但是梅萨石油公司给出的价格仅是 54 美元/股,严重不充分。更何况,其第二阶段的对价只是票面价值为 54 美元/股的证券,是根本不值钱的"垃圾债券"。(2)梅萨石油公司的要约对股东具有胁迫性(coercive)。梅萨石油公司采

---

[1] Aronson v. Lewis, Del. Supr., 473 A. 2d 805, 812(1984).

取“前重后轻的”双层收购要约，就是要逼迫股东们在第一阶段尽快出售自己的股票。一个不充分且具有胁迫性的要约当然不符合公司和股东的利益。

关于第二个问题，梅萨石油公司的股权是否对公司的政策和效益构成威胁？答案是肯定的。(1)梅萨石油公司将改变 Unocal 公司的经营战略，让公司长期陷入债务之中。通过梅萨石油公司在征集代理权时的补充说明可知，要约成功之后，梅萨石油公司将寻求 Unocal 公司与其关联公司的合并，原公司股东将全部被挤出，公司今后的经营所得将用于偿还数十亿美元的债务，公司资本结构将显著改变，用于石油勘探的支出也将明显减少。(2)梅萨石油公司的威胁还来自它“绿票讹诈者”的“盛誉”。在 Unocal 公司之前，梅萨石油公司就曾用相同的方法讹诈过其他公司。要约是假，讹诈是真。具体而言就是，先以要约收购的方式获得目标公司一定比例的股份，然后向公司发送敲诈邮件(greenmail)，威胁说要进行兼并，目标公司为了保全自己则选择高溢价回购梅萨石油公司持有的股份。这样一来，梅萨石油公司就可以从中获利。因此，Unocal 公司董事会可以合理地推断，梅萨石油公司的本次要约收购也很可能是出于敲诈的目的。

关于第三个问题，董事有没有尽到“证明自己善意和进行了合理调查”的举证责任？答案是肯定的。(1)Unocal 公司董事是善意的。这集中表现在，董事会决议的目的是给第二阶段的股东提供一项具有公平价格的替换要约使其免受梅萨石油公司的侵害，而不是仅仅或者主要为了稳固自己的董事职位。而且，Unocal 公司的董事会 14 名董事中有 8 位是独立董事，他们本身就不存在内部人的利益冲突，而且占到了董事人数的多数，这进一步补强了董事是善意的证明力。(2)Unocal 董事进行了合理的调查，并做出了审慎的决断。梅萨石油公司要约发出之后，Unocal 董事会分别在 4 月 13 日、4 月 15 日和 4 月 22 日召开了三次会议商讨对策。其中第一次会议持续九个半小时，第二次会议持续两个小时，并聘请了财务顾问和法律顾问提供专业意见。在发布回购要约之后又根据股东的担忧及时调整收购条件,接到衡平法院临时禁令之后又及时发布补充说明,延长收购期限。这些事实都说明,Unocal 公司董事会进行了合理的调查,做出了审慎的决断,尽到了自己的注意和忠实义务(信义义务)。不存在欺诈或不当行为。

第三,歧视性或者非公平性问题如何解决?

梅萨石油公司认为自己是 Unocal 公司的股东,Unocal 公司董事会对其负有信义义务,不应当将自己排除在回购要约之外。而且,Unocal 公司董事们自己可以将股票预售给公司,这是自利行为。特拉华州衡平法院也认为,歧视性的收购要约应当禁止。但是特拉华州最高法院不这么看。

诚然,董事会有权采取防御措施来阻碍或者击败对公司和股东构成威胁的收购要约,但是这不意味着董事会具有了不受约束的权力(unbridled discretion)。它不得以法律为幌子采取不公平的措施,在任何情况下都不得存在欺诈或者不当行为。因此,董事会应对收购要约时,其所采取的措施应当与收购威胁相当,是适度的(reasonable)。

在本案中,Unocal 公司董事会面对的是一个严重不充分的、胁迫性的双层收购要约带来的威胁,还包括"绿票讹诈"的威胁。它采取的回购要约是为了击败梅萨石油公司的要约或者至少给剩余 49% 的股东提供一项充分的补偿。如果梅萨石油公司被允许加入回购要约中,则 Unocal 公司保护被胁迫股东的目的就无法实现了。而且,Unocal 公司董事会就是在变相地资助梅萨石油公司掠夺公司和股东的行为。因此,梅萨石油公司被排除是不得不为的,是实现针对少数股东的公平理念的适当措施。而作为威胁的制造者,梅萨石油公司根本不适合被放进这些被它威胁的、需要保护的股东的行列。

的确,法律不允许公司歧视单个股东。但事实上,在这个案件中,被歧视的是梅萨石油公司之外的其他股东,因为如果梅萨石油公司的要约成功了,只有它可以强迫公司支付高额"绿票",所有其他的股东都无法享有这种优待。特拉华州最高法院不无讽刺地说,鉴于梅萨石油公司此前的斑斑劣迹,它现在对公平的主张简直可笑至极。

而关于董事可以在回购要约中预售股票的问题，特拉华州最高法院认为，这个交易并不会因为部分董事会成员是大股东就变成一个“自利”交易。董事所获得的同其他股东所获得的是相同的对价，是公平的。

特拉华州最高法院在判决书中继续说道，在应对已经感知到的威胁时，特拉华州公司法不支持这样的主张，即公司必须保证那个故意引发威胁的股东的个人利益，因为公司及其股东没有自我牺牲的义务。

因此，Unocal 公司董事会的行为符合商业判断规则，应当得到支持。

这个案件从初审到复审前后不到两个月的时间，初审 26 天（4 月 17 日—5 月 13 日），复审 27 天（5 月 14 日—6 月 10 日）。但实际上，复审于 5 月 16 日就做出了口头宣判，总共是 3 日，如果从 4 月 29 日 Unocal 提起中间上诉（interlocutory appeal）开始计算是 17 日。这个速度是超乎想象的快。这就不难理解，为什么一提起公司法，言必称特拉华，因为它拥有领先水平的公司立法和司法结构，优秀的公司法律师和司法人员。

三、Unocal 规则

面对收购要约，董事会应当扮演什么样的角色，这是当时人们讨论得最为核心的问题。特拉华州最高法院的答案是董事会有权反收购，[1]但是其行为需要经受住 Unocal 规则的检验，才可以受到商业判断规则的保护。

Unocal 规则分为两个部分：第一，对要约进行防御的董事会必须证明其“合理地相信收购对公司的政策和效益构成威胁”；第二，董事会采取的防御措施相对于收购威胁的程度是适当的。这是特拉华州最高法院创立的在公司法历史上具有里程碑意义的一项新规则，又称为 Unocal 测试（Unocal test），或者“双叉测试”（two-prong test）。[2]

Unocal 规则是要约收购浪潮兴起以来最为重要的一项司法规则，是

〔1〕 我国公司法上没有规定董事有这个权力。我国公司核心权力属于股东大会。英国《城市守则》也要求董事会中立，让股东大会决定是否接受要约。欧盟受英国影响，也采取该立场。

〔2〕 参见张巍：《资本的规则》，中国法制出版社 2007 年版，第 47 – 48 页。

里程碑式的规则。这种对新问题的公允处断需要超群的商业敏感性和卓越的法律智慧。这是一步艰难的跨越,正如特拉华州最高法院在判词中所言:

> 梅萨石油公司声称公司以这种方式歧视单个股东是不合法的,初审法院也赞同。梅萨石油公司说得没错,还没有判决允许这类将掠夺者排除在其他所有股东能获得的利益之外的措施。但是,正如我们前面提到的,特拉华州公司采取选择性股票回购的原则此前并非没有或者未被授权过。(Cheff v. Mathes,199 A. 2d at 554;Bennett v. Propp,187 A. 2d at 408;Martin v. American Potash & Chemical Corporation,92 A. 2d at 302;Kaplan v. Goldsamt,380 A. 2d 556 at 568;Kors v. Carey,158 A. 2d at 140 - 141;8 Del. C. § 160.)唯一的不同在于,此次被批准的交易是要对给公司造成威胁的掠夺者或异议者支付"绿票"。所有其他的股东都无法享有这种优待,且鉴于梅萨石油公司之前的"绿票"讹诈史,它现在的主张真是相当的讽刺。
>
> 但是,我们的公司法不是一成不变的。它必须随着不断变化的概念、需求发展、成长。《特拉华州普通公司法》(the Delaware General Corporation Law)对特定问题没有规定并不意味着它禁止这种行为。[See Providence and Worcester Co. v. Baker, Del. Supr., 378 A. 2d 121,123 - 124(1977)]在 Cheff、Bennett、Martin 和 Kors 法官的时代,收购要约(the tender offer)虽然不是未知的手段,但是实际上几乎没有使用过,更不知道什么"前重后轻"的双层收购要约及其胁迫性的影响。现在,掠夺者青睐的是先收购股票,然后发动代理权争夺。各种各样对掠夺者没有任何益处的防御措施诞生了。因此,管理层动用公司基金(corporate funds)抵御代理权征集战被允许了。[Hall v. Trans-Lux Daylight Picture Screen Corp., Del. Supr., 20 Del. Ch. 78, 171 A. 226(1934);Hibbert v. Hollywood Park, Inc., Del. Supr., 457 A. 2d 339(1983)]公司基金资助的、针对掠夺者的诉讼也是经常采用

的措施。

最近,随着掠夺者和目标公司的逐渐老练,许多应对这些不断增加的威胁的其他防御措施发展起来,并受到司法认可(judicial sanction)。这些包括防御性地修订公司章程以及其他一些名字颇具奇异性但非常贴切的措施:皇冠宝石(Crown Jewel)、白衣骑士(White Knight)、帕克曼战术(Pac Man)以及黄金降落伞(Golden Parachute)。每个都具有高度的选择性特征,目的是阻碍或者击败掠夺者。

因此,虽然该换股要约是采取了选择性对待的方式,鉴于此处构成的威胁的性质,这种反应既非不合法也不算不适当。如果董事会公正无私地(disinterested)、本着善意和应有的谨慎行事,其没有滥用裁量权的决定将作为商业判断的适当行使而得到维持。[1]

此外,Unocal 案或许还是公司社会责任理念在司法判决中的第一次呈现。在 Unocal 规则第二部分适度性的分析中,特拉华州最高法院解释说:"如果防御措施属于商业判断规则的范围,那么该措施相对于收购的威胁应当是适度的。这需要董事对收购要约的性质(nature)及其对公司的影响进行分析。考察的要素可以有如下方面:价格不足、要约的性质和时间、合法性问题、对股东之外的'利益相关者'(constituencies)的影响(例如,债权人、消费者、雇员,甚至可能是社区)、未完成的风险、作为交换对价的证券的质量。"[2]这里的"股东之外的'利益相关者'(constituencies)(例如,债权人、消费者、雇员,甚至可能是社区)"即是法院认可公司社会责任理念,更准确地说即"利益相关者理论"的证明。

特拉华州最高法院在 Unocal 案中提及利益相关者理论是受到了著名商法律师、"毒丸"的发明者马丁・利普顿(Martin Lipton)的影响。判

[1] Unocal Corp. v. Mesa Petroleum Co.,493 A. 2d 957(1985).

[2] Unocal Corp. v. Mesa Petroleum Co.,493 A. 2d 956(1985).

决书中反复引用了利普顿的论文《收购回应与董事责任:最新进展》和《目标公司董事会上的收购要约》。[1]在各州争先恐后地进行反收购立法的背景下,最终被证明对要约收购最有效的防御措施却是"毒丸"。[2]从这个意义上讲,利普顿是最成功的反收购主义者。

特拉华州最高法院在Unocal案判决中援引利益相关者理论意味着它反对公司控制权市场理论支持下的董事被动主张。[3]但是,它支持利益相关者理论突破董事对股东的信义义务吗?该问题将在紧接着的Revlon案中得到澄清。

第二节 Revlon案

Revlon案同Unocal案类似的地方在于,它们都是收购人与目标公司之间的攻防较量,因此,特拉华州最高法院在审理Revlon案时是按照Unocal规则来进行分析的。但是Revlon案又与Unocal案不同,Revlon董事会采用了更为复杂的反收购措施,不仅有股份回购,还有"毒丸",更是邀请了"白衣骑士"。Revlon案在Unocal案的基础上提出了更进一步的问题:如果董事在面对敌意收购时可以考虑股东之外的其他利益相关者的利益,那么这种考虑在什么程度内是适当的?

一、案件事实与审理历史

这场Revlon公司控制权争夺战的三方主体分别是:要约人Pantry

---

[1] See Martin Lipton and Andrew R. Brownstein, *Takeover Responses and Directors' Responsibilities: An Update*, *ABA National Institute on the Dynamics of Corporate Control*, Business Lawyer, Vol. 40, Issue 4, 1985, p. 1403 - 1430; Martin Lipton, *Takeover Bids in the Target's Boardroom*, Business Lawyer, Vol. 35, Issue 1, 1979, p. 101.

[2] 1985年,特拉华州最高法院在Moran v. Household International Inc. (500 A. 2d 1346, 1985)一案中确立了"毒丸"的合法地位。

[3] See Stephen M. Bainbridge, *Unocal at 20: Director Primacy in Corporate Takeovers*, Delaware Journal of Corporate Law, Vol. 31, Issue 3, 2006, p. 769.

Pride 公司[1]、目标公司 Revlon 及其“白衣骑士”Forstmann Little & Co.(以下简称 Forstmann 公司)。

Pantry Pride 公司同梅萨石油公司类似,也是公司狙击手,利用“垃圾债券”收购目标公司,然后出售其资产获利。但是,作为本案的原告和被上诉人,Pantry Pride 公司要比梅萨石油公司幸运,因为特拉华州衡平法院和特拉华州最高法院都支持了他的主张。本案的被告和上诉人 Revlon 公司(Revlon,Inc.)是一家国际知名的化妆品公司,它有一个很好听的中文名:露华浓。

1985 年 7 月,Pantry Pride 公司董事会主席兼首席执行官 Ronald O. Perelman 会见了 Revlon 公司的董事会主席兼首席执行官 Michel C. Bergerac,商议善意收购 Revlon 公司的计划。当时,Pantry Pride 公司提议的收购价格是 40 ~ 50 美元/股。Bergerac 认为这个报价远低于 Revlon 公司的实际价值,因此拒绝了该公司。

8 月 14 日,Pantry Pride 公司董事会授权 Perelman 以 42 ~ 43 美元/股的价格协议收购 Revlon 公司,或者以 45 美元/股的价格进行敌意收购。Perelman 再次会见 Bergerac,并概括性地介绍了 Pantry Pride 公司提供的选择性方案。Bergerac 仍然反对此类交易,并以 Pantry Pride 公司执行停滞协议(a standstill agreement),禁止其在获得 Revlon 批准的情况下收购 Revlon 作为进一步谈判的条件。

8 月 19 日,Revlon 公司董事会召开专门会议,讨论即将到来的 Pantry Pride 公司敌意收购的威胁。在这次会议上,Revlon 公司的投资顾问告诉董事,45 美元/股的价格是严重不合理的。公司整体出售的价格可以达到 50 多美元/股,而时机恰当的话,每股甚至可以卖到 60 ~ 70 美元。Revlon 公司聘请马丁・利普顿担任其特别顾问。利普顿为 Revlon 公司提供了两条反收购建议:“第一条,公司对其发行在外的近 3000 万股进行回购,

[1] 本案名义原告 MacAndrews & Forbes Holdings,Inc. 是 Pantry Pride,Inc. 的控股股东,因为两者利益一致,所以法院以 Pantry Pride 公司作为共同的代表。

回购数量不超过500万股;第二条,采取一项购买权利计划(a Note Purchase Rights Plan)。根据这项计划,Revlon的每一位股东将获得一份作为每一股普通股股息的股票购买权(one Note Purchase Right),据此持有者可以将一股普通股兑换成面值65美元、利息12%的一年期Revlon本票。此外,该权利不适用于收购者,且在20%的触发事件发生前Revlon董事会可以10美分每股的价格赎回该权利。"[1]前一项措施是回购要约,后一项措施即为"毒丸"。Revlon公司董事会一致批准了上述两项反收购措施。

因协商不成,Pantry Pride公司于8月23日发出敌意收购要约,对价是每股普通股47.5美元和每股优先股26.67美元的现金。但是该要约有两个前提:(1)Pantry Pride公司获得收购融资;(2)Revlon公司取消或者赎回"毒丸"。

8月23日,Revlon公司董事会再次开会,决定建议公司股东拒绝该要约。8月29日,Revlon公司启动了自己对不多于1000万股的回购要约,以每股普通股交换一份本金为47.5美元、1995年到期的利息为11.75%的高级附属票据(one Senior Subordinated Note),和9美元的累积可转换、可交换优先股(Cumulative Convertible Exchangeable Preferred Stock),每股价值100美元。Revlon公司的金融顾问认为,这些票据将在完全分配的基础上按面值交易。Revlon公司股东预售了87%的流通股(约3300万股),公司按比例收购了全部1000万股。新票据包含限制Revlon公司产生额外债务、出售资产或者分配股息的契约,除非董事会中的"独立"(non-management)董事另行批准。这样,接受换股要约的股票持有人获得了面值100美元的票据,同时他们的身份也从Revlon公司的股东变成了债权人。

9月16日,Pantry Pride公司宣布了新的收购要约,价格是42美元/股,条件是获得Revlon公司90%以上的流通股。Pantry Pride公司还表

[1] Revlon, Inc. v. Macandrews & Forbes Holdings, Inc., 506 A. 2d 177(1986).

示,他可以考虑以更高的价格收购少于90%的股份,只要Revlon公司取消“毒丸”。这个价格虽然表面上低于早先提议的47.5美元,但是据Revlon公司的金融顾问分析,它对于已经完成的换股要约而言价值是相当的。

9月24日,Revlon公司董事会再次拒绝了Pantry Pride公司的报价,并授权管理层同有意收购Revlon公司的第三方接洽。但是Pantry Pride公司并没有放弃,于9月27日提高报价到50美元/股,10月1日又提出53美元/股的报价。

10月3日,Revlon公司董事会全体一致同意由Forstmann公司对Revlon公司进行杠杆收购(a leveraged buyout)。双方达成如下协议:“公司股东将获得每股56美元的现金对价;管理层将通过行使他们在Revlon公司获得的‘黄金降落伞’来购买新公司的股票;Forstmann公司将承担Revlon公司发行上述高级附属票据所产生的47,500万美元的债务;Revlon公司将为Forstmann公司或其他更优的要约人赎回‘毒丸’,放弃票据契约。”[1]Forstmann公司的部分计划包括以33,500万美元的价格将Revlon公司的Norcliff Thayer和Reheis两个部门出售给美国本土的制造商。在合并之前,Revlon公司将以90,500万美元的价格将化妆品和香水部门出售给Adler & Shaykin公司。这些交易有助于Forstmann公司或其他收购者后续对Revlon公司的收购。

Forstmann公司并购Revlon公司和Revlon公司放弃票据契约的消息一经发布,Revlon公司发行的前述高级附属票据的价格就开始下跌。10月8日,该票据的价格从接近100美元的面值跌至87.5美元。愤怒的票据持有人对Revlon公司董事进行了“电话轰炸”(a “deluge” of telephone),并威胁说要就此提起诉讼。

Pantry Pride公司于10月7日再次将报价提高到56.25美元,但以Revlon公司放弃“毒丸”和票据契约及将三名Pantry Pride公司董事选任

[1] Revlon, Inc. v. Macandrews & Forbes Holdings, Inc., 506 A. 2d 178(1986).

Revlon 公司董事会作为条件。10 月 9 日,Pantry Pride 公司、Forstmann 公司和 Revlon 公司三方共同就 Revlon 公司的命运交换了意见,但是未能达成一致。不过,在这次会议上,Pantry Pride 表示,无论如何它都将以略高于 Forstmann 公司的价格收购 Revlon 公司。只是它并不知道,Forstmann 已经得到了 Revlon 公司董事会私下提供的该公司相关财务数据。因此,Pantry Pride 公司是在不公平的条件下与 Forstmann 公司展开竞争的。

10 月 11 日,Forstmann 公司再次私下同 Revlon 公司的特别顾问和金融顾问会面。10 月 12 日,Forstmann 公司以附条件的方式提出了一项 57.25 美元/股的收购要约。它的条件主要包括以下内容:一是锁定期权(a lock-up option),即当其他收购人获得 Revlon 公司 40% 的股份时,其将以 52500 万美元的价格购买 Revlon 公司的视力保护和国家卫生实验室(Vision Care and National Health Laboratories);二是禁止 Revlon 公司招揽新的要约人(a no-shop provision);三是 Revlon 公司根据其 10 月 3 日董事会决议取消"毒丸"和票据契约;四是 Revlon 公司向第三方托管机构缴存 2500 万美元的"取消费"(cancellation fee),如果本协议终止,或者其他人收购了 Revlon 公司 19.9% 的股份,那么 Forstmann 公司将得到这笔取消费。[1]作为回报,Forstmann 公司同意用新公司的股票交换上述愤怒的债权人所持有的票据,为 Revlon 公司董事会解围。Forstmann 董事会一致批准了 Forstmann 公司的提议,因为它的报价更高,且保护了票据持有人。

在 Revlon 公司董事会采取"毒丸"计划之后,Pantry Pride 公司就于 8 月 22 日向特拉华州衡平法院提起了诉讼。[2]10 月 14 日,Pantry Pride 公司又补充了针对锁定期权、取消费等的诉请。此外,Pantry Pride 公司还寻求特拉华州衡平法院发布临时禁令,阻止 Revlon 公司将资产进行托管,或者交给 Fostmann 公司。

10 月 15 日,特拉华州衡平法院禁止了 Revlon 公司同 Forstmann 公司

---

〔1〕 Revlon, Inc. v. Macandrews & Forbes Holdings, Inc., 506 A. 2d 178 - 179(1986).

〔2〕 此时,"毒丸"还没有获得法院的最终认可。认可"毒丸"合法性的 Moran v. Household Int'l(500 A. 2d 1346, 1985)案虽于 1985 年 5 月 21 日提起,但到 11 月 19 日才宣判。

之间的进一步交易。10 月 23 日，特拉华州衡平法院又禁止了双方的锁定期权和禁止招揽协议，并废除了取消费。衡平法院认为，Revlon 公司董事会出于对票据持有人的考虑而不是为了股东的利益最大化对 Forstmann 公司做出妥协，违背了其信义义务。Revlon 公司不服，向特拉华州最高法院提起上诉。在衡平法院裁决的前一天，Pantry Pride 公司仍然执著地寻求对 Revlon 公司的收购，将报价提高到了 58 美元/股。

二、特拉华州最高法院的判决意见

作为上诉审法院，特拉华州最高法院需要解决的问题是衡平法院的初审判决是否合法、适当。这其中涉及的核心问题是：Revlon 公司董事会的行为是否合法？是否满足了 Unocal 规则的测试要求？

就 Unocal 规则的第一项内容而言，Revlon 公司董事会无疑是在应对 Pantry Pride 公司敌意收购对 Revlon 公司及其股东带来的威胁。那么就第二项测试要求而言，Revlon 公司董事会所采取的防御措施是否同敌意收购的威胁相当呢？这是本案的重点和难点，也是 Revlon 案对 Unocal 规则的延伸和发展。

特拉华州最高法院认为，Revlon 公司董事会起初采取的防御措施是适当的，是抵御不充分的敌意收购要约、维护股东利益的举措。但是，随后他们为了公司债权人的利益牺牲股东利益的行为违反了自己的信义义务。

1.“毒丸”

Revlon 公司董事会采取的第一项防御措施是“毒丸”。Revlon 公司董事会是在面临 Pantry Pride 公司 45 美元/股的敌意收购要约的威胁时批准“毒丸”的。当时，Revlon 公司的财务顾问向董事分析了这一报价的不充分性，同时提醒他们，Pantry Pride 公司是一家小型高杠杆公司（a small, highly leveraged company），一心想通过“垃圾债券”廉价地购买 Revlon 公司，然后出售它的资产从中获利。因此，Revlon 公司董事会是在知情的情况下，为了维护股东免受敌意收购威胁而善意的采用“毒丸”进行防御。事实上，“毒丸”是使 Pantry Pride 公司将出价从 42 美元/股提高到最后的 58 美元/股的因素之一，为争取股东利益发挥了相应作用。因此，Revlon 公司董事会此时采取的“毒丸”措施符合信义义务的要求。

但是，“毒丸”的有效性在 Revlon 公司董事会决议接受 Forstmann 公司的杠杆收购时归于无效了。10 月 3 日，Revlon 公司董事会决议在完成同 Forstmann 公司的合并后赎回“毒丸”（虽然它附带提及愿意为更高价格的要约这么做）。10 月 12 日，Revlon 董事会一致通过了 Forstmann 公司提出的收购协议，并决议赎回“毒丸”。这就触发了 Unocal 规则第二项的适当性问题。Revlon 公司“毒丸”的功能不再是保护公司股东免受不充分的敌意收购要约的侵害，反而成为公司董事会倾向性选择要约人的筹码。这时，董事会使用“毒丸”的性质发生了变化。或者更确切地说，这里的问题已经不再是 Unocal 案中目标公司董事会所面临的收购防御问题，而是进入了新的阶段，即当公司不可避免地要被出售时，董事会如何履行其信义义务的问题。这个问题在 Revlon 公司董事会采取的第二项阻止 Pantry Pride 公司收购行为的措施中体现得更为明显。

2. 换股要约

Revlon 公司董事会采取的第二项收购防御措施是换股要约。Revlon 公司董事会采取换股要约措施是在 Pantry Pride 公司发出 47.5 美元/股的要约之后。Revlon 公司董事会善意地在知情的情况下，合理地相信公司存在一个有害的威胁，针对这个威胁采取该防御措施，这是适当的。但是，当 Pantry Pride 公司将出价提高到 50 美元/股，而后又提高到 53 美元/股时，Revlon 公司的解散就已经不可避免了。Revlon 公司开始寻求“白衣骑士”的支持，这是董事会对公司出售事实的认可。在此之后，Revlon 公司董事会的角色转变为了“拍卖师”：

> 董事会的职责已经从保存 Revlon 继续以公司实体存在转变为在出售公司时为股东利益寻求公司价值最大化。这极大地改变了董事会在 Unocal 标准下的职责。它面对的不再是出价严重不足给公

司政策和效益或者股东利益带来的威胁。防御措施的整个问题变得毫无意义。董事的角色从公司堡垒的防御者变为拍卖师,负责在出售公司时为股东争取最高的价格。[1]

但是,Revlon 公司董事们似乎没有意识到其责任内容的转变,反而困扰于票据持有人(债权人)对他们的起诉威胁。于是,他们寻求 Forstmann 公司的帮助。在当时的收购市场状况下,"白衣骑士"也并非乐善好施的慈善家,他们加入并购竞争是有前提的,往往会要求目标公司对其风险和成本做出某种补偿。在本案中,Forstmann 公司提出的补偿要求就是锁定期权、禁止招揽协议和取消费。Revlon 公司董事会为了摆脱债权人的纠缠,对这些要求都统统应允。

3. 锁定期权、禁止招揽协议与取消费

锁定期权本身并不违法,而且它已经在特拉华州此前的判例中获得肯认。[2]这类期权可以诱使其他要约人加入对公司控制权的争夺,形成公司拍卖的局势,让股东利益最大化。但是,此类措施也会造成拍卖的结束,阻止进一步的竞价,对股东利益造成损害。Revlon 公司董事会同 Forstmann 公司达成的这项锁定期权的效果即属于后者。Forstmann 公司在加入竞标时就被 Revlon 公司董事会赋予了优先地位,因此二者之间达成的锁定期权的效果不是促进竞标,而是破坏竞标。

Revlon 公司董事会表示,它批准这项交易的原因是:(1)更好的融资;[3](2)保护票据持有人;(3)更高的价格。特拉华州最高法院逐项驳斥了这三项理由。首先,对目标公司股东而言,收购要约的现金对价才是最重要的,要约人采用的融资方式的差别毫无意义。其次,董事会在公司不得不出售的情况下,应当为股东争取最高的价格,此时考虑票据持有人的利益不属于其信义义务的应有内容。最后,虽然 Forstmann 公司 57.25

---

[1] Revlon, Inc. v. Macandrews & Forbes Holdings, Inc., 506 A. 2d 184(1986).

[2] See Thompson v. Enstar Corp., Del. Ch., 509 A. 2d 578(1984).

[3] 更好的融资应该是指 Forstmann 公司没有利用"垃圾债券"进行融资。

美元/股的价格略高于 Pantry Pride 公司 56.25 美元/股的出价,但是算上货币的时间价值的话,这一优势是微乎其微的。达成锁定期权的主要利益都归于 Revlon 公司董事了,因为他们这样就避免了自己对债权人的个人责任。"当董事会基于非实质性的基础结束竞价时,该行为的一种重要作用是保护董事免于感知到的、因采取先前的防御措施而产生的个人责任,这不符合 Unocal 案对董事行为设置的更为严格的审查要求。"[1]

禁止招揽协议类似于锁定期权,它们本身并不违法。但是,当董事会的主要职责变成以最高的价格出售公司时,这项措施就是不能被允许的。在 Revlon 公司董事会授权管理层同其他要约人谈判后,Forstmann 公司就被给予了 Pantry Pride 公司完全不能获得的优待:管理层的配合,获取财务数据,以及将并购提议直接呈报董事会的独有的机会。特拉华州最高法院就此指出:

> 偏袒白衣骑士,完全排除敌意要约人,只有在后者的要约对股东利益具有不利影响的时候才是合理的,但是当竞标人的要约相对类似的时候,或者公司的解散已经不可避免的时候,董事们无法通过偏向竞争一方的方式通过 Unocal 案中强化了的责任标准的考验。市场的力量应当被允许自由地竞争以为目标公司股东带来其股票可能的最高价格。[2]

取消费也是阻止 Pantry Pride 公司收购的总体计划中的一部分,特拉华州衡平法院废除取消费的支付并不存在滥用裁量权的情形,因此也得到了特拉华州最高法院的支持。

特拉华州最高法院在审理 Revlon 案的过程中,一直强调它对 Unocal 规则的适用。但是,该案事实上已经推进了 Unocal 案的分析,发展出了

---

〔1〕 Revlon, Inc. v. Macandrews & Forbes Holdings, Inc., 506 A. 2d 184(1986).

〔2〕 Revlon, Inc. v. Macandrews & Forbes Holdings, Inc., 506 A. 2d 184(1986).

新的规则。

三、Revlon 规则

Revlon 规则，又称拍卖规则，是指公司在出售时，董事会应当为股东谋求最高的售价。这一规则的应用情形包括：(1)公司为寻求出售而主动发起竞拍程序，或者进行拆解公司的资产重组(recapitalization)；(2)在收到收购要约之后，公司放弃其长期战略，转而寻求拆解公司的替代性交易；(3)出售公司控制权，等等。[1]

值得一提的是，Revlon 公司董事会曾辩称，Unocal 案允许董事会在应对收购威胁时考虑其他利益相关者。特拉华州最高法院的回应是："虽然此类考虑是允许的，但是该特权存在基本的限制。董事会在履行其职责时可以考虑各种利益相关者，这样做的前提是股东可以获得合理的相关利益。"[2]Revlon 公司董事会对票据持有人所负的合同和诚信义务(contractual and good faith obligations)仅限于不得以不当行为干扰合同关系。票据契约明确写着允许以公平的价格出售公司。票据持有人在接受换股要约时，便接受了票据契约的内容，也应当承受 Revlon 公司放弃票据契约带来的不利市场影响。Revlon 公司董事会对票据持有人不负有额外的保护义务，况且他们采取的措施也没有让股东获得任何相关的合理利益。

由此可见，利益相关者理论在 Unocal 案中被认可之后，很快就在 Revlon 案中明确了其限制范围。公司和股东的利益始终是董事最基本的职责。当公司面对敌意收购时，董事会无论是进行防御，还是不得不出售公司，股东利益始终是优先的。在这一前提下，董事会才可以考虑债权人等其他利益相关的利益。如果说 1985 年该案判决时，董事会可以在多大程度上考虑利益相关者的利益这个问题尚未明确，那么各州后续的反收

---

〔1〕 参见张巍：《资本的规则》，中国法制出版社 2017 年版，第 58、66 页。

〔2〕 Revlon, Inc. v. Macandrews & Forbes Holdings, Inc. ,506 A. 2d 184(1986).

购立法,特别是宾夕法尼亚州的反收购立法给出了相对清晰的解答。

准确地说,Revlon 公司董事会在此考虑的表面上是票据持有人的利益,实际上却是他们自己的利益。他们为了避免自己的个人责任牺牲了股东的利益,违背了自己的信义义务。

最后,特拉华州对商事案件的处理效率是值得称赞的。初审阶段,这个案件在 1985 年 8 月起诉,10 月 14 日原告提交补充诉请后,第二天,也就是 10 月 15 日衡平法院就颁布初步禁令,8 天之后,也就是 10 月 23 日做出判决。具体的处理期也就是 10 天时间。到二审阶段,特拉华州最高法院于 10 月 31 日做出口头宣判,距离上诉之日也就一个星期。虽然最终的书面判决意见是 5 个月之后的 1986 年 3 月 13 日发布的,但是案件早已尘埃落定了。这个速度让特拉华州法院无愧于"一流司法机构"之名。

第三节 Blasius 案

如果说 Unocal 案反映的是目标公司董事会同收购要约人之间的攻守较量,Revlon 案反映的是目标公司不得不出售时董事会信义义务的标准,那么 Blasius 案[1]则反映了要约人成为大股东之后同原董事争夺目标公司控制权的缠斗。此时,问题的本质涉及董事会的权力来源,商业判断规则在此没有适用的余地,日益形式化的股东投票权展现了它的威力。在这种情况下,特拉华州衡平法院确立了重新强调了股东与董事之间的代理关系,禁止董事对股东投票权的不当干预。

一、案件事实与审理历史

本案的原告 Blasius Industries, Inc.(以下简称 Blasius 公司)是被告 Atlas Corporation(以下简称 Atlas 公司)的第一大股东。

---

〔1〕 See Blasius Industries, Inc. v. Atlas Corp., 564 A. 2d 651 (1988).

Blasius 案是一个合并审理的案件,涉及原被告之间两个不同的案件,两个案件最终都需要法院确定谁有权担任 Atlas 公司的董事会成员,无论是原董事会增补的两名新成员,还是新的大股东提名的 8 名董事候选人。第一个案件是 Blasius 公司针对 Atlas 公司董事会 1987 年 12 月 31 日决议提起的,该决议修改了公司章程,将董事会人数从 7 人扩充到 9 人,并增补了两名新董事。董事会这么做的主要目的是阻止 Blasius 公司获得控制权。第二个案件是 Blasius 公司针对其同意征集结果提起的,Blasius 公司对征集失败的结果提起诉讼,认为这是计票员统计错误造成的,请求更正。第二个案件相对简单,特拉华州衡平法院在该案中支持了已有的计票结果,认为计票员虽然犯了一些错误,但是这些错误的更正不会导致计票结果的改变。第一个案件涉及董事会干扰股东投票权的问题,触及了公司治理机制的核心内容,因此是本案的重点。

原告 Blasius 公司从 1987 年 7 月开始增持 Atlas 的股票。到 1987 年 10 月 29 日向证券交易委员会提交表 13D 时,它已经同附属公司(affiliates)一起持有 Atlas 公司 9.1% 的股份。Blasius 公司持股的目的非常明确,就是将 Atals 公司的资产变现盈利,是典型的公司掠夺者。Blasius 公司购买 Atlas 公司股份的资金是利用德崇证券臭名昭著的垃圾债券机制筹集来的。据其提交的表 13D 显示,Blasius 公司通过垃圾债券集资方式产生的债务是它的营收无法偿还的。

1987 年 12 月 7 日,Blasius 公司向 Atlas 公司致函详细解释了其对 Atlas 公司进行杠杆资本重组(a leveraged recapitalization)的提议。该提议包括以下内容:

(1)向 Atlas 公司股东派发初始特别现金股,数额等于(a)3500 万美元,(b)Atlas 公司行使期权认股权证(option warrants)和股票期权(stock options)的总收益,(c)出售或处置 Atlas 公司与矿产业务无关的所有其他业务部门的收益;

(2)向 Atlas 公司股东派发非现金特别股息,及本金 1.25 亿美元，利率7%的担保次级黄金指数债券。

用于支付初始现金股息的资金主要来自：(i)35,625,000美元的“黄金贷款”，可在3~5年内偿还，并以75,000盎司，每盎司价值475美元的黄金作抵押；(ii)出售已停产的Brockton鞋底和塑料公司以及预拌混凝土业务的收益；(iii)当时预计在1988年1月向公共电力煤气公司出售铀矿的收益。[1]

这份建议Atlas公司大幅举债以派发一次性股息的提议让Atlas公司管理层非常震惊。因为他们认为这是要通过举债来对Atlas公司进行实质性清算，而公司目前前景非常光明。1987年12月9日，Atlas公司董事会收到该书面提议，并指示其金融顾问单位高盛投资公司(Goldman Sachs)对之进行审查、分析。

1987年12月30日，Blasius公司向Atlas公司递交了一份股东同意书(a signed written consent)，“同意(1)采取委托决定的方式建议董事会制定和实施重组方案；(2)修订Atlas章程，除其他事项外，将董事会席位从7人扩大到15人——这是Atlas章程规定的最高人数；(3)选举8名指定人员来担任新的董事。”[2]这是Blasius公司试图夺取Atlas公司控制权的明确信号。

1987年12月31日，Atlas公司董事会召开紧急会议，投票通过了章程修正案，将董事会规模从7人增加到9人，并任命了两位新董事。这两位新董事按照章程规定实行交错任期。Blasius公司对此提出异议，认为董事会该行为是为了巩固自己的地位，是自利行为，违反了董事对股东的信义义务。特拉华州衡平法院大法官威廉·艾伦(William Allen)审理了此案。

---

[1] Blasius Industries, Inc. v. Atlas Corp., 564 A. 2d 654 (1988).

[2] Blasius Industries, Inc. v. Atlas Corp., 564 A. 2d 654 (1988).

二、特拉华州衡平法院的判决意见

艾伦法官首先了解了 Atlas 公司董事会 1987 年 12 月 31 日任命两名新董事的前因后果，以探求董事会该行为的动机，然后分析原被告双方的争议焦点，最后分析应当适用的法律规则。艾伦法官思维缜密，说理透彻，在并购场景下重新强化了股东投票权的基础地位。

1. 动机：防止形成新的董事会多数

1987 年 12 月 31 日，Atlas 公司董事会增补了 Harry J. Winters 和 John M. Devaney 为新董事。前者是一位矿业经济学家；后者是一位金融专家，也是 Atlas 公司的 CFO。艾伦法官形容他们两位是合格的、能干的、友好的个体，并认可他们的加入能够强化 Atlas 公司董事会。[1] 如果这两位董事的增补是日常业务的简单延续，只是单纯地想要强化公司董事会，与 Blasius 公司提出的同意征集无关，它的效果是间接地影响到了股东可能实施的行为，那么董事会的这一行为将不会受到责难。但是该事件发生的时间同 Blasius 公司开展同意征集的过程有密切的关联，因此该案件并不简单。

Devaney 的任命在此前没有任何记录或征兆，非常突然。明显是为了应对突发情况而紧急采取的措施。Winters 的任命倒是有迹可循的，但是整个过程也体现出临时性。

Winters 同 Atlas 公司 CEO Richard R. Weaver 很早就认识。1986 年秋天，当 Weaver 得知自己被选为 Atlas 公司下一任 CEO 的时候，曾与 Winters 有过非正式的接洽，询问他担任 Atlas 公司董事的意愿。当时，Winters 表示愿意，并发送了一份个人简历。但是自那以后，Weaver 就再也没有提起过这件事。直到 1987 年 12 月 2 日董事会例会后，Blasius 公司向 Atlas 公司管理层口头传达重组提议那天，Weaver 才向其他董事会成员提及了任命 Winters 为董事的可能性。可见，Weaver 并没有认真地

〔1〕 Blasius Industries, Inc. v. Atlas Corp., 564 A. 2d 656 (1988).

将任命 Winters 一事作为强化董事会的方案按部就班地推进,而是在公司面临重组威胁的时候紧急启动了该程序。

1987 年 12 月 7 日,Weaver 给 Winters 打电话,询问他是否愿意出任董事,Winters 再次表示同意。1987 年 12 月 24 日,Weaver 写信给董事会其他成员,通知他们 Winters 将在 1988 年 1 月 6 日的董事会上被提名为新的董事,并附上了 Winters 的简历。他甚至建议 1988 年 1 月 5 日晚安排一个晚餐会,以便不认识 Winters 的董事们有机会在提名之前了解他。但是,1987 年 12 月 30 日,Atlas 公司收到了 Blasius 公司的股东同意书,且同时得知了自己被起诉的事。于是,董事会来不及等到 1988 年 1 月 6 日召开例会,就提前在 1987 年 12 月 31 日召开董事会紧急会议任命了两名新董事。事实上,Weaver 和 Atlas 公司董事兼法律顾问(legal counsel and director)Edgar M. Masinter 原本计划在 12 月 30 日当天召开董事会,但因人数不足只能延后到 12 月 31 日。

由上述事实可知,Atlas 公司董事会考虑任命两名新董事并非是贯彻强化董事会的政策目标,也不是认为"Atlas 公司的业务运营需要立即将他们加入董事会",[1]而是为了应对 Blasius 公司改组董事会,推行公司重组计划的提议。

2. 性质:干扰股东投票权

Blasius 公司指控 Atlas 公司董事会 1987 年 12 月 31 日增补两名新董事的行为是为了巩固自己的地位,是自利行为,违反了董事的信义义务。但是,Atlas 公司辩护称,董事会在此没有利益冲突,增补董事的行为是谨慎的、善意的,是为了公司的利益而为的,应受到商业判断规则的保护。

艾伦法官在此拨开重重迷雾,既没有肯定原告的自利主张,也没有采纳被告的商业判断规则,而是最终将该行为定性为干扰股东投票权的行为。

1988 年 1 月 6 日,Atlas 公司召开董事会例会,听取了金融顾问高盛

〔1〕 Blasius Industries, Inc. v. Atlas Corp., 564 A. 2d 656 (1988).

投资公司关于 Blasius 公司重组提议的报告。该报告认为,“如果 Atlas 公司执行 Blasius 公司的重组提议,那么(i)将导致其运营现金流严重流失;(ii)Atlas 公司将无法偿还其长期债务,并可能最终破产;(iii)Atlas 公司的普通股票将变得几乎没有价值;(iv)由于 Atlas 公司将无法产生足够的现金来偿还债务,重组计划中计划发行的信用债券(debentures)的价值可能会仅剩票面价值的 20% ~30% 。”[1]高盛投资公司的报告继续指出,公司在自己无法偿还债务的情况下进行财务重组是匪夷所思的。

从这份报告可以看出,Blasius 公司的重组提议对 Atlas 公司而言几乎是毁灭性的。这符合 Atlas 公司董事会,更准确地说主要是 CEO Weaver 的判断。虽然在 1987 年 12 月 31 日 Atlas 公司董事会决议增补两名董事之时,金融顾问的报告还没有做出,但是 Atlas 公司董事会采取措施阻止该提议的动机已经确立。

那么 Atlas 公司董事会阻止大股东通过同意征集的方式选举出新的董事会多数的行为是出于巩固自己地位的自利的考虑吗? 艾伦法官认为不是。“我的结论是,董事会认识到 Blasius 公司重组提议的威胁,它在董事会和 Blasius 之间构成政策上的重大分歧。我认为,它出于善意地努力保护其职责,这不是自私的行为,而是为了阻挠它害怕的重组计划的实施,因为该计划将对公司造成巨大的损失。”[2]

在这种情况下,艾伦法官继续追问:“即使董事会是以主观的善意行事(这通常是一个有争议的司法结论),但其主要目的是阻止股东选举新的多数董事,这种情况下,该行为是否有效?”[3]艾伦法官指出,这才是该案真正的问题所在。这个问题不是董事有没有过错或疏忽的问题,而是代理人与被代理人之间的权力分配问题。这是公司治理机制的核心要点。

在公司面临控制权威胁时,董事会经过审慎的考虑、善意地为了公司

---

[1] Blasius Industries, Inc. v. Atlas Corp., 564 A. 2d 657 (1988).

[2] Blasius Industries, Inc. v. Atlas Corp., 564 A. 2d 658 (1988).

[3] Blasius Industries, Inc. v. Atlas Corp., 564 A. 2d 658 (1988).

的利益所进行的,且同公司控制权所面临的威胁相当的行为,是合法有效的,受到商业判断规则的保护,即使它客观上产生了巩固董事自身职位的效果。这是通常应对并购威胁的 Unocal 规则。那么,这条规则适用于董事会干扰股东投票权的情形吗? 显然不行。因为这种情形已经超出了董事可以商业判断的范畴。股东投票权是董事会管理权力的意思基础。它对于董事会和管理层管理他人所有的大量财产的权力的合法性具有非常关键的理论意义。干扰股东投票权的行为不可避免地涉及董事会同股东多数之间的冲突。这类冲突不是董事做到诚信(honestly)、能干(competently)就可以自行决定的问题。

三、规则:不得干扰股东投票权

董事会在主持董事选举的过程中,必须做到完全公平,不可授予或剥夺任何候选人以任何优势。除非公司的管理层能够证明确实存在迫不得已的理由(a compelling justification),否则无论是否诚信地为公司利益着想,董事会都不得干扰股东的投票权。[1]这是公司法的基石,是代理关系的核心。

Atlas 公司董事会阻止非关联的股东多数有效地选举 8 名新董事的行为并没有什么迫不得已的理由。它面对的不是强大的股东对少数股东群体采取的胁迫性行为,仅仅是持股 9% 的股东递交的同意征集书(a consent solicitation)。况且,它有充分的时间向股东们剖析 Blasius 重组提议的利弊。因此,即使 Atlas 公司董事会的行为是善意的,但是它构成了对董事忠诚义务的无意违反(an unintended violation)。

小　结

特拉华州关于公司要约收购的这三个判例,已经成为美国法学院相

---

〔1〕 参见张巍:《资本的规则》,中国法制出版社 2017 年版,第 254 - 255 页。

关内容教学的经典案例。即使它们的适用在机构投资者兴起、对冲基金盛行之后逐渐式微,但它们仍然无愧于经典的称号。

Blasius 案重申了公司法的基本原则,让日益形式化的股东投票权再一次彰显了自己的力量,为要约收购中的董事信义义务划定了界限。Unocal 规则和 Revlon 规则则为要约收购中董事的信义义务内容增加了全新的规范。特拉华州法院没有被盛行的公司控制权市场理论所左右,而是在商业判断规则的基础上发展了其在要约收购领域的适用条件。这是法律生长的自然规律,也是应有样态。

而通过 Unocal 案与 Revlon 案植入的公司社会责任的内容也第一次与特拉华州公司法发生了"化学反应"。在 Unocal 案中,董事反收购的权力借助公司社会责任的理念得到了法院的支持。但是很快,特拉华州法院就意识到公司社会责任理念的模糊性让董事信义义务的履行出现了偏差。于是,Revlon 案及时提出,董事对公司社会责任的考虑有一个前提,那就是"股东可以获得合理的相关利益"。这是公司社会责任首次进入判例法后引发的问题,也是公司社会责任理念与法律结合过程中一直存在的问题。随着美国各州反收购立法的增多,践行公司社会责任理念的法律内容也在不断增加。

第五章　州的反收购立法

20 世纪中后期在美国出现的这股公司之间的“敌意收购”风潮激起了各州反收购的立法浪潮。敌意收购者高价购买被收购公司的股票，然后重组公司高级管理层，改变公司经营方针并解雇大量员工。被收购公司股东往往都发了大财，而这种财富的增长并不是良性的盈利，而是以其他人财富的损失为代价的，特别是对地方经济产生了重大影响，因此各州纷纷进行反收购立法。

第一节　各州反收购立法的三次“进化”

到目前为止，美国一共有 39 个州颁布了反收购法案。在美国联邦最高法院的“调节”作用下，各州立法的内容不断演进，总体而言经历了三次“进化”过程，而法规的类型大致可分为 6 种。

一、各州反收购立法演进历程

美国反收购立法的思想最初可以追溯到 1914 年美国国会通过的《克莱顿法》，该法第 7 条授权美国联邦政府对反竞争性的公司兼并进行管制。1950 年，美国国会又通过《塞勒 – 克弗沃尔法案》(the Celler-Kefauver Amendment)对《克莱顿法》进行修订。《塞勒 – 克弗沃尔法案》将《克莱顿法》原第 7 条的适用范围从股票兼并方式扩大到包括资产收购方式，将收购的种类从横向收购引申到任何联邦贸易委员会认为可能导致削弱竞争的收购类型上。按照修正后的《克莱顿法》，任何可能削弱竞争或导致垄断的公司收购行为都是违法的。不过，无论是《克莱顿法》还是《塞勒 - 克弗沃尔法案》都属于联邦反托拉斯法体系，都围绕反垄断的目的，其立法的根本依据是"垄断即罪恶"的思想。〔1〕

《1933 年证券法》和《1934 年证券交易法》颁布之后，联邦政府积极地介入公司事务。20 世纪 60 年代，公司控制权争夺方式有了创新，原来的代理权征夺(proxy contest)被现金收购要约所取代。而后者因为并不涉及证券发行也不涉及代理权问题，所以并不在联邦证券交易委员会的规制范围内。正因为存在这样的漏洞，美国国会于 1968 年又颁布了《威廉姆斯法案》。〔2〕该法要求现金收购要约人在对目标公司发出收购要约(其要约出价通常会高出当时该公司股票的市场价 15% ~20%)时，必须向证券交易委员会披露以下事项：用于本次收购的资金来源、收购的目的、收购成功后的计划安排以及与目标公司有关的任何合同或者协议(understandings)。《威廉姆斯法案》试图通过让遭遇现金要约收购的投资者得到关于收购要约的及时、充分的信息来保护他们的权益。尽管《威廉姆斯法案》为收购者附加了新的负担，但是这一要求离管理层期望的还差很远，要约收购活动也成上升趋势。于是各州纷纷出台自己的反收购立法。

从 1968 年 5 月弗吉尼亚州开始到 1982 年美国联邦最高法院裁决《伊利诺伊州商业收购法案》违宪为止，〔3〕美国共有 36 个州颁布了不同程度的反收购法规。这段时间所形成的州法律构成了"第一次反收购浪

---

〔1〕 沈艺峰：《公司控制权市场理论的现代演变(下)——美国三十五个州反收购立法的理论意义》，载《中国经济问题》2000 年第 3 期。

〔2〕 David N. Hecht, *The Little Train that Couldn't: Did the Pennsylvania Anti-Takeover Statute Fail to Protect Conrail from a Hostile Suitor?* Fordham Law Review, 1997 - 1998, p. 934 - 935.

〔3〕 Edgar v. MITE Corp., 457 U. S. 624(1982).

潮”。1982 年联邦最高法院的判决对各州的反收购立法形成了致命的打击,“第一次反收购浪潮”被迫消退。随后,由于里根政府对违反联邦反托拉斯法的敌意收购行为采取默许纵容的态度,加上 20 世纪 80 年代美国放松对金融业的管制以及垃圾债券市场的繁荣为敌意收购提供了充足的资金支持,导致美国公司收购(特别是敌意收购)活动愈演愈烈,到 1988 年更是发展到了顶峰。为了保护本州企业免遭“金融大鳄”的吞噬,以印第安纳州、新泽西州、纽约州、特拉华州和宾夕法尼亚州为代表的 35 个州不顾联邦最高法院的判决,以反敌意收购为突破口,再次掀起了新一轮的反收购立法浪潮,即“第二次反收购立法浪潮”。在此过程中,美国联邦最高法院 1987 年对印第安纳州动力公司收购 CTS 公司一案[1]的判决起到了推波助澜的作用。这次裁决第一次肯定了印第安纳州反收购立法中的控制股份收购条款的合宪性,由此导致了各州风起云涌的反收购立法活动。[2]到目前为止,美国一共有 39 个州颁布了反收购立法。[3]

随着敌意收购活动的愈演愈烈,各州的反收购立法也不断改进。这一立法改进事业可以被分为四个阶段。第一代州政府反收购立法延续了州证券法的路径,同时超越了《威廉姆斯法案》的披露哲学,给予州行政官员审查收购要约的权力。这些法规通常在要约发出与生效之间设置一定的等待期限。联邦最高法院在 MITE 案中,第一次审查这一类型的立法。在 MITE 案中,最高法院宣布伊利诺伊州及收购法案违宪,该法设置了等候期还规定要约收购条款必须进行听证。该判决是基于法院的这一认识,即伊利诺伊州立法违反了联邦宪法贸易条款,因为该法为了保护

---

〔1〕 CTS Corp. v. Dynamics Corp. of Am.,481 U. S. 69(1987).

〔2〕 参见沈艺峰:《公司控制权市场理论的现代演变(下)——美国三十五个州反收购立法的理论意义》,载《中国经济问题》2000 年第 3 期。

〔3〕 没有制定反收购立法的州有:阿拉巴马州(Albama)、阿拉斯加州(Alaska)、阿肯色州(Arkansas)、加利福尼亚州(California)、蒙大拿州(Montana)、北达科他州(North Dakota)、南达科他州(South Dakota)、佛蒙特州(Vermont)和西弗吉尼亚州(West Virginia)。参见朱圆:《美国公司治理最新发展及法理分析》,华东政法学院 2006 年博士学位论文。

非本州股东和影响州外贸易而违法地增加了州际商业的负担。同时，多数法官认为该法违反了至上条款，因为它同《威廉姆斯法案》所暗含的公平要求相违背。迈特案之后，各州又颁布了第二代只规范本州公司内部事务的法规。这些法规采取了各种不同的形式，包括"控制股份收购"条款（"contral share acquisition" statutes），"公平价格"条款（"fair value" statutes），以及其他利益相关者条款（constituencies statutes）。1987年，联邦最高法院在 CTS Corp. v. Dynamics Corp. of America 案中确认了一项印第安纳州控制股份收购立法，由此，其他类似的第二代反收购法规都不用担心违宪问题。联邦最高法院在 CTS 案中开了各州反收购立法合宪之先例后，许多州又创造了比之前更为激进的第三代反收购立法。大多数州的立法旨在拖延要约收购的进程。宾夕法尼亚州于 1990 年颁布的立法被认为创立了第四代反收购立法。[1]

二、各州反收购立法的主要类型

大多数州立法通常都包含下列 6 种方式中的一项或者多项措施：控制股份收购条款、商业联合条款、公平价格条款、现金支出条款、其他利益相关者条款和追缴条款。[2]

1. 控制股份收购条款（Control Share Acquisition Statutes）

控制股份收购条款要求收购方试图购买的目标股份达到一定控制规模时必须就该交易争得股东的同意以便股东行使这部分股票的表决权。在大多数州这一类型的条款规定，要约人可以不经过股东同意就购买股票，但是所购得的股票将没有表决权。有时，股东同意是购买股票的硬性要求，不管该股票有无表决权都是如此。执行这一类型的法律需要要约

〔1〕 David N. Hecht, *The Little Train that Couldn't: Did the Pennsylvania Anti-Takeover Statute Fail to Protect Conrail from a Hostile Suitor?* Fordham Law Review, 1997 - 1998, p. 934 - 937.

〔2〕 关于各州反收购立法的类型部分，参见 David N. Hecht, *The Little Train that Couldn't: Did the Pennsylvania Anti-Takeover Statute Fail to Protect Conrail from a Hostile Suitor?* Fordham Law Review, 1997 - 1998, p. 934 - 937。

人披露他收购“控制权”份额的意图。这进而要求召开一次特别的股东大会对是否同意收购进行表决,这就给股东在收购被同意的情形下实行自己所持股份的定价权。

这一类型的规定旨在给予现任股东对控制权收购事宜进行表决的权力。正如其他反收购立法一样,这一规定是基于这一考虑:单个股东在面对要约收购时通常都处于劣势。这些法案通过允许股东集体行动来排除双重要约中的强制因素,强迫要约人披露它的后续收购计划。

2. 商业联合条款(Business Combination Statutes)

商业联合条款在股东收购一定数量的目标股份之后,在指定期限内禁止目标公司管理层进行商业联合。这一类型的法规是为了挫败被称为“杠杆收购”的高举债收购,在这种收购中目标公司的资产将被作为要约人的债务融资抵押。通常,在收购之后,收购方就会被迫清算被收购公司的资产以获得现金来支付举债而产生的利息。这种收购类型一般都会在交易完成后迅速地进行某种商业联合。

3. 公平价格条款(Fair Price Statutes)

公平价格条款要求收购方向所有股东支付相同的价格,不管他们参加的是第一次、第二次还是多次要约。这一类型的规定旨在保护小股东不会在后期或者第二次收购中受到倾轧。它们的效果仅限于大股东想要巩固自己在公司的控制权的交易中,这些交易通常会导致小股东被排挤——例如,兼并、出售、清算、资产重组或者全面收购少数股份。在这些情况下,小股东往往被迫以低于要约人为获得控制权的出价出卖自己的股份。因为少数股东明白,如果多数股东同意在初始要约中出卖自己的股份,那他们最终也将被迫出卖自己的股份,所以他们会被诱导“拿钱走人”并接受最初的要约。这一类型条款的目的就是保护股东在双重收购中不被强迫出售自己的股票,因此规定每个股东在要约中应当获得相同的补偿。

4. 现金挤出条款(Cash-out Statutes)

现金挤出条款规定,如果要约人要收购一定数量的股份,那么他必须以他最初为积累目标股份所支付的溢价额购买其他所有剩下的股票。和其他规定一样,现金挤出条款的目的是让股东在要约人可能获得公司控制权的情况下,有拒绝大量股票收购的权力。通过保证股东们有按照公平价格出售自己股份的机会,该条款保护了股东免遭要约收购阴谋的胁迫。将激活该条款的“控制权”收购必须通知股东并记录在案。通知之后,股东会向控制组织发出现金购买其股份的书面要求。现金支出条款迫使敌对收购人买下所有反对股东的股份。

5. 其他利益相关者条款(Other Constituencies Statues)

其他利益相关者条款,通常也叫“非金钱因素条款”,允许董事们考虑要约收购价之外的因素从而决定是否接受该出价。这一类型的立法是要给公司董事会拒绝高额出价的余地,他们可以在要约人不可能很好地服务于公司的最大利益或者长期利益时这么做。这一类型的法律赞成这样的理念,即一个公司并不仅仅要对股东负责,还要对其所在的整个社区负责。公司收购或合并通常会导致解雇员工和工厂关闭的后果,而这对当地的经济会造成毁灭性的影响。通过阻止一项收购,股东可能会失去一项盈利机会,但是它同时可以避免收购给整个社区带来的不利影响。除该条款之外,其他的利益相关者条款并没有将社区利益置于股东利益之上。相反,这些规定的目的是让股东利益不再成为董事会考虑的首要利益,而只是很多利益中的一项。

6. 追缴条款(Disgorgement Provisions)

追缴条款允许公司在某些情况下向股东索要“短期”获利,即其在公司进入“要约收购游戏”之后出售股份所得的利益。这一类型的条款其立法目的是打击套利者(arbitrageurs)和投机者,因为他们对目标公司的股份的交易通常会让该公司被迫处于被敌意收购的境地。当一家公司被投入收购游戏后(put “in play”),套利者会购进更多的目标股份从而推高股价。在迷雾散去之前,套利者会出售股票,获得短期利益然后让股东们长期承受不利的后果。当侵入者开始在一家公司的股票上玩套利游戏时,则他们是在同这家公司跳一曲“死亡之舞”。此时,公司通常会停工或者抛售资产来还击。管理层的精力从公司的商业运营上转移到对付可能的危机上来,而注意力也从长期发展转到了短期结果上。

各州通常都结合采用上述不同的方法。每一项都试图挫败不受欢迎的本地公司收购,从而保证股东不被强迫接受不合理的股份收购要求。

第二节　宾夕法尼亚式的“社会主义”

作为第四代反收购立法的典型代表,宾夕法尼亚州的反收购立法史颇值得研究。1990 年法案一经颁布,人们就惊呼这是宾夕法尼亚式的“社会主义”。在立法的过程中,持公司控制权市场理论思想的反对派和持公司的社会责任理念的支持者展开了激烈的交锋。而以社会责任理论的胜利为标志的法案在 1990 年 4 月颁布后,当年 12 月,议会又颁布了新的修正案,去掉了法案中一些“过头的”内容。这背后是经济理论与本州利益的冲突。

一、海湾石油公司“死亡”的震动

各州反收购立法几乎都起因于敌意收购者对本州公司的掠夺,宾夕法尼亚州也遭受了相同甚至更为严重的打击。曾经的国际石油巨头海湾石油公司在敌意收购中的“死亡”对其产生了巨大的震动,也促使宾夕法尼亚州颁布了最为严格的反收购立法。

1. 匹兹堡的石油巨头

海湾石油公司(Gulf Oil Corporation)成立于 1907 年,1922 年注册成为宾夕法尼亚州公司,总部设在匹兹堡市。该公司是现代石油公司中第一家践行整合理念的公司,它的业务从陆地和海洋钻井勘探到在加油站为客户加油无所不包。在被收购以前,它一直是匹兹堡市最大的公司,在全美七大国际石油公司,即俗称的“七姐妹”石油公司(Seven Sisters)中位列第六,系美国第七大工业制造公司。[1]44 层的海湾大厦高耸入云,它曾是匹兹堡的地标性建筑。

海湾石油公司的前身是 1901 年成立的一家石油开采公司(J. M. Guffey Petroleum Company)。在成立之后的 20 年里,海湾石油公司稳步发展,业务扩展到了美国几乎所有的主要油田以及墨西哥和委内瑞拉。1928 年,该公司的资产约 2. 32 亿美元,原油产量达到每年 7800 万桶。[2]

受大萧条的影响,海湾石油公司在 1931 年首次出现亏损,但是很快又恢复了生机。随着第二次世界大战对石油需求的增加,海湾石油公司迎来了快速发展期。1950 年,海湾石油公司的资本额达到 10. 75 亿美元,股东人数超过 3. 2 万人,雇员人数达到 4. 3 万人,经营着分布在美国、委内瑞拉、科威特和加拿大的 1 万英里的石油管道和一支庞大的油轮船队,并通过数万家加油站在很多国家销售其石油产品。[3]

20 世纪 60 年代是海湾石油公司发展的鼎盛时期。1966 年,海湾石油公司第一次在美国大陆所有毗邻的 48 个州拥有加油站代表,它的输油管道和油轮每天将 100 多万桶原油从油田运往世界各地的炼油厂。1967 年,该公司平均每天加工原油约 129 万桶。到 1967 年底,海湾石油公司的总资产达到 65 亿美元,股东人数超过 16 万人,雇用员工 5. 8 万人,在 50 多个国家经营石油产品。[4]

1973 年,海湾石油公司创纪录地实现税后利润 8 亿美元,相当于匹兹堡市另外五家大型公司的利润总和:美国钢铁公司(United States Steel Corp.)、西屋电器公司(Westing-house Electric Corp.)、罗克韦尔国际公司(Rockwell International)、美国铝业公司(Aluminum Corp. of America)和

---

〔1〕 See Jack Markowitz, *Gulf Oil Corp. – How it All Began*, Pittsburgh Post-Gazette, Vol. 49, No. 144, January 15, 1976, p. 1.

〔2〕 See Handbook of Texas: Gulf Oil Corporation, https://www. tshaonline. org/handbook/entries/gulf-oil-corporation, accessed August 26, 2023.

〔3〕 See Handbook of Texas: Gulf Oil Corporation, https://www. tshaonline. org/handbook/entries/gulf-oil-corporation, accessed August 26, 2023.

〔4〕 See Handbook of Texas: Gulf Oil Corporation, https://www. tshaonline. org/handbook/entries/gulf-oil-corporation, accessed August 26, 2023.

国家钢铁公司(National Steel Corp.)。1974 年,海湾石油公司的销售额约为 165 亿美元,利润高达 10.65 亿美元,仅次于埃克森石油公司(Exxon Corporation)、德士古公司(Texaco)和 IBM。是年,海湾石油公司的资产超过了 125 亿美元,而美国钢铁公司的资产仅 77 亿美元,只有前者的一半多一点。[1]

但是,特许经营权的丧失、政治献金丑闻导致的高管离任及撤回城市服务公司收购要约造成的金融失信等因素,让海湾石油公司迅速走向了生命的终点。

2. 迷失方向的大公司

20 世纪 70 年代,海湾石油公司陷入困境,多种特征让它成了"公司掠夺者"的攻击目标。

首先,海湾石油公司非法政治献金丑闻曝光,公司董事长及多名高管被迫辞职,公司失去了重要的领导力量。

1960 年,海湾石油公司总裁威廉·K. 怀特福德(William K. Whiteford)成立了一项政治贿赂基金,利用其子公司——1944 年成立的巴哈马勘探公司(the Bahamas Exploration Company),向重要的政治人物输送利益,以换取海湾石油公司的政治影响力。怀特福德认为,在一个对巨额利润充满敌意的世界里,这样的做法是非常必要的。这个基金一直在运作,但是并不为人所知,直到"水门事件"发生,美国众议院启动了弹劾尼克松总统的调查,它才浮出水面。

美国众议院调查发现,1972 年总统选举期间,海湾石油公司通过其派驻华盛顿的副总裁小克劳德·C. 怀尔德(Claude C. Wild Jr.)向尼克松总统、华盛顿州民主党参议员亨利·M. 杰克逊(Henry M. Jackson)和阿肯色州民主党众议员威尔伯·D. 米尔斯(Wilber D. Mills)非法支付了总

---

[1] See John Golightly, *Profiles of Four Officials Ousted by Gulf*, Pittsburgh Post-Gazette, Vol. 49, No. 144, January 15, 1976, p. 3; Jack Markowitz, *Gulf Oil Corp. – How it All Began*, Pittsburgh Post-Gazette, Vol. 49, No. 144, January 15, 1976, p. 1.

计12.5万美元的政治献金。[1]1974年年初，怀尔德被解雇并被罚款，海湾石油公司也被罚款。但是这12.5万美元只是冰山一角。

1975年5月16日，海湾石油公司董事长兼首席执行官鲍勃·罗尔斯·多尔西(Bob Rawls Dorsey)在美国参议院外交关系委员会跨国公司小组委员会(the Senate Foreign Relations Committee's subcommittee on multinational corporations)作证时承认，海湾石油公司为美国政治团体输送了约500万美元的资金，向韩国时任总统朴正熙领导的民主共和党合计支付过400万美元，向玻利维亚时任总统雷纳斯·巴尔里托斯·奥图诺(René Bar rientos Ortuno)合计支付过35万美元并为其购买了一架直升机，并为意大利和阿拉伯等国政治组织进行过捐款。[2]

1976年1月2日，海湾石油公司董事会收到了由纽约律师约翰·J.梅洛伊(John J. MeCloy)领导的三人特别审查委员会(Special Review Committee)提交的长达298页的贿赂基金调查报告。报告揭示，在其存在的13年时间里，该政治贿赂基金累计输送的利益金额高达1300万美元。[3]1976年1月12日和13日，海湾石油公司董事会在召开了长达23个小时的会议之后，做出决议，公司董事长兼首席执行官鲍勃·罗尔斯·多尔西、弗吉尼亚州莱斯顿海湾石油房地产公司(Gulf Oil Real Estate Co. in Reston, Va.)总裁兼首席执行官威廉·L.亨利(William L. Henry)、海湾石油公司高级副总裁弗雷德·迪林(Fred Deering)及副总裁兼公司秘书赫伯特·C.曼宁(Herbert C. Manning)被免职。[4]

---

〔1〕 See Richard D. Lyons, *Gulf Oil Admits it Illegally Gave 5 – Million Abroad*, The New York Times, May 17, 1975, p. 1.

〔2〕 See Richard D. Lyons, *Gulf Oil Admits it Illegally Gave 5 – Million Abroad*, The New York Times, May 17, 1975, p. 1. 除海湾石油公司之外，美国还有许多跨国公司都存在类似行为，且这类支付部分是被迫进行的。这促使美国在1977年制定出台了《反海外腐败法》(Foreign Corrupt Practices Act)。

〔3〕 See Scott Macleod, *Gulf's Boss on Scandal: It Won't Happen Again*, The Pittsburgh Press, Jan. 14, 1977, p. C – 4.

〔4〕 See Jonathan Williams, *Board Had Votes to Fire Him-Gulf's Dorsey Fought Ouster*; John Golightly, *Profiles of Four Officials Ousted by Gulf*, Pittsburgh Post-Gazette, Vol. 49, No. 144, January 15, 1976, p. 1, 3.

多尔西领导下的海湾石油公司创造了盈利额的峰值,他之后的领导者没有能够再现公司昔日的辉煌。

其次,海湾石油公司失去了与科威特和委内瑞拉的宝贵合作关系,石油储备大幅下降,公司增加石油储备的政策目标在操作中与市场环境发生背离。

1934 年,海湾石油公司与英国的盎格鲁—波斯石油公司(Anglo-Persian Oil Company Limited)共同成立了科威特石油公司(Kuwait Oil Company Limited),两者各持有 50% 的股权。科威特石油公司总部设在伦敦,经科威特政府授予特许权,在当地勘探开采石油。1946 年,科威特石油公司开始出口原油,到 1971 年,该公司每天生产的原油接近 300 万桶。此时,科威特政府开始大幅提高海湾石油公司的特许权使用费,1974 年 1 月,科威特政府协议获得了该公司 60% 的资产权益。1975 年 12 月,科威特政府协议获得了该公司剩余 40% 的资产权益。海湾石油公司虽然获得了约 8500 万美元的补偿,但损失不可计数。[1]海湾石油公司自 1943 年获得的在委内瑞拉的石油开采权益也于 1976 年丧失。失去低廉的原油供应给海湾石油公司的运营造成了极大的困难。

恢复企业信誉和增加石油储量成为海湾石油公司新任董事长杰里·马克菲(Jerry McAFee)的首要任务。马克菲是一名化学工程师,拥有 17 项美国专利,和一个以他的名字命名的实验室设备。1976 年至 1981 年,马克菲带领海湾石油公司致力于传统的石油勘探和生产业务,公司用于这一事业的支出逐年上升,从最初的 9.88 亿美元增加到 26.96 亿美元,但是石油储量却并没有明显增加,反而从最初的 32.57 亿桶下降到了 29.51 亿桶的历史最低点。[2]

---

〔1〕 See Kuwait Oil Company Archive, https://archiveshub.jisc.ac.uk/search/archives/7b407c7d-23af-37de-9408-a67f0382dd57, accessed September 5, 2023; Jack Markowitz, *Gulf Oil Corp. – How it All Began*, Pittsburgh Post-Gazette, Vol. 49, No. 144, January 15, 1976, p. 1, 3.

〔2〕 Rock, Kevin F., "Gulf Oil Corp. —Takeover", Harvard Business School Case 285 – 053, November 1984.

1981年12月1日,马克菲退休,与他合作密切的詹姆斯·E.李(James E. Lee)接任董事长一职。李继续执行通过勘探增加石油储量的政策,并在接下来的两年里遏制和扭转了石油储量下降的趋势。但与前者相比,李对公司收购持较为开放的态度。在那个石油行业并购迭起的时代,通过并购方式获得其他公司的石油储量是比勘探开发更为经济的增长手段。[1]李曾对一位证券分析师表示:“我认识到,在短期内,我们扭转储备下降趋势的最佳办法可能是购买石油储备。”城市服务公司(Cities Service Co.)拥有的3.07亿桶原油储量和3万亿立方英尺天然气成了海湾石油公司心仪的目标。[2]

最后,海湾石油公司撤回对城市服务公司的收购要约,金融信誉大幅下降,且引发了数十起诉讼,争议解决最长耗时十几年,赔偿金额高达数亿美元。

1982年1月初,梅萨石油公司向规模比自己大20倍的城市服务公司发起攻击,提出以价值38亿美元的梅萨石油公司股票、本票和其他信用权证(other credits)为对价收购城市服务公司100%的股份,单价约合47美元/股。城市服务公司则针锋相对地向梅萨石油公司股东发出现金收购要约,试图以17美元/股的价格收购对方51%的股权,在收到41%的预售股份后,又将价格提高到21美元/股,力图智取梅萨石油公司。正在双方激战之际,海湾石油公司加入竞购。后者与城市服务公司很快达成友好收购协议,将以63美元/股的价格收购城市服务公司全部8040万股股份,总金额高达50.4亿美元。这一要约以绝对优势击败了梅萨石油公司的收购企图。[3]

---

〔1〕 See "Gulf Oil's President Elected Chairman", July 15, 1981, available at https://www.nytimes.com/1981/07/15/business/business-people-gulf-oil-s-president-elected-chairman.html, accessed September 7, 2023.

〔2〕 See "Upping the Ante", the Times, Jun. 28, 1982, available at http://www.time.com/time/magazine/article/0,9171,949510,00.html#ixzz12PSXaCy2, accessed September 7, 2023.

〔3〕 See "Upping the Ante", the Times, Jun. 28, 1982, available at http://www.time.com/time/magazine/article/0,9171,949510,00.html#ixzz12PSXaCy2, accessed September 7, 2023.

1982年6月17日,海湾石油公司与城市服务公司签订了一份书面合并协议,并向美国联邦贸易委员会(FTC)和司法部提交了合并前通知报告(pre-merger notification report)。按照协议的安排,海湾石油公司成立了一家名为海湾石油公司收购公司(GOC Acquisition Corporation, GOCA)的全资子公司,通过它来收购城市服务公司的股份。6月22日左右,海湾石油公司收购公司以每股63美元的价格收购了城市服务公司41,000,500股普通股,约占该公司总股本的54.3%。如果计划顺利进行,海湾石油公司收购公司将与城市服务公司合并,城市服务公司剩余的股份将被交换为价值63美元/股的海湾石油公司收购公司发行的固定收益证券。[1]

但是很快,合并计划被迫终止。1982年7月23日,联邦贸易委员会工作人员与海湾石油公司和城市服务公司代表会面。经过询问和调查,联邦贸易委员会于1982年7月28日形成了禁止双方合并的意见。1982年7月29日,联邦贸易委员会向美国哥伦比亚特区地方法院提起诉讼,请求临时禁止海湾石油公司和城市服务公司的合并计划并获得批准。1982年8月6日,海湾石油公司单方面终止了合并协议,公开宣布撤回对城市服务公司股票的收购要约。8月17日,海湾石油公司正式向联邦贸易委员会申请撤回了合并前通知文件,合并计划宣告结束。[2]

海湾石油公司撤回对城市服务公司的收购要约引发了城市服务公司及其股东提起的一系列诉讼。[3]其中,城市服务公司针对海湾石油公司提起的违约赔偿诉讼从1982年8月9日立案,到1999年3月2日终审宣判,历时16年之久。最终,海湾石油公司败诉,要承担7.422亿美元

---

〔1〕 See Cities Serv. Co. v. Gulf Oil Corp. ,1990 OK CIV APP 19, p. 1.

〔2〕 See Cities Service Co. v. FTC, 627 F. Supp. 827(1984).

〔3〕 例如,Cities Serv. Co. v. Gulf Oil Corp. ,1990 OK CIV APP 19;Cities Serv. Co. v. Gulf Oil Corp. ,1999 OK 14;In re Gulf Oil/Cities Serv. Tender Offer Litig. ,142 F. R. D. 588(1992);In re Gulf Oil/Cities Service Tender Offer Litigation, 1990 U. S. Dist. LEXIS 5009(1990)。由于数据库未收录地方法院的初审判决书,笔者因而未能查询到城市服务公司诉海湾石油公司案的初审资料。

的赔偿金。[1]这是为了弥补城市服务公司按照合并协议于1982年6月从梅萨石油公司回购自己的股份所支付的对价及其利息，以及相关的法律费用。[2]

这一事件更为直接的不利影响在于，它让海湾石油公司的金融信誉受到了极大影响。在诉讼中，针对城市服务公司的违约赔偿请求，海湾石油公司提出了两项抗辩理由：其一，联邦贸易委员会阻止合并的意图使其具有单方面解除合同的正当理由；其二，城市服务公司虚报了石油储量让其部分合同目的不能实现。但是法院审理查明，这两项事由都不构成海湾石油公司免责的理由。首先，联邦贸易委员会临时禁止双方合并并不意味着要彻底否定合并的可能，而是希望合并在符合反垄断法要求的前提下进行。1982年8月3日，联邦贸易委员会要求城市服务公司剥离查尔斯湖炼油厂（the Lake Charles refinery），海湾石油公司董事会随后于8月6日决定终止合并。这两个事件看似有直接的关联，但实际上查尔斯湖炼油厂并非城市服务公司整体资产或业务的重要组成部分，剥离该炼油厂不会实质影响双方的合并。其次，城市服务公司1981年提交给美国证券交易委员会的报告中所述已阐明石油储量虽然确有短缺，但并非实质性的。1982年7月13日，海湾石油公司工程师向董事会报告称，这一估值可能存在4170万桶的缺口，董事会并不认为这是一个重大的偏差，因此也没有直接终止合并。[3]因此，我们可以推断，海湾石油公司董事会终止合并另有原因。[4]一项在当时的美国金额最高的合并被单方终止，

---

[1] See "Occidental Upheld on Award vs. Chevron", available at https://www.nytimes.com/1999/03/04/business/occidental-upheld-on-award-vs-chevron.html? n = Top%2FReference%2FTimes + Topics%2FSubjects%2FS%2FSuits + and + Litigation, accessed September 6, 2023.

[2] See Cities Serv. Co. v. Gulf Oil Corp., 1999 OK 14. 由于城市服务公司后来被西方石油公司（the Occidental Petroleum Corporation）收购，海湾石油公司被标准石油公司（the Standard Oil of California）收购，它们的案件由合并后的存续公司所继承。

[3] See Cities Serv. Co. v. Gulf Oil Corp., 1999 OK 14.

[4] 从1982年开始石油和天然气的实际价格一直在下降，几乎所有的专家都认为价格在未来10年都会稳定在较低的水平。海湾石油公司随后大幅削减了勘探支出。由此推测，他们终止与城市服务公司的合并很有可能也是出于这一考虑。See Rock, Kevin F., "Gulf Oil Corp. —Takeover", Harvard Business School Case 285 - 053, November 1984.

许多人的利益都受到影响。那些投机套利者血本无归自不待言,那些为海湾石油公司提供融资的金融机构也受到巨大的损失。海湾石油公司的金融信誉被严重置疑。

3. 被标准石油公司收购

梅萨石油公司收购城市服务公司失败,濒临破产,但由于城市服务公司回购其所持的股份,反而获利3150万美元。恢复元气的梅萨石油公司很快找到了下一个攻击目标,它曾经的对手海湾石油公司。1983年8月11日,梅萨石油公司董事长皮肯斯和一批富有经验的投资者组成了一个海湾投资者财团(Gulf Investors Group),开始购买海湾石油公司的股票。在两个月的时间里,该财团斥资6.38亿美元,购买了海湾石油公司约9%的流通股,之后又将持股比例提高到了13.2%。[1]

皮肯斯表示,他的直接目标是进入海湾石油公司的董事会,并推行一项信托机制(a royalty trust),将海湾石油公司在美国的所有石油和天然气资源剥离出来进行资本化。这遭到海湾石油公司董事会的强烈反对。双方展开了一场漫长而激烈的代理权争夺战,最终董事会以53%的选票赢得了胜利,成功地将海湾石油公司的注册地从宾夕法尼亚州变更为特拉华州。因为在特拉华州,只有股东多数票才能选举更换董事,而皮肯斯所持的股份比例还远达不到。[2]

但是皮肯斯毫不示弱,他以梅萨石油公司的证券为抵押,向宾夕法尼亚州中央公司(Pennsylvania Central Corp.)借款3亿美元继续收购海湾石油公司股票。按照1984年2月22日皮肯斯发布的65美元/股的收购要约,他可以将其持股比例提高到21.3%,并扬言将在年度股东大会上争夺公司控制权。但即便如此,他仍然很难进入董事会。[3]可是,海湾石油公

[1] See Rock, Kevin F., "Gulf Oil Corp.—Takeover", Harvard Business School Case 285-053, November 1984.

[2] See Rock, Kevin F., "Gulf Oil Corp.—Takeover", Harvard Business School Case 285-053, November 1984.

[3] See Rock, Kevin F., "Gulf Oil Corp.—Takeover", Harvard Business School Case 285-053, November 1984.

司董事会出人意料地放弃了抵抗，打算出售整个公司。

1984 年 3 月 5 日，海湾石油公司邀请了数家竞购者来到海湾大厦，举行了一场秘密的拍卖会。会上，加州标准石油公司以 80 美元/股的现金收购要约胜出。这场美国第五大石油公司和第六大石油公司的联姻耗资 134 亿美元，成为当时美国最大的一项并购案。[1]

1984 年 4 月，双方达成初步协议，交易安排是加州标准石油公司分两步收购海湾石油公司全部 1.65 亿股已发行股票。第一步，加州标准石油公司以 80 美元/股的现金要约收购海湾石油公司 8500 万股股票，即总股本的 51%。一旦这一步收购完成，海湾石油公司将与加州标准石油公司的一家子公司合并。第二步，海湾石油公司剩余的股票将被赎回，股东同样可以获得每股 80 美元的现金。不过，加州标准石油公司的收购是有条件的，除非第一步收购完成，否则合并将不会进行。海湾石油公司还授予加州标准石油公司以每股 80 美元的价格购买 3050 万股未发行股份的期权，合 24.4 亿美元，从而在出现出价更高的竞争者时保障其利益。[2]

1984 年 10 月 25 日，美国联邦贸易委员会 4 比 0 全票通过两家石油巨头的合并案，条件是加州标准石油公司剥离海湾石油公司的天然气批发终端、其在美国七个州的数千个加油站及位于得克萨斯州亚瑟港的海湾炼油厂或者海湾石油公司在路易斯安那州的阿联（Alliance）炼油厂。在完成剥离的 6 个月期间，两家公司应独立运营，暂时不得合并。[3]

这项交易的完成制造了美国第三大石油公司。海湾石油公司将加州

---

〔1〕 See Robert J. Cole, "Socal Agrees to Buy Gulf in Record Deal; Price is $13 Billion", available at HTTPS://www.nytimes.com/1984/03/06/business/socal-agrees-to-buy-gulf-in-record-deal-price-is-13-billion.html, accessed August 17, 2023. 也有报道称并购金额为 132 亿美元或 133 亿美元。

〔2〕 Jonathan Lansner, *Gulf Directors Accept $80 Bid From Socal*, The Pittsburgh Press, Vol. 100, No. 253, March 6, 1984, p. 1.

〔3〕 See "F. T. C Approves Chevron-Gulf Deal", available at https://www.nytimes.com/1984/10/25/business/ftc-approves-chevron-gulf-deal.html? n = Top%2FReference%2FTimes + Topics%2FOrganizations%2FF%2FFederal + Trade + Commission +, accessed Septmeber 7, 2023.

标准石油公司的石油储量增加了 1 倍,达到 39 亿桶。相对于每桶 12 ~ 16 美元的石油勘探成本,购买海湾石油公司的石油和天然气储量仅需 5 ~ 6 美元一桶,真是一笔划算的买卖。[1]

自 1983 年 8 月海湾投资者财团开始购买海湾石油公司股票起,该公司股票就一直在上涨。1983 年 8 月 5 日,海湾石油公司的股票价格约为 37 美元,同加州标准石油公司相当;到 1984 年 3 月 5 日双方达成合并协议当日,海湾石油公司的股票价格已经上涨到约 70 美元,而加州标准石油公司的股价变化不大。[2]80 美元/股的要约价格让所有海湾石油公司的股东都获益了,其中梅萨石油公司应该是最大的赢家。海湾投资者财团持有海湾石油公司 21,734,700 股股票,买入时的平均价格为 45 美元/股,以 80 美元/股的价格售出,利润高达 7.61 亿美元。其中梅萨石油公司拥有这部分股份中的 66.2%,价值 5.06 亿美元。[3]

海湾石油公司的高级管理人员也从出售公司中获利颇丰。董事长詹姆斯·E. 李、总裁爱德华·沃克(Edward B. Walker)、执行副总裁哈罗德·哈默(Harold Hammer)等高管为自己安排了"黄金降落伞",当公司被收购时,他们会获得数百万美元的补偿金。[4]此外,董事长詹姆斯·E. 李还持有 17,166 股股票期权以及购买价格在 33.75 美元左右的 206,000 股股票。按照 80 美元/股的价格计算,李将获得超过 1000 万美元的收益。[5]

但是对于海湾石油公司在匹兹堡市雇用的约 1950 名员工来说,公司

---

〔1〕 See "F. T. C Approves Chevron-Gulf Deal", available at https://www.nytimes.com/1984/10/25/business/ftc-approves-chevron-gulf-deal.html? n = Top%2FReference%2FTimes + Topics%2FOrganizations%2FF%2FFederal + Trade + Commission +, accessed Septmeber 7, 2023.

〔2〕 See Rock, Kevin F., "Gulf Oil Corp. —Takeover", Harvard Business School Case 285 – 053, November 1984.

〔3〕 See Robert J. Cole, "Socal Agrees to Buy Gulf in Record Deal; Price is $13 Billion", available at WWW.NYTIMES.COM/1984/03/06/BUSINESS/SOCAL-AGREES-TO-BUY-GULF-IN-RECORD-DEAL-PRICE-IS-13-BILLION.HTML, accessed August 17, 2023.

〔4〕 See Earl Bohn, *Pittsburgh Losing Gulf*, *May Gain Research Center*, Observer-Reporter, March 14, 1985, p. A5.

〔5〕 See Rock, Kevin F., "Gulf Oil Corp. —Takeover", Harvard Business School Case 285 – 053, November 1984.

被收购可不是一件令人乐观的事情。这些雇员中只有一部分人会留任，且将外流到其他城市；不少人将面临提前退休或者被解雇。1984 年他们的薪金总额约为 5400 万美元。[1]

二、宾夕法尼亚州反收购立法

海湾石油公司的“死亡”从经济体本身的发展历程来看，或许并不足为奇。但它因敌意收购而消亡的事实却给匹兹堡带来了极大的不利后果。

当时的匹兹堡市长索菲·马斯罗福（Sophie Masloff）特意写信给众议员理查德·J. 凯撒（Richard J. Cessar），向其痛陈海湾石油公司及其他因敌意收购而发生的公司的重大变故给匹兹堡市造成的负面影响：

> 匹兹堡市
> 索菲·马斯罗福
> 1990 年 3 月 21 日
>
> 高贵的理查德·J. 凯撒
> 宾夕法尼亚州
> 众议院
> 邮政信箱 57
> 哈里斯堡，PA 17120
>
> 亲爱的瑞克（Rick）：
>
> 你说的完全对，公司收购者对匹兹堡和阿勒格尼郡造成了重大的负面影响。1985 年，我们估计海湾石油公司被收购将给当地经济带来

[1] See Earl Bohn, *Pittsburgh Losing Gulf, May Gain Research Center*, Observer-Reporter, March 14, 1985, p. A5.

每年7400万美元($74,000,000)的损失(参见附件)。按照现在的美元价值计算,这一损失将接近每年1亿元($100,000,000)。海湾石油公司每年为当地慈善和文化组织贡献200万美元($2,000,000)资助,而该公司的高级管理人员为许多市民的和慈善的事业提供了明显有效的领导。

Koppers被收购的影响不那么容易评估,因为它们和他们的子公司还会继续在本地区经营。但是,很清楚的是,这家建筑材料公司的控制权已经不在匹兹堡了。

你知道,匹兹堡的公司仍然面临被敌意收购的威胁——Carl Ichan对USX的收购以及Centaur对National Intergroup的收购。您对参议院第1310号议案的支持将帮助我们在宾夕法尼亚州西部保持强大的公司阵容。

您的真挚的,

索菲·马斯罗福

SM/CS/mkw

附件

海湾石油公司被收购的影响

海湾石油公司对社区的贡献

1982年为50多个慈善组织资助200万美元($2,000,000)

1983年向美国联合慈善总会(United Way)资助36万美元($360,000)

每年向WQED(匹兹堡的一家电视台)资助400万美元($4,000,000)用于《国家地理杂志》的出版

过去几年向匹兹堡大学的450名匹兹堡市的毕业生提供工作机会花费350万美元($3,500,000)

向匹兹堡交响乐团(Pittsburgh Symphony)资助50万美元($500,000)

向卡耐基研究所(Carnegie Institute)资助 140 万美元($1,400,000)

向卡耐基梅陇大学(Carnegie Mellon University)资助 200 万美元($2,000,000)

向宾夕法尼亚西部医院(West Penn Hospital)资助 35 万美元($350,000)

向查塔姆学院(Chatham College Service)的一项职业规划项目(a career planning program)资助 25 万美元($250,000)

海湾石油公司的高级管理人员在交响乐协会(Symphony Society)、美国联合慈善总会(the United Way)和美国储蓄债券运动(U. S. Savings Bond Campaign)等市民和慈善事业中任职

对本地区就业和收入的直接影响	
海湾石油公司的直接雇用人数	1800
×年平均工资	$30,000(3 万美元)
收入损失	$54,000,000 p. a. (5400 万美元每年)
附带岗位	
(0.6×直接岗位)	1080
×年平均工资	$19,000(1.9 万美元每年)
收入损失	$20,520,000 p. a. (2052 万美元每年)
收入总额	
本地区损失	$74,520,000 p. a. (7452 万美元每年)
就业岗位减少	2880

本州税收损失	$ 1, 800, 000 p. a. (180 万美元每年)
匹兹堡市 就业税损失 (假定为本市居民的 0.33)	$ 910, 000 p. a. (91 万美元每年)

匹兹堡市规划/1985 年 3 月[1]

该是让公司掠夺者"滚出"宾夕法尼亚州的时候了——参议院和众议院的大多数议员都达成了这样的共识。

1990 年 4 月 27 日,宾夕法尼亚州反收购立法通过并生效。这开创了美国第四代反收购立法的先河。它不仅有控制股份收购条款、商业联合条款、公平价格条款、现金支付条款和追缴条款,并重新定义了董事的信义义务。

(一)一项绝大多数议员支持的法案

宾夕法尼亚州反收购立法是一项得到绝大多数议员支持的法案。1989 年 10 月 20 日,当它以参议院第 1310 号议案诞生的时候,就得到 33 位参议员的支持,在总共 49 名参议员的宾夕法尼亚州参议院中达到了 2/3 的多数。[2]这似乎已经预示着法案最终会通过的结局。1989 年 12 月 13 日,经过司法部修订的第 1310 号议案在参议院三读并通过,计票结果显示有 45 名参议员投了赞成票,仅有 4 名参议员反对。[3]1990 年 4 月 3 日,众议院三读第 1310 号议案,并通过了修订后的议案,计票结果显示,

[1] Legislation Journal of Commonwealth of Pennsylvania, Tuesday, April 3, 1990, p. 553 - 554.

[2] History of Senate Bill 1310; Regular Session 1989 - 1990, http://www. legis. state. pa. us/cfdocs/billinfo/bill_history. cfm? syear = 1989&sind = 0&body = S&type = B&bn = 1310, accessed July 24, 2015.

[3] See Legislative Journal-Senate of Commonwealth of Pennsylvania, Wednesday, December 13, 1989, p. 1539.

众议院201名众议员中有181人投了赞成票。[1]1990年4月23日，参议院以43∶6的多数同意众议院的修订，条件是众议院也同意参议院对其修订的部分删减。[2]1990年4月24日，众议院以183∶17的票数同意参议院的修订，并最终通过了该法案。[3]

1990年4月3日，在众议院最后表决之前，众议员弗瑞德·泰勒（Fred Taylor）将这项法案称为"PPJCC法案"，即"保护宾夕法尼亚州工作机会、公司和社区的法案"：

> 我想我们可以将这项法案总结为"PPJCC法案"。这是什么意思呢？意思是，这份法案将保护宾夕法尼亚州的工作机会，宾夕法尼亚州的公司以及宾夕法尼亚州社区（protect Pennsylvania jobs, Pennsylvania corporations, and Pennsylvania communities），请让我告诉您，议长先生，我已经为这一立法工作了好几年；我从未见过一项国会立法议案得到社区领导人、产业人士、商业界以及劳动者如此广泛的支持。我们很少会有这样的机会，而且我觉得我们应该通过这项立法向那些到宾夕法尼亚州来然后通过迫使宾夕法尼亚州的公司回购自己的股份进而破产，留下一堆废墟的侵略者们传递一些信息。我们要告诉他们这是一份关于宾夕法尼亚州的法案；这是一份保护工作机会、保护我们的社区、保护我们的公司的法案，我们要告诉他们宾夕法尼亚州不再是贪婪的华尔街和投资者们随便进来而后从我们的公司掠夺数百万美元揣进自己的腰包的游乐场了。那样的日子已经结束了。
>
> 这份议案不会将所有的收购都宣布无效，但是它确实可以让这

[1] See Legislative Journal-House of Commonwealth of Pennsylvania, Tuesday, April 3, 1990, p. 552 – 553.

[2] See Legislative Journal-Senate of Commonwealth of Pennsylvania, Wednesday, December 13, 1989, p. 1960.

[3] See Legislative Journal-House of Commonwealth of Pennsylvania, Tuesday, April 23, 1990, p. 779 – 780.

> 变得更加困难,而且正如我前面说过的,宾夕法尼亚州将不再是那样的游乐场。我要向大家倡议,让我们保护宾夕法尼亚州的公司;让我们保护宾夕法尼亚州的社区和宾夕法尼亚州的工作机会。这是一份宾夕法尼亚州的法案,我强烈地请求大家投赞成票。[1]

1990年4月23日,在众议院最后通过该法案之前,众议员米勒(Miller)号召议员们投票通过这项法案,他指出该法案是保证宾夕法尼亚州经济繁荣的重要措施:

> 议长先生,我想请在座的所有人投赞成票通过第1310号议案。
>
> 回想过去的二十年,宾夕法尼亚州处在担忧成熟的重工业会消亡的痛苦中。但是宾夕法尼亚州挺过来了,这是因为有这个伟大的州的商业和劳动者的紧密合作,有共和党和民主党在长期政策问题上的紧密合作,因为这个州的先生、女士们知道本州经济的基本原则是促进经济的繁荣,促进税收以支持政府系统的运作,我们需要一部强大的、可行的商业公司法作为今后经济发展的坚实基础。我们是东北部唯一一个从铁锈时代走出来的州,这并不是偶然,因为我们的国会议员们在面对争议的时候具有特别的智慧和勇气,明白我们需要为经济的长远发展而共同努力。
>
> 通过反收购措施,我们向那些试图将宾夕法尼亚州公司变成简单的、快速获利的盗窃车辆拆装店的人发出了清晰、明确的信号:宾夕法尼亚州不再是你们的游乐场了。通过我们良好的立法和我们良好的政策讨论,我们将会迎来繁荣。[2]

---

〔1〕 Legislative Journal-House of Commonwealth of Pennsylvania, Tuesday, April 3, 1990, p. 548.

〔2〕 Legislative Journal-House of Commonwealth of Pennsylvania, Tuesday, April 23, 1990, p. 778.

1990 年 4 月 27 日，经州长托马斯 · J. 里奇(Thomas J. Ridge)批准，宾夕法尼亚州 1990 年第 36 号法案通过，这项以反收购为使命的立法立即生效，编号 P. L. 129。

（二）宾夕法尼亚州反收购立法的重要举措

宾夕法尼亚州反收购立法开了美国各州第四代反收购立法的先河。法案的标题表明其规定的主要内容："修订《宾夕法尼亚州法典》第十五编（公司和非公司组织），明确公司和非公司实体董事的信义义务；明确一些定义；增加一些关于控制股份收购的条款；规定了在做出收购某公司控制权的尝试之后某些控制股东有返还其所得利益的义务，规定了控制股份收购之后员工的离职补偿以及商业联合交易对劳动合同的影响。"[1]与第三代反收购立法相比，宾夕法尼亚州反收购法案在四个方面有所推进。

首先，该法案重新定义了董事的信义义务，赋予其在反收购中更大的权力，并要求他在决策时考虑所有利益相关者的利益。

该法案第 2 条和第 4 条分别对《宾夕法尼亚州法典》第 15 编"公司和非公司组织"第 511 条"注意标准和合理信赖"和第 512 条"董事的个人责任"、第 1721 条"董事会"和第 2502 条"注册公司的地位"进行了修订，赋予董事信义义务新的内涵。其中，第 511 条和第 512 条的内容同第 1721 条是修订的核心，两者的内容也非常相似，它们的规定主要包括三项重要的内容。

第一，定义董事的信义义务和合理信赖。董事对公司负有信义义务，其应当善意地、为了公司的最大利益而行事，尽到审慎、勤勉尽职的义务。在履行职责时，他有权信赖公司高级职员，顾问、会计等专业人士和董事会委员会提供的信息，除非有证据表明他知道某些事实使其不应当信赖这些信息。[2]

[1] Pennsylvania Act of Apr. 27, 1990, P. L. 129, No. 36, short titile.

[2] See Pennsylvania Act of Apr. 27, 1990, P. L. 129, No. 36, section 2, section 4.

第二,明确要求董事在决策时考虑所有利益相关者的利益。董事会、董事会委员会和单个董事在为公司最大的利益进行决策时,应当考虑所有利益相关者的利益,而不仅是股东的利益,也不得将股东的利益作为支配性的利益进行考虑。这些考虑因素包括:“(1)每个行为对一个或者全部可能受到其影响的组织的影响,包括公司的股东、雇员、供应商、消费者和债权人,以及公司办公或其他机构所在地的社区;(2)公司的短期和长期利益,包括公司可以从其长期计划中获得的利益以及在公司继续独立存在的情况下获得这些利益的可能性;(3)试图收购公司控制权者的资源、目的和行为(过去的、表明的和可能的);(4)所有其他相关的因素。”[1]公司可以选择不适用这些条款,但在选择退出的情况下,法案也规定:“为了免除其各自的义务,董事会、董事会的委员会和单个的董事可以在考虑公司最大利益时,考虑公司的行为对雇员、公司的供应商和消费者和公司办公地或者机构所在地的社区的影响,以及其他所有相关的因素。”[2]

第三,为董事行为提供有力的保护。只要其行为没有违反信义义务,不缺乏善意,不存在自我交易,那么董事会、董事会委员会或单个董事的行为就应当被推定为是符合公司最大利益的。在控制权收购情形下,董事信义义务的审查标准不应当高于在其他事项中的审查标准。如果大部分非利害关系董事同意,那么董事的行为即被推定为满足上述标准,除非“有明确的、令人信服的证据表明”非利害关系董事不是善意的。董事不因其行为产生的金钱损失承担任何个人责任,除非该行为违法且构成自我交易、渎职或疏忽,或者该行为违反刑法或其他成文法的规定。[3]

这一规定让管理层在应对控制权收购问题时具有极大的权力,甚至一些重大的决策不必经过股东大会就可以由董事会直接做出。而且,法律为管理层提供了很多保护,例如不负金钱损失责任,其行为推定符合公

---

〔1〕 Pennsylvania Act of Apr. 27, 1990, P. L. 129, No. 36, section 2, section 4.

〔2〕 Pennsylvania Act of Apr. 27, 1990, P. L. 129, No. 36, section 2, section 4.

〔3〕 See Pennsylvania Act of Apr. 27, 1990, P. L. 129, No. 36, section 2, section 4.

司最大利益等，让其决策可以不用顾忌太多。最为特别的是，法案将本州其他利益相关者的利益也加入决策考量之中，试图通过董事的决策直接达到保护本州利益的目的。

其次，该法案规定控制人出售公司股票所得的利润归公司所有，公司可以通过诉讼途径收回这笔利润。

该法案第 6 条在《宾夕法尼亚州法典》第 15 编“公司和非公司组织”第 25 章“注册公司”后增加新的 H 分章“控制股份收购之后某些控制股东的返还”。该章一共 6 个条款，分别是：第 2571 条“本分章的适用和效力”，规定其适用范围；第 2572 条“政策和目的”，澄清其立法目的；第 2573 条“定义”，对“控制权”“控制人或控制集团”“利润”“代理”“代理权征集”等概念进行界定；第 2573.1 条“控制人或控制集体的安全港”，规定不属于本分章规定的控制人或控制集团应归还其利润的情形；第 2574 条“某些交易所产生的利润归公司所有”，规定其利润应归公司所有的交易类型；第 2575 条“执行诉讼”规定公司和股东追回利润的诉讼权利。[1]

为了澄清立法目的，H 分章专设第 2572 条对其目的进行说明。这一条款包含两层意思。第一，H 分章的目的是打击敌意收购行为，保护注册公司和与其有关的很多团体的合法权益免受操纵和强迫行为的侵害。具体而言，该分章的目的包括：“（1）保护注册公司免受“绿色邮件”（greenmail）[2]的袭击；（2）保护与注册公司有关的各方的稳定的关系，包括公众，他们对公司将来预期的信心会在公司被投机玩弄时受到破坏；（3）确保公司的价值不被投机者侵占；（4）阻止投机者通过任何手段“掠夺”注册公司，这些手段包括但不限于，提议收购至少 20% 的公司表决权股份，或者威胁发动已经启动关于收购公司控制权有关的或者作为其手段之一的代理权征集，从而达到收获短期投机利益的效果”，“此外，本分章赋予本州规范和保护它创造的公司免于受到因使用其关于公司治理的

---

〔1〕 See Pennsylvania Act of Apr. 27, 1990, P. L. 129, No. 36, section 6.

〔2〕 Greenmail，是指收购人以兼并目标公司相威胁，迫使目标公司高价回收其持有的股份的行为，又称“绿票讹诈”。

一般法律和关于董事义务、并购等特殊法律以及相关问题的法律的适用而导致的掠夺。这些法律以及据此施与董事和其他人的义务,不得成为用以实现短期利润而操纵公司的工具。"[1]第二,法案从另一方面强调,其目的是打击敌意收购,不会影响与控制权无关的、合法的股东行为,例如与掠夺公司无关的正常的为董事选举、公司治理等事项所进行的代理权征集。

需要归还公司的利润,是指那些由控制人或者控制集团在以下时间段中处置其股票所得的利润:"(1)在该人或集团获得控制人或控制集团地位之后的18个月内处置股票所得的;且(2)这些股票是该控制人或控制集团在其获得控制人或控制集团地位之前24个月或者之后18个月内收购的。"[2]第2574条还对交易过程进行规定,当控制人或控制集团对其股票进行转让时,公司股东名册的记录可以暂停,且相应的股票权证上也要做适当的标记,以便公司执行该分章规定的权利。[3]

该法案赋予公司追回这些利润的诉权。第2575条规定,收回公司合理的利润的诉讼可以向任何有管辖权的法院提起。起诉人既可以是发行该股票的注册公司,也可以是该公司股票的持有人。公司股东起诉的条件是:在其提出书面请求后60日内公司未能诉讼或者拒绝起诉,或者公司的起诉不符合勤勉的要求;起诉须以公司的名义或者代表该公司进行诉讼。如果法院最终判决这些利润应当归还,那么起诉方为了执行本分章而发生的所有费用,包括合理的律师费,都应当得到补偿。宾夕法尼亚州法院对案件具有管辖权,通过进行必要的活动最终成为控制人或者控制集团人的人和所有参与该行动的人,就执行该分章的规定而言,都受宾夕法尼亚州法院的属人管辖。追回控制权交易中所获利润的诉讼时效是2年。[4]

---

[1] 15 PA. C. S. 2572.

[2] 15 PA. C. S. 2574.

[3] See 15 PA. C. S. 2574.

[4] See 15 PA. C. S. 2575.

这一规定让掠夺者不能合法地拥有其通过敌意收购而获得的利润，让其通过掠夺公司实现短期暴利的目的落空，对于敌意收购行为具有明显的遏制作用。

再次，法案赋予注册公司的员工得到一次性离职补偿的权利。

法案第6条在《宾夕法尼亚州法典》第15编“公司和非公司组织”第25章“注册公司”后增加新的I分章“因某些控制股份收购而被解雇的员工的离职补偿”。这一章一共3个条文，第2581条“定义”规定了“控制股份批准”(control-share approval)、“合格员工”(eligible employee)、“最低遣散费”(minimum severance amount)、“解雇”(termination of employment)等概念的含义；第2582条“离职补偿”规定因控制股份收购而被解雇的员工得到一次性补偿的权利；第2583条“执行与救济”规定员工主张权利的诉讼途径。

注册公司的员工，在该公司控制股份批准之前的90日内，因与控制人达成的正式或者非正式的协议、安排或者谅解而被解雇，或者在该注册公司控制股份批准之后24个月内被解雇的，那么他应当得到一笔一次性的离职补偿。该离职补偿的数额相当于该员工的最低遣散费的金额减去雇主支付的其他因解雇而安排的费用。如果当时知道的临时解雇(layoff)期限是6个月以上或者是非自愿离职，那么一次性离职补偿的支付时间为工作最后一日后的一个定期支付期；在其他情形下则为该员工获得该权利之后的30日。[1]

控制股份批准之后的30日内，雇主应当向每一位合格的雇员以及集体谈判代表(collective bargaining representative)发出书面通知，告知他们享有的权利。如果员工被拒绝支付一次性补偿，或者雇主没有按照规定发出书面通知的，那么雇员可以自行或者委托其他有相同处境的雇员或者集体谈判代表，提起诉讼请求救济。在这些情况下，法院可以给予它认为公平、适当的衡平法或者普通法救济。如果该雇员被解雇从而有权根

〔1〕 See 15 PA. C. S. 2582.

据本分章获得离职补偿,而雇主未向其发出书面通知,法院可以命令雇主向每一位雇员支付不超过75美元每个工作日的民事罚金。法案规定的个人权利,从控制股份批准时即已授予。寻求司法救济的员工可以向该注册公司的继任者提起,继任者包括:(1)兼并、合并或者生成的本州或外州公司或者其他继任雇主;或者(2)不再具备注册公司状态的同一家公司。[1]

这一规定是为了保护公司的员工,尽量减少公司控制权收购对他们的影响。同时,也会增加收购人的收购成本,遏制敌意收购的企图。

最后,该法案保护被收购公司与雇员之间的合同关系。

该法案第6条在《宾夕法尼亚州法典》第15编"公司和非公司组织"第25章"注册公司"后增加新的J分章"商业联合交易—劳动合同"。这一分章共4个条款:第2585条"本分章的适用和效力",规定该章的适用范围;第2586条"定义",规定"商业联合交易"(business combination transaction)、"涉及的劳动合同"(covered labor contract)等概念的内涵;第2587条"保护商业联合交易中的劳动合同",规定商业联合交易不影响现有的劳动合同关系;第2588条"民事救济",规定受损失雇员的诉讼权利。

该法案要求维持原有的劳动合同。商业联合交易不应当导致相关劳动合同的终止,也不得损害其条款的内容。该合同应当根据其规定继续有效,直到合同约定的终止条件发生,或者合同双方当事人或者其继任者之间达成的协议终止。[2]

法案赋予雇员收回工资的诉权。如果公司违反法案的规定,拒绝支付雇员工资,或者雇员没有收到工资、福利或者补充工资,或者遭受了其他合同损失,那么雇员可以自行,或者由与其有相似处境的其他雇员、劳动组织或者集团谈判代表代为向有管辖权的法院起诉,通过司法途径收回这些工资、福利、补充工资或者其他合同损失,并禁止该违法行为。雇

---

〔1〕 See 15 PA. C. S. 2583.

〔2〕 See 15 PA. C. S. 2587.

员的权利在控制股份批准的时候已经获得，雇员追索工资等损失的诉讼向该公司的继任者提起，包括：(1)兼并、合并或者生成的本州或者外州公司，或者其他继任雇主；(2)不再具备注册公司地位的原公司。[1]

该法案竭力维持公司与雇员之间的合同关系，减少控制股份收购之后公司所进行的商业联合交易对雇员的影响。

宾夕法尼亚州的反收购立法被认为是美国各州中最为彻底的反收购立法，其不仅运用了所有主要的反收购措施，例如控制股份收购条款、商业联合条款、公平价格条款等，而且还开创了其他利益相关者保护、利润追缴、员工补偿和劳动合同维持等新举措。特别是其要求董事在决策中必须考虑其他利益相关者的规定引发了巨大的争议，因为它颠覆了股东中心主义的传统公司法理论。为此，有学者将之称为宾夕法尼亚式的“社会主义”。

三、反对者的抗议与公司法理论对此的否弃

虽然法案得到了绝大多数议员的支持，也得到了宾夕法尼亚州各界人士的广泛赞扬，但是在法案的讨论过程中，反对的声音也一直很强烈。

宾夕法尼亚州最大的西屋公司提出要增加选择退出的条款，这说明并非所有的公司都赞成这样的规定。

(一)反对者的抗议

当法案于1990年4月3日在宾夕法尼亚州众议院讨论时，众议员戴维斯(Davies)表示了对董事会权力过大的担忧。他就法案规定的董事会可以在法案颁布后90日内选择不受法案约束的规定提出质疑，认为法案没有能够为股东干预这一决定提供任何程序保障。众议员戴维斯说道：“我已经听到一些理由其实就是为了隔离管理层，甚至是隔离公司结构或者管理结构中无能的管理层，他们不能与时俱进，不能与市场保持一致。”[2]

---

[1] See 15 PA. C. S. 2588.

[2] Legislative Journal-House of Commonwealth of Pennsylvania, Tuesday, April 3, 1990, p. 549. 这一异议很明显也受到公司控制权市场理论的影响。不过，此异议在当时得到了众议员泰勒(Taylor)和米勒(Miller)的回应，戴维斯被说服了，他最终为法案投了赞成票。

从头至尾一直反对法案通过的众议员戈德歇尔(Godshall)表达了对法案的深深的担忧,因为这一法案正在摧毁现代公司的根基:

我只是想简短地介绍一些观点,然后给大家描绘一幅法案通过后的图景。

我们已经得到从加利福尼亚到弗林特、密歇根,从纽约到宾夕法尼亚的基金顾问的反馈,他们对我们讲,也对你们讲过,该法案将产生剧烈的影响,只要你购买了选择根据本法案保护自己的宾州公司的股票,而我并不认为所有做出这一决定的基金顾问——他们中的很多人决定购买那种股票——说的都是错的。

报纸上一篇接着一篇的文章告诉大家这一法案将带来的问题,而且该法案确实存在问题。我们在上周一还是周二的上午提出了一项修订。《纽约时报》周二刊登的文章引述一位哥伦比亚大学教授的话说"这将对公司民主和股东权利造成毁灭性的打击"——而股东权利——"很难相信了解我们的体系是如何运作的人会颁布这样的法律"。

发表这一看法的Goldschmid教授还说,这一立法将导致的结果是,无能的管理层完全被隔离,而他说我们的一部分管理层由于人性本身的原因不可能是最好的。

他说到,这一立法将会导致工人和工业变得短视。我们公司的管理层应当是有能力和有进取心的,这样才能应对当下的竞争。他们不是在宾夕法尼亚州或者美国经济中竞争;他们是在世界和国际经济中竞争。有了管理层的隔离,管理层的进取心和竞争力就会减弱。我们今天所做的就是在将管理层完全地隔离起来。

我只是想给大家展现一幅场景,请大家再给我一点时间。

小镇银行(The small-town bank)的股份在出售——这些股份通过一家证券交易所出售;他们是公开发售的。但是如果一个家庭,比方说我的家庭——当然我只是打个比方——拥有该银行5%的股份,如果我购买了本地区其他股东的股份从而达到了20%，一旦我的股份达到20%——这一比例可以提名一到两名董事会成员或者更换，正如我前面提到的，一家我们认为并没有为我们提供最好的服务的会计师事务所——会发生什么呢？当我们的股份达到20%的比例会发生什么呢？如果你翻到第33页，它会告诉你将发生什么。一旦你达到20%的界线，你就将失去你股份的表决权。你将来到公司，其他的股东会投票表决以决定你是否能够享有表决权，而就此，你的表决权将被剥夺，就我所知，是永远被剥夺，因为在第33页第18行说到"表决权的恢复"，这里讲到，"由于(a)款所规定的股东决议或者根据(b)款而丧失表决权的控制股份将重新获得表决权……"你将通过把你的股份出售给收购人之外的人而重新获得你的表决权。换言之，你只有出售自己的股份，然后由这一出售行为重新让表决权回到股份中来。

接下来会发生另一件不寻常的事，即使是你想要更换长期合作的会计师事务所，这也会发生。如果你翻到第40页，你将会看到"……公司可以按照同一类别或者系列股份在国家级的证券交易所上市交易的最高和最低价格的平均价从收购人处赎回控制股份……"这里没有说在多长的期限内、在什么时候他们可以这样做，但是将来的某个时候，他们确实会到我家里来连同那些曾经答应同我一起努力更换掉几个董事或者其他目的的人一起，他们会回来，对我说我们现在以当前的实际价格买走你的股份，而我在这一法案下没有拒绝的权利。

你知道，这一立法要做的就是摧毁最基础的、最根本的股东权利。我不认为这对宾州的工人是好事，我不认为这对宾州的工业有好处，我也不认为这对宾州有好处。[1]

由此可见，反对的声音主要集中在董事与股东的权利问题上。如前

[1] Legislative Journal-House of Commonwealth of Pennsylvania, Tuesday, April 3, 1990, p. 550-551.

所述,法案新定义的董事信义义务不再将股东的利益置于公司决策时的核心考虑因素的地位,且赋予董事极大的权力和有力的保护。这就引发了公司是谁的这一根本问题。

(二)公司法理论对利益相关者模式的否弃

宾夕法尼亚州反收购立法要求董事在决策时要考虑公司所有利益相关方的利益,股东的利益不应当成为主要的考虑因素,这一要求不仅在收购问题中,而且在公司的日常事务中也都要一贯执行。[1]这一规定形成了一种新的公司治理模式:利益相关方模式(the Stakeholder Model)。这种模式的倡导者认为,公司的管理者如果仅对股东负责的话,那么公司的利益相关方的利益就容易被公司和股东滥用。为了解决这一问题,需要让董事会来扮演公司所有利益相关方贡献与回报的协调人角色,董事被赋予更大的裁量权来关照各方利益。[2]

利益相关方模式实际上是管理者导向模式(the Manager-oriented Model)的变体。20 世纪 30 年代至 60 年代,美国风行一种观点认为,应当将公司的实质权力交给管理者。这一主张的核心观点是:公司的职业经理人能够以无私的技术受托人身份管理公司,从而让公司服务于公共利益。20 世纪 50 年代美国关于公司社会责任的理念即是这一观点的体现。但是,20 世纪七八十年代美国公司集团化运动(the conglomerate movement)的失败让管理者导向模式的规范吸引力丧失殆尽。现在普遍的共识是,管理者一旦被授予公司投资决策的重大自主权,不管其意图多么良善,他们最终都会更多地为自身利益行事。虽然管理性的公司在某种程度上更能有效地保护非股东利益,但这种模式让公司在无效运行和低价值投资上所付出的代价太过高昂了。[3]

---

〔1〕 See 15 PA. C. S. 513.

〔2〕 See Henry Hansmann & Reinier Kraakman, *The End of History for Corporate Law*, Georgtown Law Journal, Vol. 89, Issue 2, 2001, p. 439.

〔3〕 See Henry Hansmann & Reinier Kraakman, *The End of History for Corporate Law*, Georgtown Law Journal, Vol. 89, Issue 2, 2001, p. 443 – 444.

利益相关方模式与管理者导向模式的缺陷是一样的。虽然不受限制的管理者可能会为雇员、债权人等利益相关者提供更好的服务，但是管理者在决策时仍然会更多地考虑自己的利益，而将成本转移给公司股东、客户、潜在的新雇员和债权人等利益相关者，后者所付出的可能远远多于他们得到的。而且，事实证明，让法院对受托人的信义义务进行设计与规范从而保证管理者能够高效、公正地行事是不现实的。[1]

公司法的发展历史正在向股东导向模式（the Shareholder-Oriented Model）趋同。19世纪末，商事公司法在全球范围内高度趋同，这表现在，商事公司整齐划一地具备以下功能性特征："（1）完全法律人格，包括约束公司订约和以公司财产而非所有者财产来担保履约的确定权能；（2）所有者与经营者有限责任；（3）出资人股权；（4）董事会结构下的授权经营；（5）可转让股份。"[2]

这些特征内在地规定了公司应当对股东利益高度负责。但是这些特征没有明确公司与其他利益相关者的责任承担问题，也没有明确控制股东与非控制股东之间的利益冲突问题。这些问题在整个20世纪不断地被探讨、试错，最终达成新的共识。有力的证据表明，在先发国家的学术界、商界和政界精英已经达成如下共识："股东阶层应握有公司最终控制权；公司管理者应本着股东利益尽职管理公司；诸如债权人、雇员、供应商和客户等公司的其他相关方应通过合同和规章，而不是通过参与公司治理的方式来获得保护；非控制股东应当得到有力保护，使其免遭控制股东的盘剥；股东利益衡量的主要方法是公开交易的公司股份的市场价值。"[3]这就是股东导向模式。

股东导向模式对股东利益的绝对强调并不意味着股东的利益高于其

---

〔1〕 See Henry Hansmann & Reinier Kraakman, *The End of History for Corporate Law*, Georgtown Law Journal, Vol. 89, Issue 2, 2001, p. 448.

〔2〕 Henry Hansmann & Reinier Kraakman, *The End of History for Corporate Law*, Georgtown Law Journal, Vol. 89, Issue 2, 2001, p. 439 – 440.

〔3〕 Henry Hansmann & Reinier Kraakman, *The End of History for Corporate Law*, Georgtown Law Journal, Vol. 89, Issue 2, 2001, p. 440 – 441.

他社会公众的利益,也不意味着对公司其他利益相关方的利益不予保护。这一模式仅仅表明,对非股东利益相关者,或者债权人以外的其他利益相关方的最有效的保护机制不是公司法,不应在公司治理机制中来加以解决。对于公司雇员而言,最有效的保护机制有劳动合同法(the law of labor contracting)、养老金法(pension law)、卫生和安全法(health and safety law)和反歧视法(antidiscrimination law)。对消费者而言,最有效的保护机制包括产品安全法(product safety regulation)、担保法(warranty law)、产品责任侵权法(tort law governing product liability)、反垄断法和披露产品成分与特性的强制性规则。对于公众整体而言,最有效的保护机制包括环境法和损害与大规模侵权法(the law of nuisance and mass torts)。债权人的保护具有特殊性,由于公司有限责任特征的存在,债权人利益只有通过对股东权利的一定程度的限制才能实现,所以人们普遍认为,公司法应当对公司与债权人的某些关系做出直接规定。例如,刺破公司面纱规则和资本不充足情况下限制利润分配的规则等。但是,这些规则的范围都非常有限。除了公司破产的情况,它们不涉及债权人参与公司治理的内容,而仅仅是限制股东利用公司的特殊形式侵害债权人利益。[1]

第三节　并购中的公司社会责任

公司法主流理论对利益相关者模式的否弃,并不意味着宾夕法尼亚州反收购立法确立的公司治理模式不具有合理性。实际上,笔者认为,宾夕法尼亚州反收购立法可以算作公司社会责任理念的第一次法律表达。换言之,与法经济学的主张针锋相对,公司社会责任理念为并购活动中的利益相关者保护提供了理论支持。

〔1〕 See Henry Hansmann & Reinier Kraakman, *The End of History for Corporate Law*, Georgtown Law Journal, Vol. 89, Issue 2, 2001, p. 441 – 442.

一、州与联邦的利益分歧

面对现金要约收购，美国联邦与州的利益显然存在巨大的分歧。公司控制权市场理论所倡议的经济的整体效率符合联邦的利益因而得到采纳，但是没有一个州愿意为了联邦的整体利益而牺牲自己本州的公司。当然，在 39 个颁布了反收购立法的州中，由于各自经济形态的不同，其立法的内容与旨趣也各不相同。

宾夕法尼亚州是传统工业经济州的典型。宾夕法尼亚州冶金工业发达，匹兹堡市是美国最大的钢铁工业中心；煤炭产量也位居美国第二，其东北部是美国无烟煤的主要产地。有了海湾石油公司等公司“死亡”的惨痛教训，工业企业越发成为宾夕法尼亚州要重点保护的本州利益。因此该州极力反对敌意收购，其反收购立法几乎囊括了所有反收购措施，堪称最为彻底的反收购立法。它所确立的利益相关者模式不为主流公司法理论所认同；它的追缴条款、离职补偿和维持劳动合同的规定被打上“社会主义”这个美国人有些害怕的标记。但是，宾夕法尼亚州依然故我，在其法典第 15 编“公司和非公司组织”2015 年的最新版本中继续保持自己的特色。

特拉华州则不同，不具备工业经济基础的特拉华州是在 20 世纪初美国各州争取公司注册的“逐底竞争”中脱颖而出的。该州经济的主要来源是注册公司所缴纳的税收，而这些公司在特拉华州注册主要是为了获得其完备的公司法的保护和服务，公司的主要机构大多不设在该州。特拉华州在反收购浪潮中表现得非常冷静，其采纳的反收购措施也相对稳定，仅规定了商业联合条款。特拉华州反收购法案于 1988 年 1 月 28 日在州议会通过，2 月 2 日由州长签署并颁布，成为《特拉华州普通公司法》第 203 条。[1] 同控制股份收购条款和其他反收购立法一样，特拉华州反收购

---

〔1〕 DEL. CODE ANN. tit. 8，§ 203；参见徐文彬等译：《特拉华州普通公司法》，中国法制出版社 2010 年版，第 203 条“与利害关系股东的商业联合”。

立法并不直接规范要约收购过程。它规范的是要约人进行目标公司收购的行为能力,一旦要约人收购了一定数量的目标公司的股份即会触发该条的适用。该项立法的核心是对所谓的“利害关系股东”进行限制。利害关系股东是指,拥有公司发行在外的表决权股份15%以上的任何人。利害关系股东在成为利害关系股东起3年内不得与公司建立商业联合。质言之,利害关系股东在3年期限内不得与公司进行合并或者购买超过10%的公司资产。同时,该条款禁止那些可能导致公司向利害关系股东发售新股或者增加利害关系股东占用公司股份比例的交易活动。该条还禁止利害关系股东接受公司的贷款、担保(guarantees)或者其他融资利益。总而言之,没有公司董事会的同意,任何成功的要约人在3年期限内都不能获得对公司的实际控制权,除非他愿意买下目标公司85%的表决权股份。[1]

但是,宾夕法尼亚州也好,特拉华州也罢,其反收购的立场是明确的。这一立场的核心是要保护本州利益免遭敌意收购的侵害。在本州利益面前,任何主流的经济理论、公司治理模式只要与这一利益不一致就没有市场。

二、公司社会责任理念与法经济学的对立

传统的公司法理论注重股东的利益保护,而法经济学理念注重经济的整体效率。在现金要约收购活动中,高额的股票溢价和资源的有效流动正好契合了两者的需求。但是包括雇员、债权人、社区在内的广大目标公司的利益相关者们确实蒙受了巨大的损失。公司社会责任理念正好为这部分人的利益提供了支持。

宾夕法尼亚州众议员 Hagarty Lois Sherman 在1990年4月3日关于

---

〔1〕 C. William Baxley, *The Constitutionality of the Delaware Anti-Takeover Statute*, Harvard Journal of Law & Public Policy, Vol. 13, Issue 1, 1990, p. 328 - 331.

反收购立法的讨论中为宾夕法尼亚州公司的整体利益呼吁通过立法,她说到:

> 我认为我们的立法机构应该清楚现在有两种不同的经济学理念。你(指众议员戈德歇尔)从养老基金那儿听到他们说这不是他们想要的法案,这纯粹是因为他们是投资者。我们能够确定的,一直听他们讲的他们的唯一利益就是股票的价格。他们能够越快地做到,他们就越高兴。他们不可能与比宾夕法尼亚州的社区、雇员、股东这些更大的利益一致。这就是这一法案试图实现的,因为与投资者的利益相对的是公司的利益。这一法案保护公司的最大利益,但同时又意识到,我们作为一个立法机构,还有比投资群体更重要的利益,那就是宾夕法尼亚州公司的整体的健康的经济利益。[1]

宾夕法尼亚州反收购立法保护利益相关者,它是公司社会责任理念在敌意收购场景下的应用。这种具有突破性的尝试在当时就如同在今天一样广受争议。

众议员戈德歇尔在1990年4月24日的讨论中也为宾夕法尼亚州的公司利益呼吁否定该法案,他指出:

> 我认为这份法案做得比它的支持者们所说的要多得多。经过一些所谓的更正,它仍然剥夺了股东的基本的、根本的权利。此外,今天,宾夕法尼亚州的公司必须面对全球经济的竞争。由于它把管理层和公司的所有者隔离开来,所以不可能对产生大胆的、激进的领导集体有任何激励。

---

〔1〕 Legislative Journal-House of Commonwealth of Pennsylvania, Tuesday, April 3, 1990, p. 552.

我前面已经说过,这一法案将对宾夕法尼亚州的劳动者、对宾夕法尼亚州的商业、对整个宾夕法尼亚州不利。我相信这一法案最终会成为宾夕法尼亚州的尴尬。我毫无疑问地会对这一被宾夕法尼亚州的调查者称为可耻的立法、1990 年股东权利窃夺立法投否决票。[1]

没有绝对正确的理论,也没有完全公平的立法。对于美国绝大大多数州而言,公司控制权市场理论要实现的效率是有代价的,而且这一代价是真切的、紧迫的、惨痛的,甚至是无法弥补、不可恢复的。因此,主张收购能够给公司管理层带来有利的刺激的公司控制权市场理论在各州并没有被接纳。相反,保护本州公司和利益相关者的公司社会责任理念受到了青睐。

小 结

美国的公司法自殖民地时期起就一直是地方各州的权限范围。19 世纪末 20 世纪初,为了争取大公司到本州注册,各州更是展开了竞相降低门槛的所谓“逐底竞争”(race to the bottom)。因此,人们很容易理解为什么在涉及股东利益的代理权征集问题上,各州不愿意做出任何披露要求,即使这一问题在公司法上进行规制是更为合适的。原因在于,各州的公司都在力图为公司创设最为有利的法律制度,即使有某个州制定这样的法律,公司也可以通过更改注册地而轻易地避开这类规定。反过来,当公司的利益受到威胁时,各州则会竞相制定更为有效的保护措施,因为这个时候公司的利益同本州的利益是一致的。

20 世纪 60 年代以来,美国有 39 个州制定的反收购立法正是这一利

〔1〕 Legislative Journal-House of Commonwealth of Pennsylvania, Tuesday, April 23, 1990, p. 779.

益的体现。宾夕法尼亚州的反收购立法被认为是其中最为激进的一部，因此又被戏称为宾夕法尼亚式的“社会主义”。在该州制定反收购立法的过程中，正反两派观点激烈冲突，但最终本州利益占了上风，公司社会责任理念为这一选择提供了理论支持。公司控制权市场理论在这里没有了市场。

结　　论

一、要约收购立法的美国模式

20 世纪 60 年代美国经济膨胀引发的企业并购浪潮一直受到法律的“围堵”。以代理权征集方式进行的公司控制权争夺受到 1964 年国会颁布的修订代理权征集规则的法案的严厉打击，不再能够承载企业扩张的功能。而兼并则一直是美国反垄断执法高度关注的问题，且以股权为对价的兼并活动需要得到被兼并公司管理层的明确同意方能进行。在这种情况下，企业转而采用现金收购要约的方式谋求扩张。

现金收购要约的流行很快受到立法者的关注。美国联邦国会和各州立法机关纷纷着手立法。起初，参议员威廉姆斯的提案对现金收购要约抱有深深的敌意，认为这是“公司掠夺者”的不道德行为所致。但是，在听取了金融学及法学学者对这一现象的研究成果之后，国会最终确立了中立的立场。国会的目标最终锁定在保护投资者这一点上，采取证券交易法最经典的披露方法让投资者能够进行知情决策，并且设置了很多保护措施。

与国会的中立立场不同的是，各州自始自终都对公司收购抱定反对的态度。自 1968 年弗吉尼亚州颁布第一部反收购立法以来，各州始终致力于创新反收购的举措。虽然经受了 1982 年迈特案的打击，但是 1987 年的 CTS 案又激发了州反收购立法的极大热情。最终有 39 个州颁布反收购立法。

联邦和州的二元立法格局以及公司控制权转移所牵涉的证券交易和公司代理问题共同促成了对现金收购要约规制措施的复杂性。这一复杂性是美国特有的模式。但是,这其中也有两个共性的方面是有参考价值的。其一,在以现金收购要约等方式获取公司控制权的交易中,最需要保护的是普通投资者,而对他们的保护最为重要的一点是进行信息披露。其二,在公司控制权转移过程中,管理层和控制股东自身的利益同公司和普通股东的利益可能不一致,这就会出现代理问题。公司管理层和控制股东在控制权交易过程中的信义义务将比普通情况下更为沉重。

二、理论与立法的可能关系

公司控制权市场理论所追求的“效率”与收购立法活动所体现的“利益”在美国收购立法进程中相遇。它们时而相辅相成,时而格格不入。

美国国会接受了公司控制权市场理论,从而在《威廉姆斯法案》中确立了中立的立场。这一立场通过至上条款在美国联邦最高法院得到认可;同时,曾担任联邦最高法院法官助理的丹尼尔·R. 费希尔教授的两篇论文被怀特法官应用到贸易条款中,成为迈特案的判决理由,公司控制权市场理论便通过这两个途径获得了一定的“拘束力”。但是,鲍威尔法官在 CTS 案中明确表示:宪法不要求各州遵循任何经济理论。这以后,公司控制权市场理论对各州反收购立法的“限制”作用便消失了。弗吉尼亚州早在《威廉姆斯法案》颁布之前,就率先出台了反收购立法。此后,反收购立法经历了“三次进化”,到 1990 年宾夕法尼亚州制定反收购立法时达到顶峰。目前,美国共有 39 个州颁布了反收购立法。虽然各州采取的反收购措施各有不同,各州的利益诉求也不完全一致,但有一点是共通的,那就是它们都不能接受以牺牲自己的切身利益为代价来追求公司控制权市场理论所倡导的效率。

公司控制权市场理论在美国收购立法进程中的“传奇经历”从一个个案的角度揭示了理论与立法的关系。

首先,理论为立法提供讨论问题的基本概念和框架。

1932年,伯利和米恩斯在《现代公司与私有财产》一书中,提出了现代公司所有权与控制权相分离的命题。[1]1965年,曼尼提出了“公司控制权市场”概念。他在《并购与公司控制权市场》一文中指出:“公司控制权可能构成一种有价值的资产(asset);这一资产的存在独立于任何规模经济或者垄断利益;存在着一个有效的控制权市场;有很多并购大概就是这一特殊的市场成功运作的结果。”[2]

这两项重大的学术贡献几乎统治了美国20世纪30年代以来的公司法研究范式。而它们也为立法提供了讨论问题的基本概念和框架。参议员威廉姆斯的报告、参议院银行和货币委员会的听证,所有的材料都在不断地出现“公司控制权”概念。法律条文中也会规定达到“控制权”的持股比例,定义什么是“控制股东”,什么是“控制股份”。而对收购问题的分析,则无不在“公司控制权市场”的框架下进行。

其次,理论为立法揭示经济现象的内在规律。

收购,简单地说就是股票的交易行为。收购人从公司股东手中购买股票,聚集大量股份,从而成为公司新的控制股东。表面上看,这是股票的交易;但更深一层分析则股票交易仅仅是手段,控制权的转移才是本质。这是理论揭示的经济现象的内核。

曼尼指出,“公司控制权市场的一个基本前提是公司管理效率同公司股票的价格之间存在着一种强烈的正相关关系”,“除证券市场而外,我们还没有其他可以用来衡量管理层效率的标准”,“唯有收购举措能在一定程度上保证公司经理人之间的有效竞争,从而为众多小股东、非控制股东

---

〔1〕 参见[美]阿道夫·A. 伯利、[美]加德纳·C. 米恩斯:《现代公司与私有财产》,商务印书馆2007年版,第130页。

〔2〕 Henry G. Manne, *Mergers and the Market for Corporate Control*, Journal of Political Economy, Vol. 73, No. 2, 1965, p. 110.

提供强有力的保护”。[1]“取得公司控制权的途径(mechanism)有几种。其中最基本的三种方式是:代理权征集、直接购买股份和并购。三种方式所需的成本、实行的难度以及法律后果都截然不同”,“在很多情况下,并购相较于其他两种争夺方式都更为高效。因此,对于单个非控制股东而言它们是相当重要的,而且从一般福利经济的角度看也是更令人满意的”。[2]

最后,理论与立法所要保护的利益一致时能够得到最大限度的接受。

公司控制权市场理论在国会被接受而在各州不被接受,其中最重要的原因是国会和各州立法所要保护的利益是不同的。

《威廉姆斯法案》是对美国《1934 年证券交易法》的修订。而《1933 年证券法》和《1934 年证券交易法》都是美国在 1929 年金融危机之后制定的。两部法律的宗旨是通过披露的方法来保护投资者,维护证券市场的信心。如前所述,公司控制权市场理论的核心观点也是通过收购在管理层中保持有效的竞争从而保护小股东和非控制股东的利益。不谋而合是二者得以相容的关键。

但是各州的情况就不一样了。以宾夕法尼亚州为例,海湾石油公司是该州重要的经济实体,虽然它在被敌意收购之前其业务和管理已经出现了漏洞,但是敌意收购直接导致了它的“死亡”。随它一同减损的是宾夕法尼亚州的税收、工作机会和社区利益等。这些利益对于宾夕法尼亚州而言是非常重要的,丧失这些利益让该州有切肤之痛。因此,要求各州以损失自己的利益为代价谋求经济的整体效率是不现实的。这也是美国绝大多数州选择制定反收购立法的根本原因。在这种情况下,倡导整体经济效率的公司控制权市场理论不仅没有被接受,相反还会有公司利益相关者理论被创制出来与它对抗。

---

〔1〕 See Henry G. Manne, *Mergers and the Market for Corporate Control*, Journal of Political Economy, Vol. 73, No. 2, 1965, p. 112, 113.

〔2〕 See Henry G. Manne, *Mergers and the Market for Corporate Control*, Journal of Political Economy, Vol. 73, No. 2, 1965, p. 114, 119.

通过对公司控制权市场理论在美国收购立法史中作用的考察,本书回答了理论与立法的关系问题。但是需要特别强调的是,本书的研究是在理想的假设模式下进行的。关于一个经济现象的研究会有很多,不同学者的观点也不尽相同,有的甚至相互对立。本书的研究仅仅是将肯定收购对管理层具有激励作用的观点笼统地概括为公司控制权市场理论,而有意地忽略了这一理论内部的差异。同时,为了明确研究问题,笔者更是抛开了其他理论,甚至相反理论对立法的影响作用。

收购问题的相关理论极为复杂,立法的选择考虑的因素也并不单一。正如著名证券法专家路易斯·罗思和乔尔·塞里格曼所做的总结一样:

> 有关收购要约人模棱两可的数据,为涉及收购要约的几个基本政策争论提供了经验主义背景。包括:为什么出价人常常明显地过高出价?目标公司管理者应当在什么限度内被允许去抵制非征集收购要约?收购要约产生有效收益吗?是否会使潜在的目标公司管理者关注短期效益而不可接受地缩减研发费用?在评价收购要约时,雇员、社会环境和其他要素的利益在多大程度上应当被考虑?收购要约是应当受制于更多还是更少的州或联邦的监管?在最广泛意义上,收购要约是“好”还是“坏”?
>
> 关于这些谈论的热情是强烈的……
>
> 至少能够注意到,在这些政策争论相互竞争的断言之下,有一套清晰的竞争理论模型。收购活动可以被视作符合以下假设:(1)纪律假设(收购要约将效率低的管理者替换成更有效的管理者);(2)协同假设(由于出价人的独特特质,目标公司对其比对一般市场更有价值);(3)多样化假设(出价人能够通过作多样性投资进入不同行业,减少破产风险);(4)财富转移假设(在收购中没有真正的效益收益,而是财富被从债券持有人、雇员或纳税人等转移到目标公司股东);(5)帝国大厦假设(收购的动机不是要约人股东的最佳利益,而是其管理者渴望因新统一公司的大小或可见度增加而获得更高的报酬或

威望);(6)强迫假设(出价人试图去利用分散的目标公司股东经历的“囚徒困境”或集体行动难题,其方式是提供不能令人满意的低价,原因是知悉目标公司股东即使认为是低价也可能接受,因为股东担心未来的股票市场价会更低)。

相当清楚的是,经验数据或分析论据系统不支持任何一个解释。这可能是一个存在多样的、常常冲突的原因的领域,本身显示立法谨慎和司法个案分析的智慧。像将被展开的那样,国会和法院较之州立法机构一般似乎更加明智,特别是自最高法院1987年CTS案的决定以来,州立法机关冒进制定了反收购立法。依据地方政治现实和有利于全国经济的可能损及地方经济的担忧,州立法机构的行为是容易理解的。但是对立法活动的理解不完全意味着对其表示赞同。[1]

问题的复杂性是不可回避的事实,也正是因为复杂,所以理论具有不可避免的局限性。但这也许正是理论研究的意义所在。不断地接近“真理”和“正义”将是理论研究与立法活动的终极追求。

三、中国并购案例的验证

2015年至2017年,中国资本市场上发生了著名的并购事件——“宝万之争”。虽然市场环境极为不同,但这一事件也同样验证了法经济学的有限性。

这次并购事件的目标是万科企业股份有限公司(以下简称万科)。它成为收购目标的主要原因之一是股权分散。万科没有控股股东和实际控制人,其第一大股东华润股份有限公司也并不介入公司的经营管理。在“宝万之争”发生之前,华润股份有限公司的持股比例为14.89%。[2]

---

〔1〕[美]路易斯·罗思、[美]乔尔·塞里格曼:《美国证券监管法基础》,张路等译,法律出版社2008年版,第443-444页。

〔2〕参见2015年8月26日万科企业股份有限公司董事会《关于在人民币100亿元额度内回购A股股份事项中前十名股东持股信息及相关事项的公告》。

2015年7月,姚某华对万科的收购意图逐渐浮出水面。他通过深圳市宝能投资集团有限公司旗下的前海人寿保险股份有限公司(以下简称前海人寿)和深圳市钜盛华股份有限公司(以下简称"钜盛华")持续购入万科A股股份。至2015年12月4日,钜盛华和前海人寿已持有万科20.008%的股份,接替华润股份有限公司成为万科的第一大股东。[1]

此时,万科意识到姚某华来者不善,寻求反收购。原第一大股东华润股份有限公司和安邦保险集团股份有限公司[2]增持万科股份,短暂夺回股权优势。2015年12月18日,万科甚至公告停牌,以阻断股票交易。但是姚某华还是大量购入万科股份,至2015年12月24日,钜盛华与前海人寿合计持有的万科股份比例达到24.26%,强势占据第一大股东之位。[3]2016年7月4日,万科股票复牌交易之后,宝能系又继续增持,持股比例达到25%。[4]

2015年股市低迷,宝能系的增持一开始让万科创始人、董事长王某感觉到的是自信,但他没有想到,姚某华通过万能险、资管计划等方式聚集了数百亿资金,目的就是要夺取万科的控制权。万科紧急寻找"白衣骑士",希望通过发行新股的方式"制造"新的第一大股东。2016年3月12日,万科与深圳市地铁集团有限公司签署合作备忘录。[5]2016年6月17日,双方签署《万科企业股份有限公司与深圳市地铁集团有限公司之发行股份购买资产协议》。根据交易预案摘要,万科将以向特定对象非公开发行新股的方式,购买深圳市地铁集团有限公司全资子公司深圳地铁前海国际发展有限公司100%的股权。交易完成之后,深圳市地铁集团有限公司将持

---

〔1〕 参见2015年12月7日万科企业股份有限公司董事会《关于第一大股东变更的提示性公告》。

〔2〕 安邦保险集团股份有限公司通过其控股的安邦人寿保险股份有限公司、安邦财产保险股份有限公司、和谐健康保险股份有限公司和安邦养老保险股份有限公司四家公司共同持有万科5.0000005%的股份。参见2015年12月9日万科企业股份有限公司《简式权益变动报告书》。

〔3〕 参见2015年12月26日《深圳市钜盛华股份有限公司权益变动情况说明》。

〔4〕 参见2016年7月7日万科企业股份有限公司《详式权益变动报告书》。

〔5〕 参见2016年3月14日万科企业股份有限公司《关于与深圳市地铁集团有限公司签署合作备忘录的公告》。

有万科20.65%的股份，成为第一大股东；宝能系股权将被摊薄，仅持股19.27%，成为第二大股东；华润股份有限公司的地位更是一落千丈。[1]

此交易方案罔顾股东权益，引发轩然大波。在2016年6月17日当天举行的第十七届董事会第十一次会议上，就有三名董事反对万科发行股份购买资产。[2]6月23日，宝能系发表声明，反对万科发行股份购买资产的预案；华润集团也通过微信公众号声称，反对万科管理层提出的拟发行股份购买资产的重组预案。[3]6月24日，宝能系甚至提议罢免王某等十二位董事、监事。[4]2016年6月27日，万科召开2015年度股东大会，董事会报告与监事会报告双双被否决。[5]2016年9月10日，因深圳市地铁集团有限公司董事长在国家发展改革委城市轨道交通投融资机制创新研讨会上谈及与一家上市公司对赌引发媒体关注，深圳证券交易所介入，问询万科是否存在违规披露问题。[6]与此同时，中国恒大集团下属企业（恒大地产集团有限公司及其控制的数家公司）不断买入万科股份，至2016年11月29日其已持有万科已发行股本总额度约14.07%。[7]这让万科的股权之争更加扑朔迷离。

2016年年底，"白衣骑士"深圳市地铁集团有限公司终于展现了拯救万科的魄力。12月16日，万科公告称，已与深圳市地铁集团有限公司签署协议，终止发行股份购买资产事项。[8]2017年1月12日，华润股份有

---

〔1〕 参见2016年6月18日万科企业股份有限公司《发行股份购买资产暨关联交易预案摘要》。

〔2〕 参见2016年6月18日万科企业股份有限公司《第十七届董事会第十一次会议决议公告》。

〔3〕 参见2016年6月25日万科企业股份有限公司《关于重大资产重组停牌进展公告》。

〔4〕 参见2016年6月24日深圳市钜盛华股份有限公司、前海人寿保险股份有限公司《关于提请万科企业股份有限公司董事会召开2016年第二次临时股东大会的通知》。

〔5〕 参见2016年6月28日万科企业股份有限公司《2015年股东大会决议公告》。

〔6〕 参见2016年9月12日万科企业股份有限公司董事会《关于深圳证券交易所公司部问询函[2016]第317号的复函》。

〔7〕 参见2016年11月30日万科企业股份有限公司《关于中国恒大购买公司A股股票的提示性公告》。

〔8〕 参见2016年12月19日万科企业股份有限公司《关于终止发行股份购买资产事项的公告》。

限公司及其全资子公司中润国内贸易有限公司与深圳市地铁集团有限公司签署股份转让协议,由后者受让前者持有的所有万科股份,转让价格约371.71亿元。[1]2017年3月16日,深圳市地铁集团有限公司与中国恒大集团下属企业签署《战略合作框架协议》和《委托协议》,约定协议生效之日起一年内,后者所持有的万科股份表决权、提案权及参加股东大会的权利不可撤销地委托给前者。[2]如此,深圳市地铁集团有限公司成为表决权最高的万科股东。2017年6月9日,深圳市地铁集团有限公司与中国恒大集团下属企业签订协议,购买后者持有的所有万科股份。交易完成后,深圳市地铁集团有限公司持有万科总股本的29.38%,成为名副其实的第一大股东。[3]

2017年6月底,历时两年的"宝万之争"终于尘埃落定。6月30日,万科召开2016年度股东大会,选举新一届董事会成员。七名非独立董事中有三位来自深圳市地铁集团有限公司,华润时代第一大股东不参与万科经营管理的旧模式就此结束。郁某接替王某任董事长,万科的创始人时代也从此翻篇。[4]中国恒大集团花费约362.73亿元购得的万科股份,转让时仅得到约292亿元,偷鸡不成反蚀把米。[5]第二大股东宝能系未能在董事会获得任何席位,甚至没有出席股东大会。

"宝万之争"是中国资本市场上最引人注目的一次并购事件,它的结局显示了中国市场的制度特性。在并购问题上,我国已经借鉴了美国较为成熟的做法,如明确了收购人的信息披露义务。这就避免了中国市场

---

〔1〕 参见2017年1月13日万科企业股份有限公司《关于股东签署股份转让协议的提示性公告暨公司股票复牌公告》。

〔2〕 参见2017年3月17日万科企业股份有限公司《关于股东签署〈战略合作框架协议〉、〈委托协议〉暨公司股东表决权等权利变更的提示性公告》。

〔3〕 参见2017年6月10日万科企业股份有限公司《关于股东签署股份转让协议的提示性公告暨公司股票复牌公告》。

〔4〕 参见万科企业股份有限公司2016年度股东大会文件、2016年度股东大会决议公告及第十八届董事会第一次会议决议公告。

〔5〕 参见2017年6月12日万科企业股份有限公司《详式权益变动报告书》和2016年11月30日万科企业股份有限公司《关于中国恒大购买公司A股股票的提示性公告》披露的交易价格。

出现现金要约收购浪潮兴起之初美国资本市场所经历的无序状态。但中国没有设置类似美国多数州公司法所采取的反收购举措,而是借鉴了英国的做法,在《上市公司收购管理办法》中规定了强制要约收购制度。这就让证券监督管理委员会成为上市公司收购的主要监督主体,功能类似于英国的收购与兼并委员会。美国并购案件中发挥重要作用的司法机制在中国并没有太多的用武之地。万科原第一大股东华润股份有限公司和新的第一大股东深圳市地铁集团有限公司都是国资企业,这也是这次并购事件的特别之处。

在这一背景下,我们可以更好地分析这次敌意收购涉及的法律问题。

第一,信息披露的合法性问题。“宝万之争”的整个过程,收购方持股比例都没有达到30%,因此没有触发强制要约收购义务。按照《上市公司收购管理办法》第二章“权益披露”规定的要求,收购方需要在持股比例每增加或减少5%时进行披露,俗称“举牌”。宝能系在增持过程中共进行过5次举牌,其披露行为并没有太多可指摘之处。2016年7月21日,中国证券监督管理委员会深圳监管局的监管关注函也仅提及钜盛华“未按权益变动报告书的要求将相关备查文件的原件或有法律效力的复印件备置于上市公司住所”。

第二,资金使用的合法性问题。上市公司收购需要动用大量的资金,在20世纪六七十年代的美国,要约收购的资金大多来源于垃圾债券;而在“宝万之争”中,收购资金大部分来源于资产管理计划。根据万科《2015年年度报告摘要》和2016年7月7日宝能系《详式权益变动报告书(修订稿)》的披露,宝能系持有的万科25%的股份中,有14.19%的股份系通过各种资产管理计划实现的。2016年7月19日,万科向深圳证监局提交了《关于提请查处钜盛华及其控制的相关资管计划违法违规行为的报告》,但是笔者并未见到证监局对此有后续处罚措施。这或许说明,利用资产管理计划获得上市公司表决权的行为本身并无可责难之处。

第三,小股东利益保护问题。按照法经济学的观点,敌意收购可以更好地实现小股东利益保护,因为它可以替代低效的管理层,实现资源的更高效利用。在"宝万之争"中,小股东得到了什么呢?宝能系最终未能在股东大会上发挥什么重要的作用,新的第一大股东改组万科董事会也很难说代表了小股东的利益。对于小股东而言,最直接的影响是股价。正如 Lipton 所言,现金收购要约对于小股东而言不过是一个价格而已。2018 年至 2019 年,宝能系逐步减持万科股份,价格区间为 22.41 ~ 31.44 元/股。[1]而对比其增持过程 11.89 ~24.43 元/股的价格,可见这次投资是非常成功的。在整个事件中,万科股票价格出现过三次异常波动,其中两次涨幅超过 20%,一次跌幅超过 20%。盈利或亏损,只有单个股东自己最为清楚。

这次著名的事件再次证明敌意收购在中国资本市场上同样是不受欢迎的,号称小股东利益维护者的"野蛮人"也不被容于中国的制度框架。2017 年 2 月 24 日,前海人寿董事长姚某华被撤销任职资格并被禁入保险业 10 年,理由是该公司在 2015 年 11 月增资活动提交的相关报告中存在编制提供虚假资料的行为,其负有直接责任。[2]《中华人民共和国保险法》第 86 条规定,保险公司应当按照保险监督管理机构的规定报送有关报告,如实记录保险业务事项,不得有虚假记载、误导性陈述和重大遗漏。第 171 条规定,保险公司编制或者提供虚假的报告、报表、文件、资料的,除对该单位给予处罚外,"对其直接负责的主管人员和其他直接责任人员给予警告,并处一万元以上十万元以下的罚款;情节严重的,撤销任职资格。"第 177 条规定:"违反法律、行政法规的规定,情节严重的,国务院保险监督管理机构可以禁止有关责任人员一定期限直至终身禁入保险业。"对照法条,原保险监督管理委员会(以下简称原保监会)对前海人寿处以

〔1〕 参见 2018 年 7 月 20 日、2018 年 7 月 25 日、2018 年 9 月 12 日、2019 年 11 月 23 日和 2019 年 12 月 20 日万科企业股份有限公司《简式权益变动报告书》。

〔2〕 参见中国保险监督管理委员会行政处罚决定书,保监罚〔2017〕13 号。

50 万元罚款适用了最高额罚金，而姚某华被撤销任职资格和行业禁入，系适用了“情节严重的”相应处罚。再详细查看处罚决定书，前海人寿关于增资为自有资金的虚假陈述系在对原保监会的报告中做出的，并非针对其增持万科股份的事件。但是很明显，这一处罚是专为震慑“野蛮人”的。

首先，原保监会的处罚发生在“宝万之争”事件进程中，很好地控制住了敌意收购方。2016 年 7 月，“宝万之争”进入白热化阶段。万科与深圳市地铁集团有限公司的发行股份购买资产协议陷入争议的旋涡，宝能系却在万科股票复牌后继续高歌猛进，股权增持至 25%。但是很快，这场股权之争就彻底发生了反转。2017 年 1 月，深圳市地铁集团有限公司受让华润股份有限公司持有的万科股份，3 月该公司又与中国恒大集团签署协议取得后者的万科股份表决权，成为事实上的第一大股东。2017 年 2 月原保监会对前海人寿的处罚则正好打击了敌意收购方。同一时期的两个事件双管齐下，结束了万科的股权之争。其次，监管部门从重处罚姚某华，所谓“情节严重”应指涉其引发的股市大波动。万科的举报针对的是钜盛华资产管理计划的违法违规问题。深圳证监局的监管关注函中也提及，钜盛华增持万科股份事项引发市场和媒体高度关注，对上市公司和中小投资者有着重要影响。但是这种严重影响在证券监管制度中无法给予应有的处罚。因此，从保险监管入手处理是更于法有据的。“擒贼先擒王”，姚某华作为前海人寿的法定代表人，对该公司编制提供虚假资料的行为负有直接责任，他的被罚可谓“釜底抽薪”，彻底浇灭了宝能系对万科的收购意愿。万科的股权争夺战平息了，监管部门的立场也明确了。姚某华之后，再难出现“野蛮人”。

在这次事件中，我们应当着重关注的其实是敌意收购中目标公司董事的权责问题。参考美国特拉华州的经典判例，万科董事会的反收购行为确有诸多不当之处。其中，2016 年 6 月 17 日万科第十七届董事会第十一次会议决议最具争议。这份决议拟通过发行股份购买资产的方式“制造”一个新的第一大股东,从而达到反收购的目的,但是它却突破了董事权力的底线。[1]虽然大家争议最多的是一位董事回避后这份决议是否有效的问题,但最根本的却是董事会决议不得干扰股东表决权的问题。这份决议中的重组方案最终因争议太大且未经股东大会批准而被终止,但它提出了一个很好的问题:在中国资本市场上,目标公司董事会在面对敌意收购时怎样行事才符合信义义务的要求?

---

〔1〕 参见张巍:《资本的规则》,中国法制出版社2017年版,第231－235、242－249页。

主要参考文献

一、美国联邦及各州立法

1. Constitution of the United States

2. Securities Exchange Act of 1934

3. General Corporation Law of Delaware

4. Illinois Business Corporation Act of 1983

5. Pennsylvania Law of Corporations and Unincorporated Associations

6. Code of Virginia, Title 13. 1 Corporations

7. Code of Indiana, Title 23. Business and other Associations

8. P. L. 88 – 467 – Aug. 20, 1964, 78 Stat. 569

9. The Clayton Act

10. 1968 Merger Guidelines of the U. S. Department of Justice

二、美国国会及各州立法档案

1. P. L. 90 – 439, as enacted July 29, 1968.

2. "Full Disclosure of Corporate Equity Ownership and in Corporate Takeover Bids", Hearings before the Senate BankIng and Currency Committee, 90th Congress, 1st Session on S. 510, March 21, 22 and April 4, 1967.

3. "Takeover Bids", Hearings before the Subcommittee on Commerce and Finance of the House Committee on Interstate and Foreign Commerce, 90th Congress, 2nd Session on H. R. 14475 and S. 510, July 1, 1968.

4. Senate Report No. 550 to accompany S. 510, August 29, 1967.

5. House Report No. 1711 to accompany S. 510, July 12, 1968.

6. S. 510, as introduced by Mr. Williams and referred to the Senate Banking and Currency Committee, January 18, 1967.

7. S. 510, as reported Senate, August 29, 1967 (Senate Report No. 550).

8. S. 510, as passed Senate and referred to the House Interstate and Foreign Commerce Committee, August 31, 1967.

9. S. 510, as reported House with amendments, July 12, 1968 (House Report No. 1711).

10. H. R. 12210, as introduced by Mr. Helstoski, and referred to the House Interstate and Foreign Commerce Committee, August 9, 1967.

11. H. R. 14475, as introduced by Mr. Moss and referred to the House Interstate and Foreign Commerce Committee, December 14, 1967.

12. Delaware House Bill No. 396, an Act to Amend Chapter I, Title 8, Delaware Code Relating to the General Corporation Law.

13. Pennsylvania Associations Code (15 PA. C. S.) – AMEND, Act of Apr. 27, 1990, P. L. 129, No. 36.

14. The General Assembly of Pennsylvania, Session of 1989, Senate Bill No. 1310, Printer's No. 1640.

15. The General Assembly of Pennsylvania, Session of 1989, Senate Bill No. 1310, Printer's No. 1747.

16. The General Assembly of Pennsylvania, Session of 1989, Senate Bill No. 1310, Printer's No. 1824.

17. The General Assembly of Pennsylvania, Session of 1989, Senate Bill No. 1310, Printer's No. 2046.

18. The General Assembly of Pennsylvania, Session of 1989, Senate Bill No. 1310, Printer's No. 2086.

19. The General Assembly of Pennsylvania, Session of 1989, Senate Bill No. 1310, Printer's No. 2108.

20. Legislative Journal-Senate of Commonwealth of Pennsylvania, Tuesday, December 12, 1989.

21. Legislative Journal-Senate of Commonwealth of Pennsylvania, Wednesday, December 13, 1989.

22. Legislative Journal-Senate of Commonwealth of Pennsylvania, Monday, January 22, 1990.

23. Legislative Journal-Senate of Commonwealth of Pennsylvania, Monday, April 23, 1990.

24. Legislative Journal-House of Commonwealth of Pennsylvania, Tuesday, April 23, 1990.

25. Legislation Journal-House of Commonwealth of Pennsylvania, Tuesday, April 3, 1990.

三、美国联邦及州法院判例

1. EDGAR v. MITE CORP. ET AL. ,457 U. S. 624(1982).

2. MITE CORPORATION and Mite Holdings, Inc. v. Alan J. DIXON, 633 F. 2d 486,501(1980).

3. Dynamics Corporation of America v. CTS Corporation, et al. , 637 F. Supp. 389,390(1986).

4. Dynamics Corporation of America v. CTS Corporation, State of Indiana,794 F. 2d 250,262(1986).

5. CTS Corp. v. Dynamics Corporation of America,481 U. S. 69,82 – 83 (1987).

6. First National Bank of Boston v. Bellotti,435 U. S. 765.

7. Icahn v. Blunt,612 F. Supp. 1400(W. D. Mo. 1985).

8. APL Limited Partnership v. Van Dusen, Inc. , 622 F. Supp. 1216 (D. Minn. 1985).

9. Pike v. Bruce Church,Inc. ,397 U. S. 137,142(1970).

10. Brown Shoe Co. v. United States,370 U. S. 325(1962).

11. Unocal Corp. v. Mesa Petroleum Co. ,493 A. 2d 946(1985).

12. Revlon,Inc. v. Macandrews & Forbes Holdings,Inc. ,506 A. 2d 173 (1986).

13. Blasius Industries,Inc. v. Atlas Corp. ,564 A. 2d 651(1988).

14. Aronson v. Lewis,Del. Supr. ,473 A. 2d 805,812(1984).

15. Moran v. Household International Inc. ,500 A. 2d 1346(1985).

16. Thompson v. Enstar Corp. ,Del. Ch. ,509 A. 2d 578(1984).

17. Cities Serv. Co. v. Gulf Oil Corp. ,1990 OK CIV APP 19.

18. Cities Service Co. v. FTC,627 F. Supp. 827(1984).

19. Cities Serv. Co. v. Gulf Oil Corp. ,1999 OK 14.

20. In re Gulf Oil/Cities Serv. Tender Offer Litig. , 142 F. R. D. 588 (1992).

21. In re Gulf Oil/Cities Service Tender Offer Litigation, 1990 U. S. Dist. LEXIS 5009(1990).

四、美国政府、议会、法院等网站

1. http://www. supremecourt. gov.

2. http://www. legis. state. pa. us.

3. http://assembly. state. ny. us/

4. http://virginiageneralassembly. gov/

5. http://www. law. uchicago. edu.

6. http://www. orderofthecoif. org/

五、美国学者的论文、著作及相关报道

1. Henry G. Manne, *Mergers and the Market for Corporate Control*, Journal of Political Economy, Vol. 73, No. 2, 1965, p. 110 – 120.

2. Frank H. Easterbrook & Daniel R. Fischel, *The Proper Role of a Target's Management in Responding to a Tender Offer*, Harvard Law Review, Vol. 94, 1981, p. 1161 – 1204.

3. Daniel R. Fischel, *Efficient Capital Market Theory, the Market for Corporate Control, and the Regulation of Cash Tender Offers*, Texas Law Review, Vol. 57, 1978, p. 1 – 46.

4. David N. Hecht, *The Little Train that Couldn't: Did the Pennsylvania Anti-Takeover Statute Fail to Protect Conrail from a Hostile Suitor?* Fordham Law Review, 1997 – 1998, p. 931 – 974.

5. Henry Hansmann & Reinier Kraakman, *The End of History for Corporate Law*, Georgtown Law Journal, Vol. 89, Issue 2, 2001, p. 439 – 468.

6. C. William Baxley, *The Constitutionality of the Delaware Anti-Takeover Statute*, Harvard Journal of Law & Public Policy, Vol. 13, Issue 1, 1990, p. 319 – 354.

7. Gregg A. Jarrell, *State Anti-takeover Laws and the Efficient Allocation of Corporate Control: An Economic Analysis of Edgar v. Mite Corp.*, Supreme Court Economic Review, Vol. 2, 1983, p. 111 – 130.

8. Martin Lipton and Andrew R. Brownstein, *Takeover Responses and Directors' Responsibilities: An Update*, ABA National Institute on the Dynamics of Corporate Control, Business Lawyer, Vol. 40, Issue 4, 1985, p. 1403 – 1430.

9. Martin Lipton, *Takeover Bids in the Target's Boardroom*, Business Lawyer, Vol. 35, Issue 1, 1979, p. 101 – 134.

10. Stephen M. Bainbridge, *Unocal at 20: Director Primacy in Corporate*

Takeovers, Delaware Journal of Corporate Law, Vol. 31, Issue 3, 2006, p. 769 – 864.

11. Jack Markowitz, *Gulf Oil Corp. – How it All Began*, Pittsburgh Post-Gazette, Vol. 49, No. 144, January 15, 1976.

12. Richard D. Lyons, *Gulf Oil Admits it Illegally Gave 5 – Million Abroad*, The New York Times, May 17, 1975.

13. Scott Macleod, *Gulf's Boss on Scandal*: "*It Won't Happen Again*", the Pittsburgh Press, Jan. 14, 1977.

14. Jonathan Williams, *Board Had Votes to Fire Him-Gulf's Dorsey Fought Ouster*, Pittsburgh Post-Gazette, Vol. 49, No. 144, January 15, 1976.

15. John Golightly, *Profiles of Four Officials Ousted by Gulf*, Pittsburgh Post-Gazette, Vol. 49, No. 144, January 15, 1976.

16. Rock, Kevin F., *Gulf Oil Corp.—Takeover*, Harvard Business School Case 285 – 053, November 1984.

17. Jonathan Lansner, *Gulf Directors Accept $80 Bid From Socal*, The Pittsburgh Press, Vol. 100, No. 253, March 6, 1984.

18. Earl Bohn, *Pittsburgh Losing Gulf, May Gain Research Center*, Observer-Reporter, March 14, 1985, p. A5.

19. "Upping the Ante", the Times, Jun. 28, 1982, available at http://www.time.com/time/magazine/article/0,9171,949510,00.html#ixzz12PSXaCy2, accessed September 7, 2023.

20. "Gulf Oil's President Elected Chairman", July 15, 1981, available at https://www.nytimes.com/1981/07/15/business/business-people-gulf-oil-s-president-elected-chairman.html, accessed September 7, 2023.

21. Kuwait Oil Company Archive, https://archiveshub.jisc.ac.uk/search/archives/7b407c7d-23af-37de-9408-a67f0382dd57, accessed September 5, 2023.

22. Handbook of Texas: Gulf Oil Corporation, https://www.tshaonline.

org/handbook/entries/gulf-oil-corporation, accessed August 26, 2023.

23. "Occidental Upheld on Award vs. Chevron", available at https://www.nytimes.com/1999/03/04/business/occidental-upheld-on-award-vs-chevron.html? n = Top% 2FReference% 2FTimes + Topics% 2FSubjects % 2FS% 2FSuits + and + Litigation, accessed September 6, 2023.

24. Robert J. Cole, "Socal Agrees to Buy Gulf in Record Deal; Price is $13 Billion", available at HTTPS://WWW.NYTIMES.COM/1984/03/06/BUSINESS/SOCAL-AGREES-TO-BUY-GULF-IN-RECORD-DEAL-PRICE-IS-13-BILLION.HTML, accessed August 17, 2023.

25. "F. T. C Approves Chevron-Gulf Deal", available at https://www.nytimes.com/1984/10/25/business/ftc-approves-chevron-gulf-deal.html? n = Top% 2FReference% 2FTimes + Topics% 2FOrganizations% 2FF% 2FFederal + Trade + Commission + , accessed Septmeber 7, 2023.

六、中文及中译本著作和论文

1. [美]阿道夫・A. 伯利、[美]加德纳・C. 米恩斯:《现代公司与私有财产》,甘华鸣等译,商务印书馆2007年版。

2. [美]莱瑞・D. 索德奎斯特:《美国证券法解读》,胡轩之、张云辉译,法律出版社2004年版。

3. [美]路易斯・罗思、[美]乔尔・赛里格曼:《美国证券监管法基础》,张路等译,法律出版社2008年版。

4. [美]迈克尔・E. S. 弗兰克尔:《并购原理:收购、剥离和投资》,曹建海主译,东北财经大学出版社2009年版。

5. 中国证券监督管理委员会组织编译:《美国〈1934年证券交易法〉及相关证券交易委员会规则与规章》(第2册),法律出版社2015年版。

6. [美]弗兰克・伊斯特布鲁克、[美]丹尼尔・费希尔:《公司法的经济结构》,罗培新、张建伟译,北京大学出版社2014年版。

7. [美]莱纳・克拉克曼、[美]亨利・汉斯曼等:《公司法剖析:比较与功能的视角》,罗培新译,法律出版社 2012 年版。

8. 张巍:《资本的规则》,中国法制出版社 2017 年版。

9.《特拉华州普通公司法》,徐文彬等译,中国法制出版社 2010 年版。

10. 王希:《原则与妥协:美国宪法的精神与实践》(增订版),北京大学出版社 2014 年版。

11. 何勤华主编:《外国法制史》(第 5 版),法律出版社 2011 年版。

12. 邵万钦:《美国企业并购浪潮》,中国商务出版社 2005 年版。

13. 王亚新、陈晓彤:《前诉对后诉的影响——〈民诉法解释〉第 93 条和第 247 条解析》,载《华东政法大学学报》2015 年第 6 期。

14. 沈艺峰:《公司控制权市场理论的现代演变(下)——美国三十五个州反收购立法的理论意义》,载《中国经济问题》2000 年第 3 期。

15. 朱圆:《美国公司治理最新发展及法理分析》,华东政法学院 2006 年博士学位论文。

16. 王春娣:《美国规制企业合并标准问题研究》,载《中国人民大学学报》1998 年第 2 期。

17. 王兆同:《论商业判断规则》,载苗壮:《美国公司法:制度与判例》,法律出版社 2007 年版。

附录　术语表

按比例	pro rata/proration
白领海盗	white – collar pirate
白衣骑士	white knight
被低估的和容易变现的资产	undervalued and easily liquidated assets
表决权	the vote/voting power
捕食者	predator
不受约束的权力	unbridled discretion
操纵	manipulative
产品安全法	product safety regulation
产品责任侵权法	tort law governing product liability
撤回	withdraw
撤回权	withdrawal right
持有	hold
出价	bid
出价人	bidder
出借	lend
出售	sell

续表

按比例	pro rata/proration
初步禁令	preliminary injunction
处置	dispose
存货估值	inventory valuation
挫败	frustrate
代理权的拒绝	the withholding of proxies
代理权的授予	the giving of proxies
代理权争夺	proxy contest/proxy fight
代理权征集	proxy collection
贷款担保	guaranties of loans
贷款协议	loan arrangement
担保	guarantee
担保法	warranty law
敌意收购	hostile takeover
抵押	pledge
董事	director
董事会	the board
毒丸	poison pill
独立董事	independent director/non – management director
发行人	issuer
发行在外的证券	outstanding securities
法经济学	law and economics
法律顾问	legal counsel
法庭之友	counsel amicus
反垄断法	anti – trust law
反歧视法	anti – discrimination law

续表

按比例	pro rata/proration
反收购法案	anti – takeover act
防御措施	defensive measure
非利害关系股东	disinterested shareholder
负债能力	debt capacity
附属公司	affiliate
杠杆收购	leveraged buyout
杠杆资本重组	leveraged recapitalization
高级附属票据	Senior Subordinated Note
公共利益	public interest
公开发行公司	issuing public corporation
公平价格	equal consideration/fair value
公司偿债能力	corporate liquidity
公司贷款能力	corporate availability of credit
公司股权	corporate equity ownership of securities
公司回购自己的股份	corporate repurchase of its own securities
公司控制权	the control of corporations
公司控制权市场	the market for corporate control
公司掠夺者	corporate rader
公司社会责任理念	corporate social responsibility
公司治理	corporate governance
公正无私地	disinterested
供应商	supplier
购买	purchase
购买权利计划	note purchase rights plan
股东	stockholder/shareholder

续表

按比例	pro rata/proration
股东导向模式	the shareholder – oriented model
股东同意书	stockholder consent
股票	stock/share
股票期权	stock options
股权收购	stock acquisition
股息	dividends
雇员	employee
关联人	associate
管理层	management
管理者导向模式	the manager – oriented model
合并	consolidation
合并前通知报告	pre – merger notification report
合格员工	eligible employee
合宪	constitutional
合宪性	constitutionality
换股要约	exchange offer
皇冠宝石	crown jewel
黄金降落伞	golden parachute
获取	acquire
机构投资者	institutional investor
集体谈判代表	collective bargaining representative
集团化运动	conglomerate movement
假设案件	moot
兼并	merger
交错董事任期制	staggered directorship

续表

按比例	pro rata/proration
交换	exchange
交易	deal
接收	receive
接受	take
解雇	termination of employment
禁止招揽	no – shop
决议	resolution
控制地位	control position
控制股东	controlling shareholder
控制股份	control shares
控制股份批准	control – share approval
控制股份收购	control share acquisition
控制权益	controlling interest
垃圾债券	junk bond
蓝天法	blue – sky laws
劳动合同	labor contract
劳动合同法	the law of labor contracting
累积可转换、可交换优先股	cumulative convertible exchangeable preferred stock
累积投票制	cumulative voting
离职补偿	severance compensation
利害关系股份	interested shares
利润担保	guaranties of profits
利润分配	division of profits
利益相关方模式	the stakeholder model
利益相关者	constituencies

续表

按比例	pro rata/proration
联合经营	joint ventures
临时解雇	layoff
临时禁令	temporary restraining order
流动负债	current liabilities
流动性资产	liquidable assets
流动资产头寸	liquid asset position
绿票	greenmail
绿票讹诈者	greenmailer
卖出或买入选择权	puts or calls
贸易条款	the Commerce Clause
默示地	implicitly
目标公司	the target company/the target corporation
内部人	insider
内部事务原则	the internal affairs doctrine
爬行式收购要约	creeping tender offers
帕克曼战术	pac man
拍卖	auction
拍卖师	auctioneer
披露	disclosure
票据持有人	noteholder
票面价值	par value
迫不得已的理由	compelling justification
期权	option
期权认股权证	option warrant
期权协议	option arrangement

续表

按比例	pro rata/proration
欺骗	deceptive
欺诈	fraudulent
歧视	discriminate
歧视性	discriminatory
“前重后轻”的双层收购要约	two – tier “front – end” loaded offers
抢劫者	looter
清算	liquidation
取消费	cancellation fee
“速动”比率	“quick” ratio
善意	in good faith
善意收购	friendly acquisition
商业联合	business combination
商业判断规则	business judgement rule
社区	community
使用	use
适度的	reasonable
收购人说明书	acquiring person statement
收购要约	tender offer/ takeover bid
收益	earnings
赎回	redeem
损害与大规模侵权法	the law of nuisance and mass torts
损失担保	guaranties against loss
损失分担	division of losses
锁定期权	lock – up option
套利者	arbitrageur

续表

按比例	pro rata/proration
特别股东会议	special meeting of shareholders
特权	privilege
特许经营权	franchise
听证	hearing
听证通知	notice of hearing
停滞协议	standstill agreement
同意征集书	consent solicitation
投票	voting
投入收购游戏	put "in play"
投资者	investor
拖延	delay
外部董事	outside director
违宪	unconstitutional
委托声明书	proxy statement
卫生和安全法	health and safety law
无意违反	unintended violation
先到先买原则	first come first – served basis
现金挤出	cash – out
现金收购要约	cash tender offer/takeover bids
小型高杠杆公司	small, highly leveraged company
效益	effectiveness
协议	understanding
胁迫性	coercive
信托机制	royalty trust
信义义务	fiduciary duty

续表

按比例	pro rata/proration
信用权证	credit
选举团	voting group
选择性优待	selective treatment
养老金法	pension law
要约人	takeover bidder
业务和事务	business and affairs
一致行动人	persons acting in concert
异议者	dissident
溢价	premium
应收账款	receivables
拥有	own
永久禁令	permanent injunction
有价证券	marketable securities
有利于竞争	pro – competitive
预售	deposit/tender
预售的股票	tendered securities/securities deposited
预售人	depositor
预先禁令	preliminary injunction
预先排除	pre – empt
暂停指令	cease and desist order
债权人	creditor
章程	charter
账面价值	book value
证券	securities
政策	policy

续表

按比例	pro rata/proration
至上条款	the Supremacy Clause
中间上诉	interlocutory appeal
忠实义务	duty of loyalty
州务卿	Secretary of State
逐底竞争	race to the bottom
主要办事机构	principal executive office
注册说明书	registration statement
注意义务	duty of care
转让	transfer
追缴	disgorgement
资产	asset
资产估值	asset valuation
资产净值利润率	return on net worth
最低遣散费	minimum severance amount

后记

七年前，当这篇博士论文完成时，我这样写到：

博士论文的写作是一段从零开始的旅程，从零开始找资料，学习全新的知识，论证一个未知的问题，经历很多的失落和惊喜，期待一个不一定能够达到的结果。翻开过去一年多的笔记，最初的慌乱、焦虑和不知所措仍在眼前，那些失眠的夜晚里写下的字字句句记录了我在论文写作过程中完成的蜕变。

从零开始，不仅是写一篇论文，而是在论文的写作中开始一次彻底地自我更新。从零开始首先是接受自己，接受自己的无知，接受自己的自大，接受自己的低效，接受自己的懒惰，接受自己的过错，然后回到自己重新开始。当那个每天无法保证按时上班、需要加班熬夜完成工作、无法照顾到家人、经常生病、胆小怯懦却又心高气傲的我开始接受自己的缺陷之后，一切就都不一样了。周围的师长、同事、朋友和家人身上的很多优秀品质在我眼前变得那么鲜明，让我不自觉地就会向他们学习、请教。

在攻读博士学位的三年间，特别是在撰写博士论文的这一年多的时间里，我得到了老师、同学、朋友、同事、家人太多的关心和帮助，在此我要向他们表达衷心的感谢。

首先要感谢的是我的导师何勤华教授。何老师博古通今，融贯中西，他的渊博难有企及之人。即使校务繁忙，仍然成果丰硕。何老师非常强调勤奋，我想这是他成功的秘诀。何老师不嫌我愚钝，将我收入门下，让我能够圆了读博的梦想，对我恩重如山。这篇博士论文的选题也源自何老师主持的国家社科基金重大项目"法律文明史"课题。

我的硕士生导师周伟文副教授通读了我的论文初稿，并提出了严厉的批评意见，让我受益良多。博士授课老师王立民教授经常关心我的写作进展，给我很多鼓励。徐永康教授的课对我有"启蒙"之效，他深刻的洞察力和娴熟的检索技能启发我在写作过程中不断地挖掘一手资料。丁凌华教授醉心学术，全身心投入教学与研究，给我树立了治学的榜样。

在写作的过程中，陈颐老师给予我很多关键的帮助。他曾亲自带我到法律史中心的资料室查找资料，帮我检索《美国标准商事公司法》的历年版本并传授我检索方法。他指导我如何安排有限的写作时间，并多次就我的写作大纲提供修改意见。当我在写作过程中遇到问题时，总是去"烦"他，而陈老师总是耐心地为我解答。每当我找到一些关键的资料或者思有所得的时候，就忍不住会去跟陈老师讲，而他总是能够站在更高的高度来帮我分析。陈老师似乎无所不知，有时候我好不容易搞清楚了一个问题，而陈老师知道的早已远远不止这一点。

王沛老师跟我分享了自己的博士论文写作过程，并多次鼓励我闯过人生中最艰难的博士论文写作阶段。多亏了王老师纠正我的不良坐姿，否则我那已经反弓的颈椎恐怕早就要罢工了。陈灵海老师跟我谈过他的博士论文，提出了他对十年之后的现在博士论文应当达到什么水平的看法，并提醒我注意美国不同利益集团对立法的影响作用。解锟师姐跟我聊过很多自己写论文的辛酸苦楚，每次看到她都会叮嘱我努力用功，也是她无意间说到选题最好有激烈的立法争论的事促使我将选题限定在了美国的要约收购立法时期。汪强师兄时常关心我的写作进度，因为有他的反问，才促使我迈出了落笔的第一步。吴一鸣老师肯定了我最初的选题意向，给了我极大的信心。我曾向徐士英老师求教经济与法律的关系问题，徐老师热心地帮我做了解答并给了我一些很好的参考书目。张磊教授从部门法的角度提出，希望在法律史的论文中看到规律性的东西，这是我在写作过程中努力探寻的内容。我的师姐李明倩博士曾帮助我解答英文翻译中的疑惑。中国政法大学陈夏红老师和我的同学吴玄博士曾费心帮我查找美国立法档案资料。我还要感谢跟我并肩作战的 13 级法律史专业的博士同学们，和跟我一起完成课堂报告的 14 级法律史专业的博士同学们。因为休学的缘故，却能够在一段学习经历中拥有两届同学，此亦人生之幸也。

我能够顺利地完成论文的写作有赖于我的领导和同事给予我的无尽关怀和无私帮助。学报编辑部现任主编马长山教授多次关心我的写作进度，并给予我很多鼓励。副主编卢勤忠教授在工作安排上尽量考虑我的写作需要，为我减轻了很多压力。办公室主任余红老师总是先人后己、默默奉献，为我分担了很多具体工作。我的同事和师姐宫雪博士承担了很多我的分内工作，为我争取到很多时间来完成论文。

学报原编辑部主任陈越峰教授对我的指导和帮助特别多，就如同我的人生导师。在与陈老师共事的五年时间里，他为人为学的点点滴滴都潜移默化地影响着我。特别是在博士论文写作的一年多时间里，陈老师指导我度过了艰难的蜕变期。他不仅帮我分担了绝大部分的工作，还指导我如何写作，耐心地跟我讲解论文初稿、修改稿和定稿的区别，教我如何安排好自己的工作、学习和生活，宽容我的无知无能，纠正我的错误，当我遇到困难的时候帮助我,当我陷入麻烦的时候开导我。就我自己而言,如果说博士论文写作前后的我是完成了一次蜕变的话,那么只是因为我学到了陈老师的百分之一。

我最后要特别感谢的是学报原主编李秀清教授。记得硕士论文答辩的时候,李老师就语重心长地对我说:“小肖,你要坚持做研究。”当我为了生活放弃考博而选择工作之后,李老师又对我说:“小肖,你不知道我当时是多么希望你继续读博。”工作之后,仍然是李老师一直鼓励我考博,要求我继续写论文。如果没有李老师的鞭策和指点,我想我也许永远都无法踏出这跨越性的一步。李老师的关怀既宏大又细腻,大则指引人生的方向,小则沁润生活的点滴。中国人喜欢将对自己帮助很大的人称为贵人,而李老师对我而言不仅是贵人,更有再造之恩。

这一段旅程还有几位重要的人一直默默地支持和陪伴着我,那就是我的“核桃爸爸”“鸡蛋妈妈”“司机老公”“贴心小宝”。爸爸说我写论文费神,特地从老家带来了他精心挑选的100个核桃,每天夹好让我带到学校吃;妈妈说写论文要加强营养,所以即使我6:30就出门她也会赶在我前面把鸡蛋煮好;老公买车之后就成了我的司机,每天不管我写作到多晚他都会到学校来接我回家,周末则在家做饭照顾我;贴心的小宝也会跟爸爸一起到学校来接妈妈,虽然我知道他或许更喜欢“坐爸爸的车车”。

这段从零开始的旅程走到现在,我已是收成丰硕:做到了李老师说的每天翻译5000字;学会了陈越峰老师讲的“弹好钢琴”;懂得了接受自己的缺陷和赞美别人的优点。当我在操场上跑步的时候我曾对自己说:“如果你跑完六圈,你就能顺利毕业。”现在,很多个六圈跑下来了,我也快毕业了,不同是那个跑步的人已经不再为要不要坚持下去而纠结挣扎了。

这是一段从零开始的旅程,也是一段无比幸福的旅程!

七年后，当这本博士论文要出版时，我却没有了当时的喜悦。虽然自己在尽力修补论文的不足，这包括调整论证思路、增加必要章节、改写部分内容、校订文字错误，但感觉离完成一部较为理想的著作还相去甚远。从零开始，走到现在，权当一项阶段性的总结。希望从这里可以向前走得更深、更远。

2023 年 11 月 1 日
于上海普陀